雲南ムスリム・ディアスポラの民族誌

木村 自

風響社

序文

一　雲南ムスリム・ディアスポラとは誰か

本書は雲南ムスリム・ディアスポラに関する多現場民族誌である。一九世紀中葉に中国雲南で勃発したムスリムと清朝政府との対立は、清朝によるムスリムの虐殺によって幕を閉じる。清朝政府による弾圧に直面したムスリムたちは、虐殺を逃れ清朝政府の手の届かない上ミャンマー[1]の地に逃れ新たな生活空間を建設する。その後、中国とミャンマー、タイを結ぶキャラバン交易や、二〇世紀中葉の国共内戦、さらに中国共産党による「雲南解放」等に伴い、漢人とともに多くのムスリムたちがミャンマーやタイ、それに台湾に移住した。本書は、十九世紀末の雲南ムスリムたちのミャンマー移住を出発点として、その後のタイへの再移住、台湾への再移住の足跡を歴史的に追いながら、離散して生きる人々のディアスポラ性を問い直すことを試みる。「雲南ムスリム」に関する民族誌であるが、中国雲南省のムスリムについては扱わない。本書は、ミャンマーと台湾とを主な対象地とし、両地域を結ぶトランスナショナルな社会空間全体を見据えた「多現場民族誌」である。

それでは、本書が対象とする雲南ムスリム・ディアスポラとは誰か。序文ではまず、本書が対象とする雲南ムスリム・ディアスポラについて、その対象を明確にし、さらに彼らの移住の歴史的背景の概略を示しておきたい。

(1) 雲南省を後にした中国人ムスリムたち

今日の中華人民共和国においては、イスラームを信仰する民族として一〇の中国ムスリム少数民族が認定されている。かれら中国ムスリムのうち、一般に漢語を話し、祖先が中近東やペルシア、中央アジアから中国に移住してきたという伝承を共有する人々は、中国において「回族」という民族呼称が付与されている。中国におけるイスラーム定着の歴史的経緯から、彼ら「回族」は中国各地に分散して生活している。「回族」のなかには、中国内での紛争や国境を越えた交易などを通じて、中国を離れて中央アジアや東南アジアへ移住したものも少なくない。彼ら「回族」移民は、移住先地域においてそれぞれ特殊な呼称を付与されてきた。中国の甘粛や陝西からキルギスやカザフスタンなどの中央アジア諸国に移住したムスリムは「ドゥンガン人(東干人)」と呼ばれている。

他方、雲南から大陸部東南アジアに移住した「回族」たちも、それぞれ特殊な呼称で呼ばれている。彼らは、タイにおいては「ホー」もしくは「チン・ホー」と、ミャンマーにおいて「パンデー」と呼ばれる。(2) さらに、国共内戦後に中国大陸から台湾に移住した「回族」たちは、「回民」「中国穆斯林《ムスリム》」などと称されている。

中華人民共和国で彼ら中国ムスリムが「回族」という少数民族とされているのに対して、中国の外に移住した中国ムスリムたちは、必ずしも自らを「少数民族」として理解しているわけではない。北タイの雲南ムスリムを分析した王柳蘭が、雲南ムスリムの次のような発言を伝えている。「雲南の回族も漢族も同じ中国人ですよ。宗教が違うだけだからね〔王柳蘭 二〇一一：三二〕」。中国人(華人)というカテゴリーの中においては、漢人もムスリムもさほど変わらない存在であり、宗教的な差異のみが意識されている。ミャンマーに生活している雲南ムスリムも、中国的な意味での「少数民族」というよりは、「華僑華人」として自らを理解していることが窺われる。私の手元にある「マンダレー・パンデー・モスク」の登録者名簿の表紙には、中国語で「緬甸《ミャンマー》瓦城《マンダレー》華裔穆斯林《ムスリム》戸口冊」と書かれており、彼らは自らを「華裔穆斯林（華人の末裔であるムスリム）」と捉えている。

もちろん、雲南ムスリムは漢人とムスリムを区別することも少なくない。ただ、その場合雲南ムスリムたちは自らを「回教人」と呼び、漢人を「漢教人」と呼んで区別しており、こうした区別の仕方は、漢人とムスリムの差異をむしろ宗教的な差異として認識しているものと理解される。このことは、漢人がムスリムとの結婚に際してイスラームに入信し、「漢教人」から容易に「回教人」に変化し得ることからも垣間見ることができる。つまり、「漢教人」と「回教人」の差異は、中華人民共和国の民族政策下で定義されるような「少数民族」として考えられているとは言い難く、むしろ「華人」でありながら、仏教や民間信仰などの「漢教」に従う人々と、イスラームに従う人々との違いということになる。

台湾においても同様に、中国ムスリムたちは「少数民族」として位置づけられていないし、中国ムスリム自身も自らを「少数民族」として認識しているわけでもない。台湾のムスリムとエスニシティの問題については第五章で詳説する。

中国の外に生きる中国ムスリムたちが、中国の民族政策下における「回族」とは基本的に異なるカテゴリー化がなされていることから、本書では彼らを「回族」と呼ぶことはしない。彼らを「回族」と呼ぶことによって、ムスリムと漢人の差異を「民族的」で本質的な違いと誤解することになりかねないからである。その代わり本書では、彼らを「雲南ムスリム」と呼ぶ。「雲南ムスリム」という呼称によって、元来「漢教人」であったかどうかに関わりなく、彼らが「雲南に祖籍地（原籍）を持つムスリム」であると考える人々を概括的に指示する。ただし、社会的、歴史的、政治的文脈によっては、それぞれの文脈に即した呼称を使うこともある。

(2) 雲南ムスリムの移住の歴史的背景

本書は大陸部東南アジアと台湾に移住した雲南ムスリムを、移住の歴史的流れに沿って記述する。各章が扱う歴史的背景については、それぞれの章で詳説することとし、本序文においては、彼らの移住の流れの全体像を簡潔に示しておきたい。はじめに、雲南省におけるムスリムの流入を簡単に紹介し、その上で雲南省から大陸部東南アジア及び大陸部東南アジアから台湾への移住の歴史的背景を簡述する。

1 雲南ムスリム簡史

ムスリムが最初に雲南省に定着し始めたのは、元朝期であると言われている。一三世紀元朝期にはすでに、雲南省にムスリムが居住していた。中央アジア各地を支配下に置いた元朝のモンゴル軍は、中央アジアのムスリムたちを軍事要員として、モンゴル軍に参加させた。元朝政権下において中央アジア人は、「色目人」としてモンゴル人に次ぐ地位を付与されていた[3]。モンゴル軍に従って中国の地へと到来した色目人は、軍人や行政官僚として、元朝政府のなかで重要な位置を占めていた。

一二五三年にフビライ・ハーンが大理国征服のために雲南に出兵すると、モンゴル軍に従軍していた色目人軍人はモンゴル軍とともに雲南に入った。その後雲南がモンゴル軍に征服されると、色目人兵士たちのなかには雲南に留まるものもいたとされる。その後も、色目人の商人や技術者、軍人などが雲南に入り、そこに定着するようになったのが今日の雲南ムスリムの祖先であると言われている。また、色目人官僚のなかには、高級官僚として元朝政府から雲南へ派遣されたものもいる。大理国を滅ぼしたフビライは、行政単位として雲南行省を設置した。雲南行省の平章政事に任ぜられたのが、サイイド・アジャッル・サムスッディーン（賽典赤・贍思丁）

（一二一一―一二七九）であった［Forbes 1988］。サイイド・アジャッルはブハラ出身の色目人官僚であり、一二七九年に昆明で他界した[4]。元朝期の色目人の流入により、現在の雲南における回族が生成される下地が作られたと考えられている［楊兆鈞　一九九四：二六―二七］。ただし、史料が極めて少ないことから、この時期に色目人の雲南省への定着がすでに始まっていたのかどうかについては、さらに考証を進める必要があるとするものもいる［張佐　一九九八：一二］。

明朝期にも多くのムスリムが雲南省に流入していた。明朝政府が雲南省において行った屯田政策のために、中国各省から色目人の末裔が雲南に流入したためである[5]。また、清朝期にも各地から雲南省にムスリムが流入していたとされている。元朝期以来、明清期に至るまで、ムスリムは雲南において、一定の地位を築き続けていた。

2　雲南ムスリムの大陸部東南アジア、台湾への移住史

姚継徳は雲南ムスリムの大陸部東南アジアへの移住プロセスを四つの流れに区分している。第一の波は、清朝初期の南明政権下で起こっている。南明の皇帝永暦帝が清朝政府に追われて雲南からミャンマーに逃亡したときに、明姓と朱姓のムスリムが皇帝に従ってミャンマーに入ったとされている。第二の波は、清末である。清末に清朝政府に反旗を翻した雲南ムスリムが、結局清朝軍に敗れて上ミャンマーへ移入した。第三の波は、キャラバン交易に従事していた雲南ムスリムが、日中戦争の時期にミャンマーやタイに移入したというものである。第四に、一九四九年国民党が国共内戦で敗れ、共産党が雲南を「解放」すると、大量の政治難民がミャンマーやタイに逃れた。そのうちの一部が、雲南ムスリムであった［姚継徳　二〇〇三］。

本論で分析対象とする雲南ムスリムの移住に直接関係するのは、清末以降の雲南ムスリムの歴史である。一九世紀半ば、貴州で洪秀全による太平天国の乱が勃興していたほぼ同時期、雲南省大理においては、雲南ムスリム

杜文秀による回民起義が発生していた。大理杜文秀政権の樹立と崩壊が、雲南ムスリムをミャンマーやタイへと移住させる一つの契機となった。

清朝政府による虐殺からの逃避とは別に、雲南とミャンマー、北タイとの間では、歴史的にキャラバン交易が続けられていた。雲南を中心とするキャラバン交易は「馬幇交易」と呼ばれ、馬やロバを駆って長距離輸送を行い、雲南省とビルマやタイの各地域とを往復し交易する。雲南と大陸部東南アジアを結ぶキャラバン交易の多くを、雲南ムスリムが担っていたとされる。キャラバン隊による交易は、約半年を雲南の郷里で過ごし、残りの半年を移動と交易地での生活に当てる。こうしたキャラバン隊のなかに、ミャンマーやタイにおいて生活拠点を築くムスリムが出現するようになる。

一九四九年に中国共産党が雲南省を「解放」すると、共産党政権による統治を恐れた人々が数多く雲南省を後にした。共産党政権から逃れて上ミャンマーや北タイに移住した人々の中にも一部ムスリムたちが含まれていた。さらに、ミャンマーやタイ、台湾の政治的経済的変動をきっかけとして、その後台湾に移住した人々も少なくない。

本書が対象とする「雲南ムスリム・ディアスポラ」は、こうした様々な歴史的要因によって、ミャンマー、タイ、台湾に離散して生活している雲南省籍の中国ムスリムを指す。

二　本書ができるまで

筆者は元来、曖昧で揺れ動く民族アイデンティティの問題に興味があった。とくに現代中国を調査の対象とするとき、公定少数民族の一つである回族は、そうした問題関心には格好の材料に思えた。イスラーム教徒であることだけが、ほとんど唯一のアイデンティティの拠り所である回族は、信仰を喪失するとどうなるのか、あるいは非回族が改宗するとどうなるのかは、非常に興味深い問題であった。しばしば議論されているように、回族のアイデンティティは、全く確固としたものでないように思えたからだ。「民族」の構築主義的な視点が、中国の回族から提示できるのではないかと考えた。しかし、中国において実際に調査をしてみると、事情はかなり異なっていた。中国において一度確立された民族の問題を、再度根底から覆すようなことはできそうになかった。

一方、台湾に居住する中国ムスリムは事情が違った。台湾において中国ムスリム（回民）は少数民族とは規定されておらず、中国における状況との違いに興味を引かれた。こうして、台湾における中国ムスリムの研究を始めた。ところが、台湾における中国ムスリムのアイデンティティに関する研究も、一筋縄ではいかなかった。そもそもアイデンティティを有する人々のアイデンティティ研究は考えられ得るが、アイデンティティを有しない人々のアイデンティティ研究をどのように考えればいいのか分からなかった。台湾の中国ムスリムのアイデンティティ・ポリティクスの変容や形成については、当時たまたま台湾の新聞を賑わせていた「清真寺（モスク）の取り壊し事件」を題材として、台湾における中国ムスリムエリートがどのように自己主張しているかを見ることで、アイデンティティ研究に代えようと考えた。それが、本書の第五章である。

台湾に長期で滞在したのは、一九九九年一〇月から二〇〇一年九月までである。その間調査をしながら、なかなか研究の焦点が定まらなかった。民族アイデンティティの問題に関していえば、自分が少数民族かどうかなどを気にしている人は誰もおらず、この研究はしばらくしてあきらめた。民族的なアイデンティティが欠如しているため、逆にイスラーム教徒としてのアイデンティティが強固な人々が多く、イスラーム改革主義的な雰囲気があった。私は、宗教実践がイスラーム改革主義の中でどのように変化しているのかを知るために、葬礼や聖紀（預言者ムハンマドの生誕祭）祭礼について歴史的な変遷を調べ、今日の状況をフィールドワークした。その一部は、本書第六章に組み込まれている。

結局、長期調査の帰国まで、焦点がぼやけたままであった。私が長期で滞在している間の大半は、本論の中心となる雲南ムスリムたちと付き合っていた。宗教について議論するのも、遊びに行くのも、多くは雲南ムスリムであった。ところが、長期滞在期間中、私は雲南ムスリムに関して積極的に調査をすることはなかった。それにはいくつかの理由がある。一つは、彼らは非常に熱心に宗教活動に参加していたが、台北のモスクの行政的中心には位置していなかったからである。台湾のムスリムの問題自体がマイナーななかで、その中心にも位置していない人たちの研究には、なかなか手を出す気にならなかった。それから、言語の問題もあった。彼らは、雲南方言やビルマ語で話をすることが多く、まともな聞き取り調査ができるかどうか分からなかったからである。

こうして一度は帰国した。思案した結果、焦点を合わせることができるのは、雲南ムスリムを対象にするしかないような気がしてきた。ちょうど、二〇〇二年の夏にトヨタ財団の個人助成金を取得することができた。そこで私は、二〇〇三年の春に再び台湾に戻り、四月から六月までの三ヶ月間台湾で過ごしながら、雲南ムスリムの調査を始めた。その間、ミャンマーにも足を運び、台湾に移住した雲南ムスリムの親戚を尋ねまわった。初めてのミャンマー訪問であり、かつ短期間の調査であったが、この時の研究成果は阪大COEプログラムの報告書『トランスナショナリティ研究――場を越える流れ』に書いた［木村　二〇〇三］。

二〇〇四年からは国立民族学博物館に機関研究員として在籍し、調査を続けた。二〇〇四年には中国ムスリム研究会の有志を中心として科学研究費補助金（代表者は、故松本光太郎氏）を申請し、私も研究分担者の一人に加えてもらった。二〇〇五年からプロジェクトが始まり、夏（八月～九月初め）に約五週間台湾とミャンマーに滞在して調査を続けた。そして、二〇〇六年の夏には二週間、中壢市の龍岡に住み込み、ほとんど誰も現れないモスクのなかで調査を行った。調査をとおして、彼ら雲南省籍の中国ムスリムたちが、台湾のムスリム・コミュニティにおいてかなり特殊な位置にあることを知るようになった。

ミャンマー出身の雲南ムスリムは、地縁的・血縁的関係をとおした、かなり強固なネットワークのなかである種の集団を形成している。日常の生活における相互の接触は頻繁であり、またのちに見るように開斎節（断食明けの祭）や犠牲祭（マッカ巡礼に伴う祭）の際には、雲南ムスリムの家庭を相互訪問し、彼らの移住の歴史と経験を再確認する。かれらの集団としての特殊性は、台湾に居住する他の中国ムスリムにも十分に認識されている。私は、彼らの雲南ムスリムの移住と集合の様態に焦点を当て、彼らのトランスナショナルな社会空間の形成とアイデンティフィケーションのありかたに焦点を絞って博士論文としてまとめた。長期滞在の一九九九年から二〇〇一年までの台北での調査と、その後のミャンマーおよび台湾中壢での調査を総合して、二〇〇六年度末（二〇〇七年三月）に博士論文を大阪大学人間科学研究科に提出した。

博士論文の提出からすでに八年の歳月が経過した。博士論文提出の頃には、大阪大学においても二一世紀COEプログラムとして、「インターフェイスの人文学――トランスナショナリティ研究」プロジェクトが進行しており、本研究もそれなりのアクチュアリティを持っていたように思う。それから八年の間に、いくつかの研究会に参加させてもらうと同時に、博士論文執筆時には全く使用しなかった資料を目にするようにもなった。博士論文執筆時の理論的強引さや、史料を全く用いなかったことなどから、博士論文をそのまま公刊することには大きなためらいが生じた。こうしたことを踏まえ、本書は博士論文執筆後の私自身の歩みを跡付けるべく、博士論文執筆後に各種の雑誌や論集に発表してきた論文を中心に、全体を構成しなおした。

三　本書の構成

本書はこれまでに刊行してきた論文を中心に、それらを大幅に改編して組み直したものである。本序文に続く

第一章は、本書全体に通底する理論的枠組みを展開したものである。博士論文で用いた論理枠組みを踏襲してはいるが、基本的にほぼ書き直した。博士論文執筆段階では、「トランスナショナリズム論」という理論的枠組みを用いて論文全体を構成したのに対して、本書では「ディアスポラ」概念を基準とすべき指針とした。トランスナショナリズム論が、二〇世紀後半以降の経済的・技術的変容を前提としているのに対し、ディアスポラ概念はそれ以前の歴史的人口流動をも含有した概念であると同時に、離散と集合の記憶そのものを分析の対象とするからである。そのことは、本書が対象とする雲南ムスリムが歩んだ一五〇年の歴史の経験にも十分に当てはまる。

続く第二章と第三章は、元来一つのエッセイであった。「虐殺を逃れ、ミャンマーに生きる雲南ムスリムたち『班弄人』の歴史と経験」（二〇〇九）は、一九世紀末にムスリムに対する清朝政府の虐殺を逃れて雲南ムスリムがミャンマーへ移住して以降、今日の軍事政権下におけるミャンマーに至るまでの彼らの所作を、時の政権とのネゴシエーションにおける戦略と理解し、政治的・社会的・文化的な変容を分析したものである。同エッセイは、紙幅の関係から、一五〇年の歴史をきわめて簡潔に記述せざるを得なかった。また、二〇世紀後半以降のミャンマー軍事政権下での戦略の変容については、ほとんど記述することができなかった。そのため、同論文を二つに分割し、それぞれについてより詳細に記述したのが、この二つの章である。

第二章では、一九世紀末の杜文秀政権の崩壊に伴うミャンマーへの移住から、英領植民地期ミャンマーにおける対英協力まで、政治的変容に翻弄され、かつそうした変容をうまく利用した雲南ムスリムの様子をおもに史料を用いて再構成した。これら雲南ムスリムの離散とミャンマーでの定住については、すでにいくつかの論考が提出されている。本章はそれを再度構成しなおすと同時に、ミャンマー国立文書館および大英図書館の植民地文書、さらには一九三〇年代の中国語史料を用いて、英領植民地期ミャンマーにおける雲南ムスリムの対英、対中および対現地勢力に関する戦略を分析した。分析を通して、彼らが上ミャンマーの土着的政治空間の文化的文脈を利用しながら、英国植民地政府と現地先住民勢力との間で独自の政治空間を切り開いてきたことを指摘した。

第三章はそうした雲南ムスリムが、ミャンマーの独立後に歩んだ歴史と経験について記述する。とくに、一九八〇年代後半以降のミャンマー軍事独裁政権内において、土着少数民族（タインインダー）としての地位を獲得しようとする動きを中心に分析すると同時に、雲南ムスリムたちが、自らのホームタウンを雲南にではなく、ミャンマーの土地に見出そうとする動きについて、墓碑銘の記述を中心に分析する。加えて、複数の文化的・社会的装置を見ることで、雲南ムスリムたちが、自らを異種混淆的な存在として認識しなおそうとしていると結論付けた。

第四章は、個人のライフ・ヒストリーが分析の対象である。現在台湾の中壢に居住しているある雲南ムスリム女性（李大媽）が、中国雲南省、上ミャンマー・シャン州、北タイ、台湾という複数の国境を越えて移住し続けてきた歴史を、彼女自身の語りを用いて紡ぎ直す。そうしたライフ・ヒストリーの記述によって国家そのものを相対化する視点を提示する。一連の移住・再移住の過程で、国家は李大媽に「外国人」「国民」「難民」などの身分を付与してきた。他方で李大媽は、管理を目的として国家が付与するパスポートやＩＤカード、難民証などを、金銭取引や、擬似的な親族関係などのネットワークを通して取得する。それらは擬似的な親族関係などが維持されたあかしとして理解され、国家の意図からずらされる。国家によって「掌握されるもの」としての李大媽は、国家による「掌握」の技術と意味をずらしながら利用し、移住先での生存戦略を獲得してきた。国家によるアイデンティフィケーションとそれを読み替える実践によって、雲南ムスリムが生存を意味づけてきたのだということを示した。

第五章は、他の章とは少し毛色を異にする。この章が記述するのは、雲南ムスリムそのものではなく、台湾のムスリムの全体的な素描である。一九八〇年代に、ミャンマーやタイから雲南ムスリムが台湾に移住する以前、日本の敗戦が決まった一九四五年八月以降、国民党政府の台湾接収に伴って、中国大陸から国民党とともに中国ムスリムたちが台湾に移住してきた。台湾のイスラームシーンはこの時に始まるが、ムスリムをめぐる台湾の状況の変化に伴って、彼らのアイデンティティの表明の仕方が変化していっている。つまり、中国ムスリムの「民族性」が否定され、漢人ムスリムとしてのアイデンティティ表明を経て、近年は多文化社会という文脈のなかで、「弱小族群」としてのアイデンティティ表明へと移っている。

第五章における台湾の中国ムスリムのエスニック・アイデンティティの状況を踏まえて、第六章と第七章は、台湾に移住した雲南ムスリムのコミュニティについて議論している。移民研究においては、移民コミュニティの持つ共同体的特徴が、ホスト社会の持つ市民社会的特徴に移行するという理論的前提が崩れ、移民たちが国境を越えて、移住元地域とコミュニティを維持していることが明らかになった。この変容は、移民研究から越境移民研究（トランスナショナリズム論）へと研究の方向をシフトさせたが、他方で越境移民研究においても、「共同体」対「社会」というコミュニティ理解は残された。こうした理論的背景を踏まえ、第六章では雲南ムスリム移民が紡ぎだすコミュニティを事例として取り上げ、越境移民コミュニティには「共同体」的側面と「社会」的側面の両者が具有されていると述べた。ラマダーン月が明け、断食明けの礼拝が終了すると、ムスリムたちは親族や友人の家を訪問する。この活動は「拝爾徳」と呼ばれる。雲南ムスリム移民の「拝爾徳」の訪問先は、すべてミャンマーからの移民家庭であった。各家では共食空間が創出される。食事をとりながら歓談し、祈祷が終了すると、次の家へ移動する。この家庭訪問はミャンマーの「拝爾徳」を台湾で再現したもので、雲南ムスリム移民が帯同したミャンマーの祝祭行事として認識される。国境を越えて、ローカル・コミュニティが想起される。

他方、彼らのコミュニティは、ローカル・コミュニティを越えた世界コミュニティへの帰属意識としても喚起される。第七章は、こうしたローカル・コミュニティの世界コミュニティへの接合を議論する。台湾へ移住した雲南ムスリム移民は、彼らの越境ネットワークを通して、ディアスポラ経験を共有する宗教指導者を、ミャンマーから台湾に招聘する。ところが、招聘された宗教指導者は、サウジアラビアなどで教育を受け、「正統な」イスラームを体現し、台湾のムスリム・コミュニティ全体を牽引する力を備えている。雲南ムスリム移民が帰属するコミュニティは、閉鎖的で共同体的なコミュニティから、「普遍的な秩序」を志向する世界コミュニティへと読み替えられる。

最後に終章として、事例に基づいた議論を、再び理論的な枠組みの中に定置しなおして、本書を閉じる。

四　調査と初出一覧

本書はおもに次の調査で収集した資料をもとに記述されている。まず一九九九年一〇月から二〇〇一年九月まで、台湾中央研究院民族学研究所において訪問学員として滞在した期間に収集したデータがもっとも基礎にある。帰国後、トヨタ財団の助成金を経て、二〇〇二年の夏と二〇〇三年の春に、台湾およびミャンマーにおいて調査を行った。また、二〇〇五年から二〇〇七年の間、二〇〇八年から二〇一〇年の間に、それぞれ科学研究費補助金を受けて、数週間から数ヶ月にわたる調査を行っている。

本書が依拠するデータ収集は、複数の研究助成金によって可能になった。なかでも、次の研究費および助成金が、本書のデータに直接関係している。

二〇〇二年一〇月～二〇〇三年九月
トヨタ財団研究助成金（平成一四年度〈二〇〇二年度〉）「在台湾ビルマ華僑ムスリムの移住と社会的ネットワークに関する文化人類学的研究」研究代表者

二〇〇五年度〜二〇〇七年度
科学研究費・基盤研究（B）（一般）「中国ムスリムの宗教的・商業的ネットワークとイスラーム復興に関する学際的共同研究」（代表：松本光太郎〈東京経済大学〉、課題番号：一七三二〇一四一）研究分担者
二〇〇八年度〜二〇一〇年度
科学研究費・若手研究（B）「雲南・ビルマ間における中国ムスリムの越境移動と宗教実践の変容に関する人類学的研究」（研究代表者：木村自、課題番号：一〇三九〇七一七）研究代表者
二〇一一年度〜二〇一三年度
科学研究費・基盤研究（B）「東アジア諸国におけるムスリムと非ムスリムの共生」（研究代表者：小島宏〈早稲田大学〉、課題番号：二三三三〇一七〇）連携研究者

また、大幅な加筆修正を加えてはいるものの、本書の各章はこれまで発表してきた論文を底本としている。各論文の初出は以下のとおりである。

序文（書下ろし）
第一章　博士論文をもとに書下ろし
第二章　二〇〇九年一二月「虐殺を逃れ、ミャンマーに生きる雲南ムスリムたち――「班弄人」の歴史と経験」『中国のイスラーム思想と文化（アジア遊学一二九）』勉誠出版、一六〇―一七五頁。
第三章　書下ろし
第四章　二〇一二年三月「『掌握』する国家、『ずらす』移民――李大媽のライフ・ヒストリーから見た身分証

とパスポート」陳天璽他編『移民とアイデンティフィケーション』新曜社、一三四―一六三頁。

第五章　二〇〇九年三月「台湾ムスリムのエスニシティと宗教――中華民国の主体から台湾の移民へ」『国立民族学博物館調査報告書（SER）』八三、六九―八八頁。

第六章　二〇一〇年三月「雲南ムスリム移民が取り結ぶ社会関係と宗教実践の変容――台湾への移住者を中心にして」塚田誠之編『中国国境地域の移動と交流――近現代中国の南と北』（人間文化叢書　ユーラシアと日本――交流と表象）有志舎、一七七―二〇五頁。および、二〇一二年二月「越境するコミュニティと共同性――台湾華僑ムスリム移民の「社会」と「共同体」」平井京之介編『実践としてのコミュニティ――移動・国家・運動』京都大学学術出版会、六九―九八頁。

第七章　博士論文第六章「雲南ムスリムのトランスナショナルな社会空間と宗教実践の変容」をもとに書き下ろし

終章　書下ろし

注

（1）ミャンマーでは一般的に北部を「上ミャンマー」、南部を「下ミャンマー」と呼ぶ。

（2）「パンデー」という呼称の由来については諸説ある。馬超群は「パンデー」がペルシアを表す「Parsi」の変化したものであると分析している。詳細については、馬［二〇〇三］を参照されたい。

（3）元朝期の身分制度によると、モンゴル人の下に色目人が置かれ、その下にさらに漢人と南人が位置づけられていた。

（4）賽典赤・瞻思丁については、白寿彝による伝記［白　一九九二］がある。

（5）明皇帝の命を受けて大航海を成し遂げた鄭和（一三七一？―一四三三？）は、雲南出身のムスリムであった。ブハラ出身の色目人を祖先にもつ鄭和の祖父と父は、ともにマッカ巡礼を成し遂げハッジと呼ばれていたことが分かっている。また、鄭和は元来馬姓であり、宦官として入朝した際に皇帝から鄭姓を賜った。

● 目次

装丁＝佐藤一典・オーバードライブ

地図１　関係地域広域地図

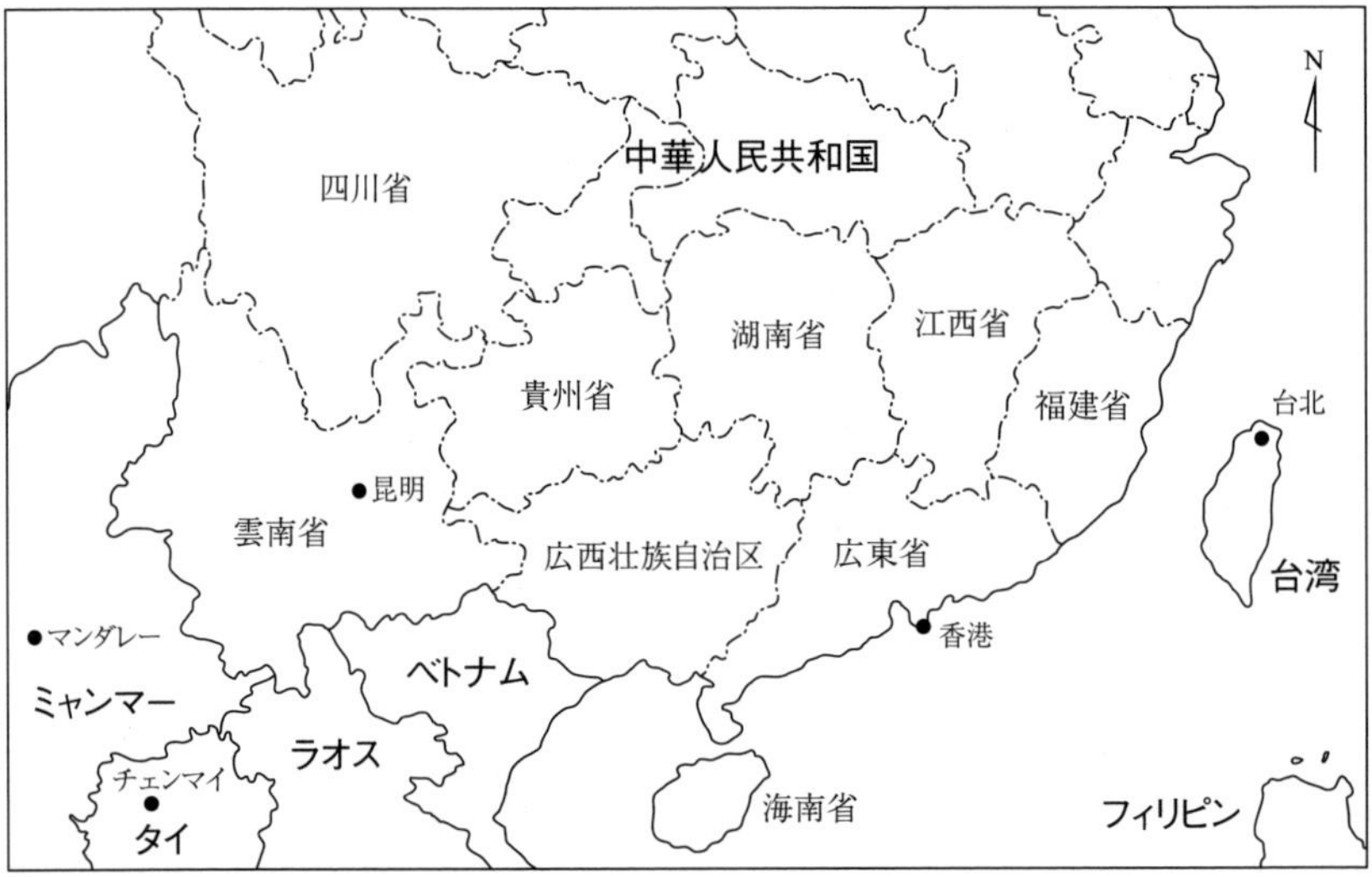

地図2　中国雲南省・上ミャンマー・北タイ地域地図

地図 3　台湾北部地図（2005 年）

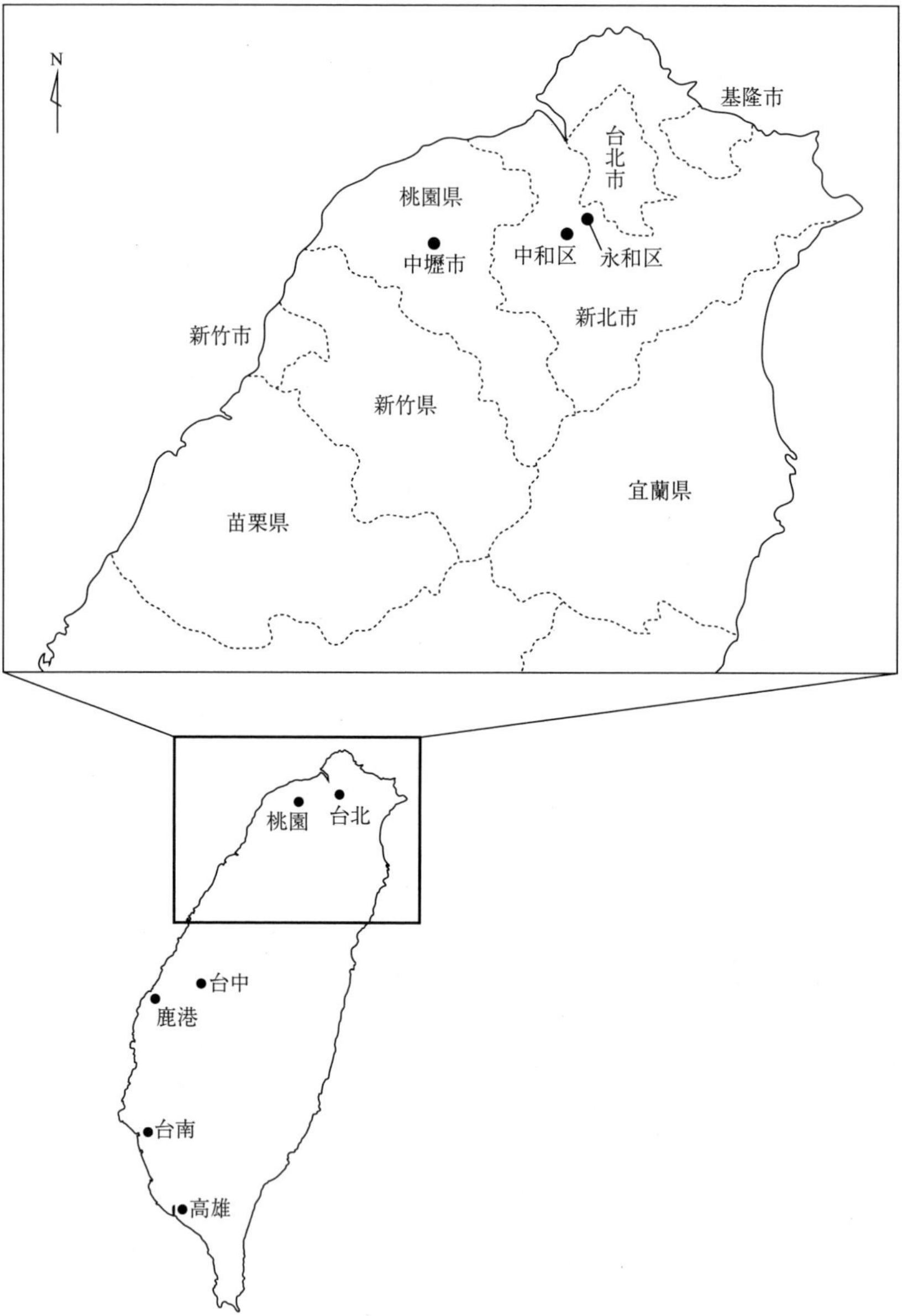

●雲南ムスリム・ディアスポラの民族誌

第一章

問いの射程
――雲南ムスリム、ディアスポラ、多現場民族誌

ミャンマー・ピンウールィンの雲南ムスリム学校で学ぶ生徒たち

かつてこの用語［ディアスポラ］はユダヤ人、ギリシア人、アルメニア人の離散を表していたが、今では移民、国籍離脱者、難民、出稼ぎ労働者、亡命者コミュニティ、外国人コミュニティ、エスニック・コミュニティといった言葉を含む、意味論上より広範な領域と、意味を共有している［Tölölian 1991: 4-5］

はじめに

ロジャーズ・ブルーベーカーが指摘しているように、「ディアスポラ」が内包する意味内容は、いまや四所に離散し、ディアスポラ化している［ブルーベーカー 二〇〇九］。元来、離散ユダヤ人についてのみ指示していたこの語は、後に故郷を追われた人々一般や様々なタイプの移民を指すようになり、さらには移動すらしてない人々をも指すようになった。こうしたディアスポラ論の変遷は、社会学・人類学的な対象がもつ性質の変容を意味すると同時に、これらのディシプリン自身の研究対象に対する認識の変化をも反映している。北タイやミャンマーに居住する雲南人移民や雲南ムスリム移民に関する研究も、移民論やディアスポラ論の変化に対応して、多様な面相を見せている。本章では、雲南人移民や雲南ムスリム移民を対象とした従来の研究を、四散するディアスポラ「論」が歩んできた軌跡を見据えながら定置する。その上で、本書が依拠する理論的射程を提示する。第一節では、社会学と人類学における移民の問題がエスニシティの問題として議論されてきたことを紹介する。こうした移民論が人類学においてトランスナショナリズム論やディアスポラ論へと議論の枠組みを変化させてきた。第二節では、そのうちディアスポラ論に焦点を当てて議論する。ディアスポラ論が、トランスナショナルな共同性を前提とする議論と、ディアスポラの異種混淆性を追求する議論との両極において議論されてきたことを示す。

こうした移民論の展開と軌を一にして、雲南移民、雲南ムスリム移民を扱った研究成果においても、同様にディアスポラへの言及が増加する。第三節では、雲南移民、雲南ムスリム移民研究をディアスポラ研究の文脈においてとらえ直す。最後に第四節において、本稿が検討するディアスポラ論の理論的展望を提示して、次章以降での分析の理論的枠組みとしたい。

一　移民研究から越境移民研究へ――トランスナショナルな社会空間の分析をめぐる系譜

(1)　移民研究とエスニシティ論――初期シカゴ学派社会学のエスニシティ論と移民研究

移民とそのコミュニティは、シカゴ学派（およびその先駆者の）社会学が一九一〇年以降調査研究の対象としてきた中心テーマの一つであった。人類学においては、アメリカでレッドフィールドが一九五〇年代に都市と農村の連続性に注目し、イギリスではミッチェルなどがアフリカ都市の出稼ぎ移民のネットワークを研究していた。しかし、国境を越える人々の動きが人類学的研究の主題となるには、ウォーラステインの世界システム論のインパクトを受けるまで待たざるを得なかった。同時に「グローバリゼーション」現象が人類学においても注目されるようになり、輸送手段や通信手段の発達により、世界規模で行われる資本や人、情報の流れが分析の対象とされるようになった。これまで対象としてきたミクロな地域が、実際には世界規模でのシステムのなかに組み込まれていることが分かり、人や情報の動きが世界規模でなされていることが了解されると、人類学的な知を形成してきた「閉鎖的で独立したコミュニティ」という考え方に疑問符が打たれた。移民、越境移民、難民、ディアスポラなど、場所をずらされた（displaced）人々を対象とした研究が爆発的に増加し、アンソロジーもすでに数冊出版されている［Ong and Collier (eds.) 2005, Inda and Rosaldo 2002, Vertovec and Cohen 1999 など］。

移民研究の嚆矢は、シカゴ学派の研究成果として刊行された一連のエスニシティ研究であろう。今日のエスニシティ研究へとつながるシカゴ学派社会学のエスニシティ研究は、自発的あるいは強制的にアメリカ合衆国に移住した（させられた）移民コミュニティを対象とした研究であった。トーマスとズナニエツキによる *The Polish Peasant in Europe and America* は、アメリカへと移住したポーランド人の生活史を描いたものであるし、ポーリン・ヤングによる *The Pilgrims in Russian-town*、およびフレイジアの *The Negro Family in Chicago* は、それぞれアメリカへ移住したロシア人と都市に移住した黒人家族を描いている。前者の *The Polish Peasant* は一九一八年から一九二〇年の間に刊行されており、後二者はいずれも一九三二年に刊行されている。シカゴ学派全盛期におけるエスニシティ研究は、移民の生活史を描いた研究でもあった。

しかしながら、当時のシカゴ学派による移民研究は、移民を取り巻く国家システムや、より大きな社会システムにまで焦点を当てたものではなかった。むしろ、研究の焦点は、移民がアメリカ社会に対してどの程度同化しており、どのように同化していくのかをめぐる問題であった。アメリカ社会に対する移民の適応に関する研究は、いわばアメリカ社会への同化の程度を計るための研究であったと言える。これらの著作の中では、アメリカへ移住した移民の二世や三世が、葛藤を抱えながら徐々にアメリカ社会に同化していくという物語が描かれる。

こうしたシカゴ学派の研究方向の背後には、移民社会に対する当時のアメリカ社会の強力なアメリカ化圧力が存在していた［寺岡　二〇〇三：一一三］。移民に対する同化圧力は、移民をＷＡＳＰに同化させる同化圧力であり、移民のアメリカナイゼーションの研究であった。上述の *The Polish Peasant* の中において、トーマスとズナニエツキは移民がホスト社会の文化的態度や行為を身に付けていく過程を「同化」と呼んでいる。そして、*The Polish Peasant* によって先鞭を付けられた移民の同化研究は、「その後七〇年間、社会学者と人類学者が移民マイノリティ・グループについて研究する際の、重要な研究領域となった」[Banks 1996: 66-67]。

アメリカ社会への単線的な同化を目指す社会背景のもとで進められたエスニシティ研究は、一方で移民の持つ国境を越えたネットワークの存在を見えにくくしていた。移民は国民国家にとっての「他者」として位置づけられており、アメリカ社会に同化する移民像の提示が求められていた。よって、故郷への送金や家族の呼び寄せ、あるいは故郷への帰還といった非同化的な要素は、同化への障害であると認識され、中心的テーマとして取り上げられることは少なかった。同化主義的エスニシティ論が排除してきた移民のもつ越境性は、後にトランスナショナリズム論へと開花する可能性を有していた。トランスナショナリズム論の展開については後述する。

都市移民を分析対象としたシカゴ学派社会学の研究成果は、移民や越境者を対象とした研究として引き継がれたというよりは、エスニシティ研究として社会学において発展した。都市部へと流入した外国人労働者を対象とする社会学的研究などは、そうしたエスニシティ研究といえる。移民エスニシティの同化主義的分析は近代化論と結びつき、第二次世界大戦後も引き続いてエスニシティ論の主流となっていた。近代化論に影響を受けた同化主義的なエスニシティ論は、都市のエスニシティについて次のように考える。すなわち、伝統社会もしくは前近代的社会においては、結婚や就職の際に人種や民族、エスニシティなどの属性的要素が重視されていた。それが、農村部から都市部への人口流動、発展途上国から先進国への移住、工業化にともなう情報流通の活発化などにより、生活様式や思考態度が変容する。その結果、平等主義や機会均等主義、業績主義などの価値観や規範に人々の思考様式が変化し、同化が容易になる[関根　一九九四：五五]。移民エスニシティに対する同化主義的分析は、社会の近代化論とあいまって、アメリカの社会学におけるエスニシティ分析を牽引していた。しかしその後、ホストコミュニティ内における移民の適応と同化を分析対象としていたシカゴ学派社会学の研究については、人と場所、それに文化の結びつきを前提とした議論に対する批判が提起されるなかで、より柔軟で、多様なエスニシティの在り方が提起されるようになる。

(2) トランスナショナルな社会空間分析枠組みの登場

初期シカゴ学派社会学の移民研究は、国境を越えた社会空間という視点からも、批判にさらされた。移民は国民国家の内部に取り込まれて、最終的に国民としてのアイデンティティが形成されるだけではなく、国民国家の枠を超えて移住元地域や他の移住地域との間に緊密な関係を保ち続ける。越境した人々は、複数の地域にネットワークを張り巡らせながら、他の地域と関係を維持している。分析対象となる「移動する人々」は、国民国家への組み込みを前提とした「移民」だけではなく、難民や帰還移民、ディアスポラや国境を越えて往復する人たちなど、多様な存在として認められている。これらの「移動する人々」をここでは「場所をずらされた（displaced）人々」と呼んでおきたい。今日の移民研究は、人と場所と文化の三つ巴による閉じられた空間を前提とした移民研究から、国境を越えたより複雑な流動性を分析する越境移民研究へとシフトした。

まずは、人類学的知が前提としていた人と場所と文化が閉じられた空間という観念がどのように再考されていったのかを確認しよう。

1 人類学的分析対象の再定義——場所と空間をめぐる議論

人類学がこれまで当然視していた、人（民族）と場所と文化の自然な結びつきという思考に対して疑問符を打ったのはグプタとファーガソンである［Gupta and Ferguson 1997］。実験的民族誌の好例としてしばしば引き合いに出されるショスタクの *Nisa: The Life and Words of a !Kung Woman* を批判しながら、「我々」から隔離された閉鎖的共同体という観念が、人類学的営為のなかでどれほど強固に確立されていたかを指摘する。ショスタクは *Nisa* のなかで、クン（ブッシュマン）社会は近年まで外部社会とは隔絶された孤立した社会であり、近年の外部社会との接触の中で大きな変容を蒙っていると指摘する。クン社会は、ショスタクの生きる社会とは全く切り離された孤立した社会であって、人類学者はそうした二つの相互に関係しない社会の橋渡しをするのだ。グプタとファーガソンが批判するのは、ショスタクが描くような外部から切り離され孤立した社会という、人類学がこれまで有してきた視点そのものである。そして、人類学がある空間と場所、民族とを自然に結び付けてしまう思考の背景に、政治経済的な文脈を読み取ろうとする。

こうした民族誌批判を前提として、グプタとファーガソンは次のように述べる。「必要なのは、『我々』と『他者』とにはっきりと区分けされた世界という『前提』そのものを、政治的、歴史的に問い直そうとすることである。そのための最初の一歩は、空間化された『文化』という当然視された概念を乗り越え、その代わりに、相互に結びつき、共有している空間の中で生産されていく差異を探求することである」［Gupta and Ferguson 1997: 45］。相互に孤立した空間や場所における、相互に差異化された文化という、人類学的研究の中でこれまで自明視されてきた考え方は、権力関係のなかで構築されてきたのである。空間とそこに住む人々とが無前提に一致し、文化的民族的にはっきりした場所が存在するという観念を、歴史的に脱構築することの重要性を、グプタとファーガソンは説いているのである。

人類学的思考の中心であった、相互に独立した空間と場所、それに文化的差異を歴史化し、相対化するというグプタとファーガソンの議論は、移民や難民など「場所をずらされた（displaced）人々」の研究に対しても大きな意味を有している。

情報やイメージがトランスナショナルに流通し、人々が地球規模で移動し、ディアスポラが生じているポストコロニアル状況下においては、文化や民族、ホームランドなどの観点から地球をはっきりと色分けすること自体が難しくなる。こうしたディアスポラ的な文化状況においては、これまで人類学が依拠してきたような「こちら側」と「あちら側」といった区別や、地域文化とグローバル文化といった区別が曖昧になる。その結果、「人々のアイデンティティは完全に脱領域化されるわけでなくても、少なくとも従来とは異なったかたちで領域化される」［Gupta and Ferguson 1992: 7-37］。

ここにきて我々は、グプタとファーガソンに寄り添うことで、空間と場所、人々と文化とを単一の囲い込まれた共同体群の中で認識するという視点から自由になった。それでは、そうした新たな場所と空間、文化のあり方を研究する方途はいかなるものであろうか。以下では、ポリティカル・エコノミー論をはじめとする議論とトランスナショナリズム論の二点に絞って、越境文化と移民研究のこれまでの成果を整理したい。

2　近代化論、従属理論、世界システム論、ポリティカル・エコノミー論

近代化論の影響を受けた人類学的な移民研究は、一方で上述のレッドフィールドの民俗＝都市連続体（folk-urban continuum）から出発し、周辺から中心への移住という単線的移住概念を移民の分析に当てはめていた。移住を引き起こすプッシュ要因とプル要因の分析、経済合理性にもとづく合理的な移住選択などが分析の中心となっていた。

人類学におけるポリティカル・エコノミー論は、それまで人類学を含む社会科学が前提としてきた近代化論に対する批判として生じた。ポリティカル・エコノミーが批判の対象とした近代化論は、社会や国家の均衡的、単線的発展モデルを理論的前提としていた。空間的には都市と農村とを、時間的には近代と伝統とを明確に二分し、余剰労働力が豊富な農村部から、経済発展が著しいため労働力の不足した都市部へと人口が流動することによって移民現象が生じるという分析モデルが影響力を持ち続けていた(1)。農村出稼ぎ労働者は都市部で獲得した資本を、

出身地域への送金や出身地域での投資などに利用する。その結果、農村部の出身地域も発展する。つまり、余剰労働力を有する農村部も、労働力不足の都市部も、ともに均衡的に発展するというのが近代化論の理論的骨子である。

しかし世界システム論に影響を受けたポリティカル・エコノミー論が、特にアメリカの人類学において興隆するに従い、近代化論にもとづく移民現象の分析は転換を迫られる。近代化論的世界認識にもとづくと、先進国と「後進国」との違いは発展の速度の差であり、早晩どの地域も発展すると考えられていた。しかし、先進国が急激に発展を遂げたのは、先進諸国が経済の南北格差を維持し続けているためであり、開発と停滞（低開発）はコインの裏表の関係にあることが明らかになってきた。そのため、中心と周辺との関係から開発や世界の資本主義の動きを考えるべきであるとしたのが従属理論である。この考えを引き継ぎながら発展されたのが、ウォーラステインを中心に展開された世界システム論である。社会学者ウォーラステインは、近代化論が前提としていたような周辺から中心への資本や物資、人の単線的移動や、均衡発展モデルにもとづく発展途上国の経済発展などの考え方を批判し、中心と周辺の関係の総体を世界システムと捉えることができると論じた。世界システム論によれば、世界は中心、準周辺、周辺という三層構造によって成り立っている。その三層は相互に不均衡な構造にあり、搾取・被搾取の関係にある。つまり、中心が牽引して周辺の経済発展を促すのではなく、中心と周辺との間の不均衡な権力構造の中で、周辺地域は永遠に低開発地域の位置に甘んじざるを得ないことが論じられている。ポリティカル・エコノミー論が批判の対象としたのは、都市と農村、近代と伝統の二分法を前提とした単線的な発展論であり、単線的発展論を理論的背景とし、経済合理性を動機として移住を描くアプローチであった。

一九六〇年代末から七〇年代にかけて発表された従属理論（フランク）や世界システム論（ウォーラステイン）を理論的な支柱として、人類学においてはポリティカル・エコノミー論争が花咲いた。人類学はそれまで、他の社会から隔離されている（と考えられていた）小規模コミュニティを調査の対象としていた。たとえ調査対象地域に、「非伝統的」と考えられる社会制度や経済システムを見出しても、「非本質的」要素であるとして、調査・記述の対象から取り除いていた。しかしながら、社会科学における世界システム論の考え方は、それまで小規模な未開民族を調査対象としていた人類学にも影響を与えた。なぜならば、従来人類学者がフィールドワークを行い、外部社会との接触が極めて限られた自立した社会であると描いてきた調査対象社会が、実は世界システムのメカニズムの中に組み込まれていたことが判明したからである。

人類学においてポリティカル・エコノミー論は、主にミクロな社会とマクロなシステムとの「接合」というかたちで理論化された。世界システムという大規模なコンテクストとローカル社会とはもはや別個に分析することができないことがわかり、ミクロな諸社会は、グローバルなシステムとの相互連関のなかで分析されるようになる。ローカルな社会と世界システムとの結びつきを「接合」と呼び、その接合のインターフェイスが分析の中心となった。

ところが、濃密なフィールドワークを調査方法の中心とする人類学にとっては、世界システム論に代表されるポリティカル・エコノミー論には大きな欠点が存在していた。ポリティカル・エコノミー論のアプローチは、世界システムとローカルな社会との関係性を、世界システムの側から見るものであった。そこには人類学者が調査の対象としてきたフィールドの人々が顔を出す余地はない。世界システム論の「アプローチに欠けているものは、『主体』としての人間の積極的な役割」［前川　二〇〇〇：一二三］であった。世界システム論をはじめとするポリティカル・エコノミー論からは、人類学者の対面する人々の生活戦略は研究の考察からはすっぽりと抜け落ちていたのだ。

3　トランスナショナリズム論――国民国家の脱構築とトランスナショナリズム

シカゴ学派社会学に始まるアメリカの移民エスニシティの研究は、一九八〇年代に入り「帰還移民」現象が見られるようになると大きな転換を迫られることになる。従来移民は移住先地域に到着すると、移住元地域との血縁的・地縁的紐帯が薄れ移住先の社会に同化すると考えられていた。しかし、アメリカにおいて市民権を獲得し定住した後も、移民たちのなかには移住元国と緊密な紐帯を保ち続けて移住元国に帰っていくもの（「帰還移民」）や、移住元国と移住先国との間を往復するもの（「往復移民」）が存在することが明らかになった。これら「帰還移民」や「往復移民」などの現象は、移民は移住後には移住先社会へと定着・同化するという従来の移民研究の前提を崩し、移民研究の概念枠組みに再考を迫ることとなった。

「帰還移民」や「往復移民」などの新たな現象を、人類学的な分析用語として概念化したのが「トランスナショナリズム」論である。一九九二年に編集した研究報告書のなかでニーナ・グリック・シラーらは、国境を越えて複数の地域をつなぐ移住のありようを「トランスナショナリズム(2)」と呼んだ。グリック・シラーらは「移民が、出身地域と定住地域の双方を結び付けるかたちで社会空間を構築していくプロセスをトランスナショナリズム」、「そうした社会空間を構築する移民をトランスミグラント」と定義している。そして、トランスミグラントは、「彼ら自身を二つ以上の社会に同時に結びつけるような社会的ネットワークのなかで、行動を起こし、決定をし、関心を抱き、アイデンティティを構築する」のである［Glick Schiller et al. 1992: 1］。

こうした「トランスミグラント」が、今日の大量輸送手段の発達と情報伝達手段の進歩によって生み出されていることは確かである。そもそも「トランスナショナリズム」は、国境を越えて資本を移動させる多国籍企業を指して用いられる経済学の用語であった。多国籍企業の活動が可能になったのは、大量輸送手段の発達と情報伝達手段の進歩である。よって、トランスナショナリズム論が、その出現当初から運輸と情報の発展を前提とした、経済活動に基盤を置くような概念として用いられていることも納得できる。移民やディアスポラ論の今日的展開を分析した論考においても、トランスナショナリズムはなによりも複数地域の経済的な結びつきとして認識されている。たとえば、ディアスポラ論のアンソロジーをまとめたブレズィエルとマナーは、トランスナショナリズム論を次のように記述している。「トランスナショナリズムは、ヒトや思想、モノそれに資本の国境を越えた流れとして定義することができるであろう。そして、それらの流れは、アイデンティフィケーションや経済組織、政治組織という強固なカテゴリーとしての国籍（nationality）やナショナリズムを侵食することになる。トランスナショナリズムは、比較的大きく、非個人的な勢力、とくにグローバリゼーションやグローバル資本主義などについて言うのである」［Braziel and Mannur 2004: 8］。グリック・シラーらも、トランスナショナリズムの現象が最も顕著に見られるのは、国境を越える資金の動き、すなわち送金に関する現象であると述べている［Glick Schiller et al. 1995: 84］。ここでは、グリック・シラーらの事例に基づいて、ハイチ人移民の送金現象に基づいて、トランスナショナリズムの経済現象的側面を見てみたい。

グリック・シラーらはニューヨークにおけるハイチ人のアソシエーションの事例をもとに、トランスナショナリズム概念について検討している。ニューヨークにあるハイチ人のボランタリー・アソシエーションの会合において、あるハイチ人医師は自分が全く満足な人生を歩んでいないとぼやく。彼が故郷に対して、十分な送金をしておらず、錦を飾りえていないからだ。そして、このハイチ人医師はその場で、他の参加者に故郷におけるスポーツ施設の建設に資金援助をするよう呼びかけるのである［Glick Schiller et al. 1992］。

この事例にあるような移民アソシエーションは、初期移民の同郷アソシエーションと性質を異にしている、とグリック・シラーらは述べる。初期の移民集団の同郷アソシエーションが、ニューカマーに対する社会福祉サービス、葬儀費用の援助、貧困者・弱者援助サービスなどをその活動の中心としていたのに対して、上記の事例で述べられている今日のハイチ人同郷アソシエーションを構成するメンバーは、「（アメリカ合衆国とハイチという）二つの国民国家にネットワークの基盤を置き、複数の社会空間において活動し、アイデンティティや地位を維持し続けるような社会システムの一部」〔Glick Schiller et al. 1992: 2-3〕を構成しているからである。つまり、従来の移民研究においては、移住者は定住地域において比較的閉じられたコミュニティを形成し、コミュニティ内部で相互扶助的な活動に従事していた（と考えられていた）。しかし、トランスミグラントの社会空間は、移住地における比較的閉じられたコミュニティ内部で完結しているのではなく、出身地域や他の同郷人の移住地などを含むような社会空間で送金を行い、出身地域に対して何らかの経済的な影響を与えている。

こうした経済的な結びつきは、同時に移住先地域の移民コミュニティと移住元地域との政治的結びつきをも創出する。同様にグリック・シラーらの報告から、アメリカ合衆国のハイチ人移民の事例を引いて検討したい。三〇年にもおよぶデュバリエ親子の独裁政権のもと、多くのハイチ人がアメリカへと移住した。しかし、ハイチ人移民の多くは、アメリカ合衆国移住後に相互扶助団体を組織し、ハイチ社会と緊密にネットワークを築いて結びつきを保ち続けていた。デュバリエ政権の崩壊後、移民ハイチ人のなかにはハイチへ帰還し、ハイチを舞台に政治家として活躍するものも現れた。彼らはしかし、ハイチへの帰還後もアメリカ合衆国のハイチ人コミュニティと結びつきを維持すると同時に、アメリカ合衆国内部のハイチ人コミュニティを、ハイチ国家の第一一番目の州（department）として位置づけた。ここに、国境を越えて広がるナショナルな結びつきを見ることができる。ハイチ社会に見られるような国境を越えて結びつく紐帯は、ネーションが複数の国家にまたがって存在する状態であり、これこそがトランスナショナリズムと呼ぶことのできるものである。

二　ディアスポラ論

ディアスポラ論はトランスナショナリズム論と同じく、「場所をずらされた（displaced）人々」が生きる今日の状況を指し示す語彙として、今では人類学をはじめとする諸研究分野においても多用されている。しかし、ディアスポラとトランスナショナリズムの両概念が具体的にどのようなコミュニティや関係性を指示しているのかについては、必ずしも一致した見解があるというわけではない［Brettle 2006］。また、相互に類似したディアスポラ論とトランスナショナリズム論が、どのような点でどのように関係しているのかについても、明確な答えが用意されているわけではない。ただ、トランスナショナリズム論がヒト、モノ、情報の流れを通して物理的に結びつく国境を越えた社会空間を分析の対象としているのに対して、ディアスポラ論は、望郷の念や離散の歴史など、歴史的、文化的負荷の問題にも焦点を当てる。

(1)　トランスナショナルな共同体としてのディアスポラ

サフランはディアスポラを次のように定義する。「ディアスポラとは故郷（homeland）を追放されたマイノリティのコミュニティであって、離散の歴史、祖国の神話と記憶、ホスト国における疎外、最終的な帰郷の願望、祖国への継続する支持、祖国との関係によって意義されるアイデンティティ、という六つの特徴を有するものである。一つの集団としての意識や結束が、継続する祖国との関係によって定義付けられている」［Safran 1991: 83-84］。他方、コーエンはディアスポラを、その歴史と形態によって分類し、犠牲ディアスポラ、労働ディアスポラ、帝国ディアスポラ、交易ディアスポラなどに分類し、ディアスポラ概念に付与されてきた離散や追放等の意味内容を薄めることを試みる［Cohen 1997］。いまやディアスポラ概念はユダヤ人ディアスポラの理念的範型を越えて、種々の移民の国境を越えた存在そのものを指し示してもいる。トローリャンが *Diaspora* の創刊号においてディアスポラについて述べたように、「かつてこの用語はユダヤ人、ギリシア人、アルメニア人の離散を表していたが、今では移民、国籍離脱者、難民、出稼ぎ労働者、亡命者コミュニティ、外国人コミュニティ、エスニック・コミュニティといった言葉を含むより広範な領域と、意味を共有している」［Tölölyan 1991 : 4-5］。

移民研究におけるディアスポラ概念の導入によって、これまで国民国家の枠組みに規定されていた移民エスニシティの研究を、国境を越えて結びつけることが可能になった。華僑華人研究においても同様のことが言える。宮原曉は、華僑華人研究においてディアスポラ論が導入されることについて次のように記述している。「ディアスポラ論以前の華僑・華人研究は国民国家の呪縛の下にあった。……チャイニーズ・ディアスポラ論は『華僑』や『華人』にまとわりつく国民国家の呪縛(3)から『チャイニーズ』を解き放ち、中国大陸の資本や人、感情の回帰とともに、移動と拡散、連帯が国境を跨ぐことの意味に光を当てる。『シンガポール華人』と『フィリピン華人』の共通性や……再移民の問題は、『チャイニーズ・ディアスポラ』という括りではじめて研究対象として把握することができる」［宮原　二〇〇二：四七七―四七八］。これまでシンガポールやフィリピンなど国民国家の枠の中でのみ捉えられていた華僑華人に、ディアスポラという概念を投射することによって、彼らの生活する国民国家は相対化され、華僑華人たちが相互につながるのだ。これまで複数の国民国家に離散した華僑華人を分析する語彙がなかったため、「タイ華人」と「インドネシア華人」は、国民国家を背負いながら結び付けられていた。しかし、ディアスポラ概念を投入することによって、各地の華僑華人を、国民国家を媒介せずに認識することができるのだ。再びトローリャンからの引用を許してもらえれば、「ディアスポラは、トランスナショナルな契機の範例となる共同体なのである」［Tölölyan 1991 :3］。しかし、ディアスポラが「共同体」であるということは、いったい何を意味しているのか。あるいは、ディアスポラが共同体であると表明することによって、われわれはディアスポラの何を受容し、何を取りこぼしてしまうのか。

(2)　ディアスポラ批判と異種混淆性

ディアスポラを「トランスナショナルな契機の範例となる共同体」として規定してしまうことによって、ディアスポラ概念はある種のアポリアに陥ることになる。ここで、イエン・アングによるディアスポラ論批判から考察を深めてみよう。イエン・アングは、今日のディアスポラ論、とくに華人ディアスポラ論がもつ本質主義的傾向を批判し、異種混淆性こそが今日のトランスナショナルなアイデンティティを指示することばとして意味をもつとする［Ang 2001: 52］。華人ディアスポラをキーワードとする従来の研究の多く（杜維明の「文化中国」論など）は、中心（中国）と周辺（海外華人）という認識枠組みのなかで、周辺に居住する華僑華人文化に基づき、中国本土とは異なる中国性を提示することで、本質主義的な中国性を脱中心化しようとしてきた。しかし、そうした脱中心化の試み自体が、周辺華僑華人の文化のあり方を本質化するような契機に満ちている。共通の祖先や共通の文化的背景を基準として、今日のグローバルなコンテクストにおいて華人であることの意味をさぐる華人ディアスポラ論は、結局は「もう一つの中心主義」［Ang 2001: 42］をディアスポラの議論のなかに持ち込むことになる。「華人ディアスポラのトランスナショナリズムの視座はじつはナショナリスト的なものである」［アング　二〇〇四：二七八］とするアングの議論は説得的である。「トランスナショナルな共同体」としてのディアスポラは、国境を越えて想像される本質主義的なディアスポラの主体を創造することになってしまう。

こうした本質主義的なディアスポラ論に対する批判として、イエン・アングが導入するのが異種混淆性（ハイブリディティ）である。ディアスポラが「一体性のある想像の共同体としての地位を確保するためには、一見したところ自明で本質的なアイデンティティの維持を理論的に必要」［アング　二〇〇四：三〇三］とする。そうした一体性や均質性こそが、そもそもディアスポラ概念を導入する際に批判の対象とされていたものであるのにもかかわらず、ディアスポラ概念を用いて提示できるのは、結局のところ国境をこえてなお結びつく一体性でしかありえない。アングは、「絶え間なくハイブリッド化するグローバル・シティ」を例として、グローバルな社会空間を理解する鍵概念は異種混淆性であると主張する。異種混淆性概念を用いることによってアングが試みるのは、ディアスポラ概念そのものの解体なのだ。

このようにアングはディアスポラ概念に代えて異種混淆性を強調する。しかし、アングが強調する異種混淆性こそが、スチュワート・ホールやレイ・チョウらカルチュラル・スタディーズ研究者たちが再定義し、特徴付けたディアスポラではなかったか。香港からアメリカ合衆国へと移住したレイ・チョウは、中国系亡命知識人の多くが、アメリカをはじめとする西洋の言論界において、父権的中国性を相対化することなく、むしろ「本質的で」「正統的な」中国人性を代表し体現する役割を担おうとする傾向を批判している。西洋社会における中国研究の学術界において、亡命知識人が「正統な中国人性」を体現することによって重宝される誘惑に抗して、むしろそうした本質主義を批判し、かく乱させていくことが戦略上重要であると主張する［チョウ　一九九八］。また、ホールがディアスポラを隠喩として用いることを宣言し、次のように書く時にも、ディアスポラを反本質主義的に認識することの重要性を説くものである。「たとえ他の人々すべてを犠牲にしても、たとえ彼らを海に追いやってでも帰らねばならない何らかの聖なる故郷に関してのみ保証される、離散した部族へと私たちを帰属させるものがディアスポラなのではない。……私がここで示そうとしているディアスポラの経験は、本質や純粋性によってではなく、ある必然的な異質性と多様性の認識によって、つまり差異と矛盾することなく、差異とともに、差異を通じで生きる『アイデンティティ』という概念によって、雑種混淆性によって定義されるものである」［ホール一九九八：一〇一］。アングが批判した本質主義的ディアスポラ論に対して、もう一つのディアスポラとして異種混淆的なディアスポラを対置することができる。各地に離散した人々を、ディアスポラ概念によって指示し、分析することは、このように本質主義的なディアスポラ論と異種混淆的なディアスポラ論という二律背反的なディアスポラ概念を生み出すことになる。

カルチュラル・スタディーズを中心とする異種混淆的ディアスポラ認識は、ジェイムズ・クリフォードのディアスポラ論にも反映されている。サフランがディアスポラを定義づけ、トローリヤンがディアスポラをトランスナショナル社会空間に生きる人々の範例と見なし、コーエンがディアスポラを形態分類するのに対して、クリフォードはディアスポラをアイデンティティや帰属意識のありかたとして定義しなおす。ディアスポラを定義づけ固定化し、トランスナショナルにネットワークを構築している社会集団の「ディアスポラ度」を測定する代わりに、帰属意識の性質によってディアスポラの境界を分析しようとする［Clifford 1994］。つまり、ディアスポラはホームランドへの郷愁を保ち続けている集団であるが、「帰国」は事実上ディアスポラの否定を意味するため、ディアスポラ文化は排他的なナショナリズムに陥ることはないとする。「ディアスポラ的な文化形態は、多元的な帰属感から構築されるトランスナショナルなネットワークの中に配され」「ホスト国とその規範に適応し、同時に抵抗するような実践をコード化する」のだ。また、一時的なものではないという点で旅と異なり、「居住すること、共同体を維持すること、故郷から離れた場所に集団的ホームを持つことを含む」。さらに、ディアスポラ言説は「もうひとつの公共圏を構築するために、根源 roots と経路 routes をともに分節化」する。「もうひとつの公共圏とは、国民的な時間／空間の内部において差異を保持しながら生きていくために、その外部でアイデンティティを形成し続けるような共同体意識と結束の形態である」［クリフォード　二〇〇二：二八五］。

クリフォードのディアスポラ認識は、勝ち取るべき主義としてのディアスポラという点で、亡命知識人たちがカルチュラル・スタディーズなどの分野で理論化してきたディアスポラ認識に通じるものがある。亡命者としてのディアスポラ性を積極的に引き受けることによって、国民国家や民族、性など、絶えず排他的自己を創出しようとするアイデンティティ・ポリティックスに抗するべきである、という亡命知識人たちの主張は重要な論点だ。しかし、人類学者が調査地において日々対面している人々は亡命知識人ではない。日常の生活実践や宗教実践を生きる人々である。人類学はディアスポラを生きる亡命知識人の理論を参照しながらも、「場所をずらされた（displaced）人々」の生活実践にあくまで寄り添いながら、地についた理論を構築するにはどのようにすればよいのか。(4)

三　雲南華人研究をディアスポラ論の文脈に定置する

これまで議論してきた移民研究の展開——エスニシティ論からディアスポラ論へ——は、北タイや上ミャンマーの華僑華人研究の展開とも軌を一にしている。ただし、雲南ムスリム移民を対象とした研究成果が、歴史的、記述的研究に終始しているのに対して、雲南漢人を対象とした研究成果は、より広い理論的文脈に立脚している。本節では、ディアスポラ論の理論的展開を、雲南ムスリム移民、雲南華人研究の理論的文脈の中に位置づけたい。

(1)　雲南華人、雲南ムスリム・ディアスポラとエスニシティ論

シカゴ学派社会学が扱った移民研究が都市エスニシティ研究に収斂していったように、雲南華人、雲南ムスリム移民研究においてもエスニシティ研究が中心的主題の一つであった。

雲南ムスリムの移民を扱った研究成果の多くは、コミュニティの歴史的形成とエスニックなアイデンティティ

の維持について議論している〔張佐　一九九八など〕。雲南ムスリム・コミュニティの形成はモスクの建立によって象徴される。原則上、モスクはエスニック・グループごとに分離して建立されているわけではなく、ムスリムはいずれのモスクにおいても礼拝が可能である。しかし、モスクの管理運営は特定のエスニック・グループによって維持されていることが多い。雲南ムスリムによって運営されるモスクの出現が、雲南ムスリム・コミュニティが成立されたことを示す一つの目安になる。とくに、北タイ・チェンマイの雲南ムスリム・コミュニティの形成史については、多くの研究者が扱っており〔横山　一九九二、姚継徳　二〇〇五、Forbes 1988 等〕、エスニックな境界線の生成と維持が議論される。

他方、北タイ雲南華人の事例を用いたエスニシティ研究の多くは、ウィリアム・スキナーが定式化した「華人のタイ社会への単線的同化モデル」に対する批判的展開として議論された。スキナーの議論によると、タイ政府による移民政策、宗教や信仰などの文化的要素の類似性、タイ人女性との婚姻、タイ王室による華人商人に対する褒賞などを通して、華人はタイ社会に比較的容易に「同化」することが可能になったとする。こうしたスキナーの議論に対しては、タイ華人研究の分野からすでに批判が提出されている。詳細な民族誌的調査においては、必ずしもタイ人への単線的な同化が見られるわけではなく、むしろタイ人でありかつ華人であるような「二重のアイデンティティ」を指摘できるとする。

北タイの雲南人移民を扱った研究は、こうしたスキナーの同化論モデルに対する批判的検討を議論の出発点としたエスニシティ論が中心となっている。北タイの国民党残党軍（孤軍）の民族誌的研究を行った段頴の成果〔二〇一二〕は、スキナーのタイ華人の同化論モデルと、それに対する初期の批判的研究の多くが、歴史的背景や科学技術の発展、国家による政治経済政策を無視した同化モデルを前提としていると批判する。その上で、北タイの雲南人移民は、初期のタイ華人移民とは異なる適応を行っており、「そのエスニックなアイデンティティと境界の多重さ、曖昧さ、変動によって、彼らのアイデンティティの様式も、形勢や状況の変化にともなって、明らかに複雑で多様化している」［段　二〇一二：二九］と述べる。さらに、「彼らは将来的にも、『文化的に同一化するものの、必ずしもタイ人にはなってしまわない』ような戦略、つまり日常の生活実践において伝統的な『雲南人文化』を保ち続けるであろう。また、タイの文化的要素を注意深く整合させ、取り入れて、よりよい生存、発展の契機を獲得しながら、同時に新たなアイデンティティを創造する」［段　二〇一二：二九］であろうことを指摘する。完全な同化ではなく、かつ全くの華人性を維持するのでもないような華人エスニシティの在り方が提起される。

また、北タイの雲南漢人と雲南ムスリムの「共生」を論じた王柳蘭は、大多数の漢人に囲まれて生きる雲南系ムスリムが、漢人やその他の人々との間で「どのような関係性と生存戦略をもったの」［王柳蘭　二〇一一：二一二］かを分析する。北タイ山岳地帯の「難民村」から都市部への再移住が議論されるが、そうした都市移住は、雲南系漢人と雲南系ムスリムの混住状況から雲南系ムスリム独自の地区への移行を意味しているとされる。「難民村」では、「回教徒も漢人も関係なく」［王柳蘭　二〇一一：二一二］、軍事組織下にいたのに対して、チェンマイ都市部へ移住した雲南系ムスリムたちは、雲南系モスクの周囲に集住し、漢人からもインド・パキスタン系ムスリムからも差異化される。都市部におけるエスニック・コミュニティの産出という、近代都市エスニシティ論の系譜を忠実に再現している。

ところで、北タイ、上ミャンマーの雲南華人、雲南ムスリム移民に関する事例研究が前提としているのは、漢人とムスリムの「民族的」異質性である。こうした「民族的」差異を前提とした研究に対して、アン・マクスウェル・ヒルの雲南人エスニシティに関する歴史人類学的研究は、非常に興味深い結論を導き出している。ヒルは、エドモンド・リーチの「高地ビルマ研究」から影響を受け、北タイを中心にキャラバン交易を行っていた雲南人のエスニシティを歴史人類学的に分析している。キャラバン交易に従事してきた雲南華人は、北タイと中国を結ぶ長距離交易をほぼ独占していた。雲南華人たちの中国官僚との太いパイプや中国市場へのアクセシビリティがそれを可能にしていたと議論する。ヒルの議論において重要なのは、北タイにおいて「華人（Chinese）」として認識されていたのが、今日的な意味における華人ではなかったと結論付ける。「雲南人ラバ追い人や交易人、官吏について、ヨーロッパ人が付与してきたようなムスリムと漢人の区別が、カチンやイ族、その他の高地民族によって区別されていたのかということについて疑問を抱く」［Hill 1998: 61］。つまり、北タイや上ミャンマーの高地地域において華人とは、中国服を着用し、中国語を話し、中国官吏と結びつき、中国市場に関する知識を備えた人々を指示しており、漢人やムスリム、それに一部のカチンなどの高地民族がすべからく「華人」と認識されていた。彼らこそが北タイでカテゴライズされていた「ホー」であって、今日的な意味での華人、つまり中国の外へ移住した漢人とは全く異なるカテゴリー化がされていたと議論する。このように、上ミャンマーや北タイのエスニックな状況は、現地の独自の文化的文脈のなかで理解されるべきものであり、今日我々が「漢族」や「回族」などと指示するような「民族的」カテゴリーを前提にすることはできないことを示している。

(2)　雲南華人、雲南ムスリム・ディアスポラとポリティカル・エコノミー

北タイの雲南人移民の研究においても、彼らの生活する村落地域を越えた政治経済的環境の変化と、雲南華人移民の文化的、社会的変容についての議論が提起されている。国共内戦を経て北タイ、特にゴールデントライアングル地域に移住した国民党残党軍の文化的再生産を議論した黄樹民は、同地域の雲南華人の生業や文化的再生産が、世界的な政治的、経済的、社会的環境の変化に大きく依存していることを示している。国民党の残党軍が資金獲得のために北タイの山岳地帯で行っていた麻薬の生産は、世界的な麻薬撲滅の動きのなかで急速に減少し、

それにともなう国際的な代替農業普及支援のなかで果樹や茶樹の栽培が増加する。こうした代替農業の普及は一定の成功を収め、ライチやミカンの農作物、ウーロン茶などの生産品はタイ都市部や、国境を越えて海外に輸出されている。同時に、雲南華人が北タイ山岳地帯で行っているこれらの農業は、経済的、自然環境的に持続可能な農業となっていて、山岳地帯の焼き畑にともなう環境破壊を阻止するための、好事例としての意義も有している［Huang 2010］。

また、同様に北タイに難民として流入した国民党の残党軍や、ミャンマーで組織されたゲリラ部隊（遊撃隊）を対象とした張雯勤の研究成果も、雲南人移民をグローバルな政治経済的文脈の中で分析しようとする。難民研究に関するマルッキの議論を下敷きに、難民を取り巻く政治的、経済的なコンテクストの中に、彼らの移住と定住の過程を位置づける。つまり、国民党残党軍である雲南人が、第二次世界大戦後の中国、ミャンマー、タイ、台湾、アメリカによる政治経済的脈絡との相互作用のなかで理解されるべきであると主張する。その上で、一九五〇年代から一九七〇年代には、ゲリラ部隊が雲南人難民を結びつけるネットワーク機能を果たしていたのに対して、一九八〇年代以降は、親族ネットワークにより、北タイからタイの都市部、台湾、さらには日本などに就業や就学に出かけ、さらには現地に定住するようになったと分析する。「陸路での非自発的な移住から、海路での自発的な移住へ、物理的なホームランドからイデオロギー的な父なる国（国民党台湾）へ」［Chang 2001: 1100］の移住パターンを抽出している。

(3)　雲南華人、雲南ムスリム・ディアスポラと国境を越えるコミュニティ

トランスナショナリズム論が国境を越えた人的、経済的つながりを分析したように、雲南華人、雲南ムスリム移民研究も国境を越えた人や金のつながりを分析の対象としてきた。松本光太郎の論考は、タイやミャンマー、

それに台湾などへと移住した、複数の個人に焦点を当てて、出身母村と移住先地域とを結ぶ、雲南ムスリムのトランスナショナルなネットワークについて議論している［松本　二〇〇一、二〇〇二］。タイや台湾に移住し成功した雲南ムスリムのなかには、出身村落のモスクを改築したり、図書館を建設したりしているものもいる。移住先地域から移住元地域への資金の還流現象は、グリック・シラーらのトランスナショナリズム論においても強調されている現象である。松本が論じているのも、こうした華僑華人が僑郷と取り結ぶトランスナショナルなネットワークの問題として捉えなおすことができよう。ただし、松本が言及するこれらのトランスナショナリズム現象は、ごく一部の有力者についての事例に限られている。松本が事例として挙げる数名の個人を除いて、移住先地域と移住元地域との間にどのような動きがあるのかは、今後の検討を要する問題である。

また、バーリーの論考も同様に雲南と北タイを結ぶトランスナショナルなネットワークについて議論している［Berlie 2000］。中国において改革開放政策が推進されて以降、雲南とミャンマー、タイを結ぶ交易が再開されている。バーリーは、国境交易の再開によって、北タイと雲南双方のローカルなアイデンティティが変容しつつあると指摘する。ミャンマーとの国境線に近い雲南のモスクにおいては、ミャンマーやタイから雲南へと一時帰国する雲南ムスリムが訪れるが、こうした地域のモスクの宗教指導者は、しばしば雲南ムスリムではなく、タイやミャンマー出身のインド系ムスリムであることが多い。雲南ムスリムはタイにおいて、雲南アイデンティティを維持しながらも、他のムスリムとの関係のなかでより広くムスリムとしてのアイデンティティを確立しており、彼らが訪れるモスクにおいても、雲南人ではなくインド系ムスリムがビルマ語やタイ語で説教を行っていると述べている。エスニックな枠を超えて、トランスナショナルなネットワークが広がっている事例として興味深い。

雲南華人研究や雲南ムスリム移民研究は、多くが一地域のコミュニティ調査を基本とした研究が主流であり、トランスナショナルな社会空間を研究対象とした成果は多くはない。ただし、明示的に主題化されてはいないものの、いずれの論考においても、雲南華人や雲南ムスリム移民の国境を越えた結びつきは多かれ少なかれ言及されている。北タイの雲南華人と雲南ムスリム移民を分析した王柳蘭は、北タイに建設された「難民村」と台湾との結びつきの強さを指摘する。国民党軍を中心に成立した「難民村」には、台湾の政府や慈善団体から多額の資金や援助物資が届き、中国語教育、日常生活など多くの部分で台湾から支援の手が差し伸べられたからである。「台湾は…（中略）…精神的にはより身近な場」となり、「中国語という語学力を身につけた雲南人二世は、台湾で経済的に活躍する機会を求めて、出稼ぎに行く」［王柳蘭　二〇一一：二九七―二九八］。また、ミャンマーと北タイの雲南ムスリム移民を調査した姚継徳も、祭礼を巡る国境を越えた結びつきについて言及している。雲南ムスリムは預言者ムハンマドとその娘ファーティマをたたえる祝祭を行っている。北タイやミャンマー各地の雲南ムスリムは、これらの祝祭を開催する日時をずらし、コミュニティを相互に訪問することができるようにしている。その際、北タイとミャンマーの国境を越えて相互訪問がなされる［姚継徳　二〇〇五］。

他方で、都市の雲南ムスリム移民は、中国の原籍地を中心として、タイ、ミャンマー、台湾を結ぶような国境を越えたネットワークを構築している。都市部の雲南ムスリム移民のモスクで企画された、雲南省騰沖県のモスク落成式ツアーに参加した王柳蘭は、そこで北タイと中国という単線的な結び付きを越えた、より広いネットワークの存在を見る。騰沖県のモスクの再建のために集められた寄付金には、タイのみではなく、ミャンマーや台湾からのものも含まれていることを指摘している［王柳蘭　二〇一一：三〇三］。

ただし、雲南華人や雲南ムスリム移民について多現場で調査を行った研究は見当たらず、トランスナショナルな社会空間についての研究分析が主題化されているものは少ない。ミャンマーと台湾両地域において民族誌的調査を行った本書は、こうした研究史上の穴を埋めるものでもある。

(4) ディアスポラと雲南華人研究、雲南ムスリム移民研究

雲南華人研究、雲南ムスリム移民研究において、「ディアスポラ」を鍵概念として議論しているものは少ない。とくに、人類学的なディアスポラ論の展開を踏まえた分析については、ほとんど言及されてもいない。黄樹民の研究成果［Huang 2010］は、北タイの雲南人国民党残党軍の村落調査に基づく民族誌的研究であり、書名に**Diaspora**を冠した数少ない「雲南華人ディアスポラ」研究の一つである。しかし、同書の分析においては、人類学におけるディアスポラ論の展開は全く踏まえられておらず、中国の周縁部における中華文化の再生産が主題化されているのみである。黄は、共産中国において儒教を中心とした中華文化が徐々に失われていくのに対して、中国本土から大きく離れた北タイの国民党残党軍の雲南華人移民の間においては、中国語教育や民間信仰、父系的親族システムの維持などを通して、儒教的な中国文化が再生産されていると述べる。北タイにおける、雲南華人による中国文化の再生産である。

他方、段穎は北タイの雲南「孤軍」を「ディアスポラ」概念として理解することに慎重であるべきであるとする。段はこれまでの華僑華人研究におけるディアスポラ論の展開を踏まえ、ディアスポラがしばしば硬直した中国性の再生産を行ってきたとする。実際には、北タイの雲南「孤軍」は、雲南における文化的要素を一部維持しながらも、タイ主流社会の文化的要素を吸収して、タイへの同化とも「化石化した」中国文化の維持とも異なる様相を呈しており、そうした変化は従来の華人ディアスポラ論が前提としてきた「中国人性」の再生産とは異なっている。クリフォードやホールによるディアスポラ概念を紹介した上で、段は次のように述べる。「こうした文脈におけるディアスポラに対する新たな解釈は、新村（段の調査地）を飛び出した第三世代の「孤軍」の末裔の状況にちょうど相応している。彼らはタイに生まれ育ち、幼少期からの社会化の過程によって華人文化を継承すると

同時に、マジョリティ文化にも容易に溶け込む。しかも、元来の国家（タイ、中国と台湾）を越えた関係によって、より広く発展する余地を獲得しており、彼らにとっては、都市と農村、文化と地域、国家と境界の間の関係は、徐々に曖昧に、薄くなりつつある。彼らは、グローバル化時代の新たなディアスポラ集団となる可能性を秘めている」［段頴　二〇一二：二九九］。

四　本書の理論的射程

雲南華人や雲南ムスリム移民を扱った従来の研究では、多くが単一地域におけるコミュニティ調査を前提としており、国境を越えた社会空間がどのように想像／創造されているのかについてはほとんど主題化されてこなかった。実際には、雲南華人や雲南ムスリム移民は上ミャンマー、北タイ、台湾の国境を越えて移動し、モノや情報が流動しているにもかかわらず、そうした流動性を支えるトランスナショナルな社会空間を分析の対象にはしてこなかった。本書は四散する雲南ムスリム移民にディアスポラ概念を導入することで、彼らの国境を越えた（トランスナショナルな）生活空間の想像と創造を把握し、分析する。ガッサン・ハージが述べるように、地理的に隣接していない「分散した場所のすべてをひっくるめて、一つの調査地」［ハージ　二〇〇七：三三］として理解する必要がある。

ここで再び、ディアスポラ論の二律背反的アポリアが鎌首をもたげることになる。一方で、私たちはディアスポラ概念を導入することで「もう一つの共同性」を導入してしまう陥穽に陥らないようにする必要がある。先に紹介した段の議論にあるように、雲南華人は「中国文化」や原籍地の生活実践を移住地においてそのまま再生産しているわけではない。他方で、雲南華人や雲南ムスリム移民は、カルチュラル・スタディーズが分析し賞揚する亡命知識人のように、異種混淆的であることのみにアイデンティティの在処を託し得るストイックな存在でもない。張雯勤の議論が到達したように、雲南「孤軍」は「父国」としての「中華民国」に想像の共同体としての運命を託している。本質主義的ディアスポラとして理解すべきか、それとも異種混淆的なディアスポラとしての分析を優先すべきか。そもそも、本質主義的ディアスポラ概念と異種混淆的ディアスポラ概念は、離散を生きる人々のなかで排他的に存在しているものなのか。

ブルーベーカーの議論を参照することで、このアポリアを解く鍵を考えてみたい。ブルーベーカーはディアスポラの含意する内容が多岐に亘っていることを指摘した上で、ディアスポラを形態論としてではなく、ある種のイディオムとして捉えるべきであることを説く。「『あるディアスポラ』について語ったり、『ディアスポラ一般』を実体や、境界づけられた集団や、統計の対象としての民族文化として語ったりするよりも、ディアスポラ的な態度、事業、主張、イディオム、実践などについて語った方が、はるかに有益だし、当然ながらはるかに的確なことではなかろうか。……ディアスポラの企図がどの程度、またどのような形で支持されているのかを実証的に研究することができるだろう」［ブルーベーカー　二〇〇七：三九八］。ディアスポラがイディオムであるとはどういうことか。ディアスポラがイディオムであるとは、その離散の形態（商業ディアスポラや難民ディアスポラのような離散の在り方）を分類し分析するのではなく、人々がディアスポラをめぐる様々な実践を通して何を成し遂げようとし、何を表明しようとしているのかを解釈し直すことである。離散を生きる人々が、どのようなイディオムを用いて、どのような実践を行い、生存を可能にしているのかを理解することである。

しかし、ブルーベーカーの議論に欠けているのは、離散を生きる人々が必ずしもディアスポラを積極的に引き受けている訳ではないという点である。人類学者が調査地において日々対面している人々は亡命知識人ではない。亡命知識人と異なり、雲南華人や雲南ムスリム移民は、自らを「ディアスポラ」という概念の中に位置づけ、自らの「ディアスポラ性」を問い直し続けることなどしない。日常の生活実践や宗教実践のなかで直面し、日々変容する政治的、経済的、社会的文脈のなかで、既存の文化的資源を組み合わせながら、自らの離散と集合の境遇を意味づけ、その意味の網の目に寄り添って生きている。その意味で、ディアスポラとは、環境と文化的レパートリーとの組み合わせの中で実践される生のイディオムの集合である。雲南ムスリム・ディアスポラは、時に移住先社会の社会的文脈のなかで異種混淆的なイディオムを通して自らを語り、時に政治的文脈の中で本質主義的なイディオムを用いて、トランスナショナルな政治的共同体の中に自らを投じる。さらに、地球規模でのイスラームの文脈を用いることもある。

本書の以下の章では、「場所をずらされた（displaced）」雲南ムスリム・ディアスポラの生活実践にあくまで寄り添いながら、離散と集合を生きる彼らの「態度、事業、主張、イディオム、実践」を明らかにしたい。そうした作業を通して、本質的形態論にも知識人の異種混淆論にも偏ることのない、ディアスポラの在り方を提示したい。

注

（1）　現在でも、労働力余剰の農村部から都市への移住というモデルは影響力を持っているようである。例えば、伊豫谷登士翁はグローバリゼーションと移民の問題を論じた著書の中で、発展途上国における農業改革が農村部に余剰労働者を生み出し、そうした余剰労働者が海外へと移住していると述べている［伊豫谷　二〇〇一］。

（2）　上杉富之によれば、トランスナショナリズムという概念は、一九八〇年代後半を境にして、その前と後とでは大きく異なっている。本稿で論じているトランスナショナリズムは、一九八〇年代後半以降に展開された移民の形態に関する人類学を含む人文科学における議論である。一方、一九八〇年代後半以前の議論は、多国籍企業の経済活動に焦点を当てたトランスナショナリズム論が論じられていた［上杉　二〇〇四］。

（3）　従来、移住先国家に国籍を移しておらず、居住地域を「仮住まい」として認識していた人々を「華僑」、移住先国家に国籍を移した人々を「華人」と呼んでいた。つまり、中国という国民国家や移住地域の国民国家に、華僑華人論が絡み取られていたのである。

（4）　ウクライナからイスラエルに移住したユダヤ人を研究している赤尾光春［二〇〇四］は、ディアスポラ性をあくまで市井の人々の宗教実践から分析しようとしている。イスラエルに移住したウクライナ・ユダヤ人のなかには、「約束の地」イスラエルに移住後も、ウクライナにある「ディアスポラ・ユダヤ人」の聖地ウマンに毎年巡礼に出かける人々がいる。イスラエル以外の地への巡礼は、急進的シオニストにとっては本質主義的ユダヤ人像を破壊するものでしかない。赤尾の論考は、日常の生活実践の中にも、本質化に抗するものとしてのディアスポラ性を示す現象を見ることができることを示している。

第二章　離散と定住

——英領植民地期ミャンマーと雲南ムスリムたち

パンロン村の全景。山麓にかつて使われていたモスクが見える。

はじめに

一八七三年、雲南省大理を拠点としていた杜文秀の雲南ムスリム政権が崩壊した。杜文秀自身は服毒自殺し、彼の部下のなかには清朝政府に投降するもの、なお戦い命を落とすものもいた。後述のように、杜文秀政権の崩壊後、清朝政府による雲南ムスリムに対する大規模な虐殺が始まった。この虐殺により、大量の雲南ムスリムが命を落としたが、なかには虐殺を生き抜き、「中国地」を離れ「緬甸《ミャンマー》地」へ逃げ延びたものもいた。さて、虐殺を生き延びた雲南のムスリム難民たちは、その後いずこに居を構え、いかなる軌跡を歩んだのか。本章は、こうして虐殺を生き延び、ミャンマーへ逃れたムスリムたちの移住と定住の歴史と経験を、イギリスによる植民地統治開始前後における上ミャンマーの現地政体及びイギリス植民地政府との関係のなかで分析する。

一八八五年、第三次英緬戦争を経てミャンマーのコンバウン朝が崩壊する。イギリス植民地政府は一八八九年に「シャン諸州統治法」を施行し、英領インド（当時ミャンマーは英領インドの一部であった）の法精神と矛盾しない限りにおいて、旧体制を認めた。下ミャンマーがイギリス植民地政府によって直接統治されたのに対して、上ミャンマーの諸州の諸侯であるソーボワは自治権を完全には剥奪されず、イギリスの間接統治下に置かれた［高谷 二〇〇八］。

まず第一節では、雲南ムスリムのミャンマーへの移住史を整理する。続く第二節においては、雲南ムスリム移民が一九世紀上ミャンマーの政治体系のもとで、その政治体系にうまく従いながら活動の空間を拡大したことを見る。第三節では、イギリス植民地政府と中国との間での国境線画定の議論のなかで、雲南ムスリムたちが中国にではなく、イギリス植民地政府との間で良好な関係を築き上ミャンマーにおける生存空間を拡大した様子を分析する。

一　雲南ムスリムの上ミャンマー移住史

(1)「班弄人《パンロン》」

序文においてすでに述べたように、ミャンマーにおいて雲南ムスリムは、「パンデー」と呼ばれており、英文の書籍においてはしばしば**Panthay**と表記されている。ミャンマーにおけるパンデーたちの移住は、すでに一〇〇年以上の歴史を有している。旧王都マンダレーにある「パンデー・モスク（瓦城華裔清真寺）」は一八六八年に建立されており、大理杜文秀政権の崩壊以前から存在している。マンダレーのパンデー・モスクが建っている土地は、キャラバン交易の隊商の宿営地として当時のコンバウン王朝から下賜されたと言われている。一方、雲南省から上ミャンマーへの移住は、一九五〇年代以降も続いていた。とくに国共内戦が終了し、中国共産党が雲南省を奪取すると、商人や富農など「身分が良くない」とされた人々が雲南省を離れ、上ミャンマーやタイに移住した。中緬間のキャラバン交易に従事するなかでミャンマーに移住した人々や、国共内戦の終結にともない中国を離れた人々など、雲南ムスリムのミャンマーへの移住の歴史過程は多様である。また、雲南省の移住元地域についても、必ずしも特定の一つの村落の出身者で占められているわけではない。

こうした歴史的、地理的多様性のなかで、本章が対象とするのは「班弄人《パンロン》」と呼ばれる雲南ムスリムである。上ミャンマーの雲南ムスリム移民を調査した姚継徳によると、上ミャンマーの雲南ムスリム移民は雲南の方言群によって四つのグループに分類できる。滇西（西部雲南の蒙化〈現在の巍山〉、保山、騰衝など）、滇南（南部雲南の沙甸、開元、建水など）、滇中（中部雲南の昆明、玉渓、楚雄など）の三つの方言グループはそれぞれ雲南省の各地域に対応している。それに対して、雲南省のいずれの方言グループにも対応していないのが「班弄」話（方言）である［姚継徳 二〇〇三］。班弄とは上ミャンマー・ワ州に属する村落の名前であり、大理杜文秀政権の崩壊にともなう清朝政府による雲南ムスリム虐殺からミャンマーに逃れ、移住を重ねた末に定住した土地である。「班弄人」とは一八七五年にはじまり、第二次世界大戦後に国民党軍が班弄に襲来するまで、その地に居住していた人々とその子孫のことを指す。

(2) 大理杜文秀政権の樹立と崩壊

一八五六年（咸豊六年）から一八七三年（同治一二年）までの間、雲南大理府には独立政権が樹立されていた。今日の巍山近郊（以前は蒙化）で決起した杜文秀率いる反乱軍は、大理府を攻め落とし、そこにムスリムを中心とする反清独立政府を樹立した。「班弄人」の移住の経験と歴史は、杜文秀政権の樹立と崩壊に密接に関係しているため、まずは、雲南における漢・回対立と、ムスリム政権の樹立・崩壊の歴史について簡単に見ておこう。

鉱物資源に恵まれた雲南省は、省内各所に銀や錫、銅などの鉱山を有していた。清朝期には、それら鉱山の採掘や経営などの利権をめぐり、ムスリムと漢人との間でしばしば武力衝突が生じていた。こうした衝突は地方官僚が解決すべき問題であった。しかし、雲南省へ派遣されていた清朝政府の官僚たちは、鉱山利権をめぐるムスリムと漢人の衝突を有効に解決することなく、むしろ漢人に有利な処遇を行っていた(1)。

杜文秀（一八二八―一八七二）による起義(2)も、鉱山利権をめぐるムスリムと漢人の武力衝突から始まった。一八五五年に雲南楚雄の銀鉱山で漢人によるムスリム虐殺事件が発生し、一八五六年には昆明において清朝官僚によるムスリム虐殺が起こった。漢人や清朝政府によるムスリムに対する抑圧を背景にして、ムスリムによる武装蜂起が雲南各地で発生した。杜文秀は一八五六年に武装蜂起し、一八五七年に大理を手中に収め、大理を首都として雲南にムスリム政権[3]を樹立した。杜文秀は自ら「スルタン・スレイマン」を称し国王となった［楊兆鈞 一九九四］。

政権樹立直後には攻勢に立っていた杜文秀政権も、しだいに守勢に立たされるようになった。イギリスからの支援を期待した杜文秀は、一八七一年に自分の甥の劉道衡をイギリスに派遣した［Yegar 1966: 80］。当時ミャンマーを支配下においていたイギリスは、中国との交易を望んでおり、ヤンゴンから昆明へと続くルートの中間に位置していた杜文秀の大理政権に対して、イギリスが支援の手を差し伸べると考えたからである。しかし、結局イギリスからの援軍は訪れず、一八七二年に杜文秀は自殺し、一八七三年に大理政権は崩壊した。これを機に清朝政府は、雲南西部のムスリムに対する大虐殺を行い、数十万人が犠牲になったといわれている［松本 二〇〇二：二六七］。大理政権が崩壊し、清朝政府による虐殺がはじまったことにより、ムスリムによるミャンマーへの大規模な移住が生じた。その子孫は今日でもミャンマー、タイを中心に生活しており、後に台湾に移住したものも少なくない。

杜文秀軍の首領の一人であった馬麟驤[4]らは、一八七三年に大理杜文秀政権が崩壊すると、ミャンマー領土へと逃避した。そこはワ族の土侯が統治する領域であった。馬麟驤らはワ族の土侯の許可を経て、パンロンと呼ばれる地域に土地を与えられた。ビルマに居住する雲南ムスリムについて記述した論考では、ほぼすべて馬麟驤のパンロンへの入植を記述している［Forbes 1988a, Forbes and Henley 1997、張佐 一九九八など］。馬麟驤を首長とする雲南ムスリム移住者は、パンロンの地にモスク（扉写真）を建設し、交易に従事しながら経済的発展を遂げていた。彼らは一九二九年の「ワ・パンデー戦争」に勝利し、ワ族土侯との間に婚姻関係を結んで、地域における覇権を確立していった。その後、日本軍や中国国民党軍のパンロン侵攻により、タンヤンやピンウールィン（メーミョ）などの地（地図2参照）に再度移住を迫られるまでは国境交易によって巨大な富を築いていたようである［松

本　二〇〇二：二七三〕。タンヤンは第二次世界大戦以後も、戦火や政治的圧力を逃れ中国からミャンマーへと移住する雲南人の中継地となっていた。今日でもタンヤンには多くの雲南ムスリムが居住している。雲南ムスリムの班弄への移住と現地政体との関係については後述する。

ミャンマーと雲南省との交易は、大理杜文秀政権の崩壊によって一時頓挫しながらも、常に続けられてきた。ミャンマーと雲南間の交易の多くが、雲南ムスリム商人によって担われていた。次に、ムスリム商人が行っていた馬幇交易について見ておきたい。

(3)　馬幇（キャラバン）交易と雲南ムスリムの移住

馬幇交易も雲南ムスリムの越境移住を語るときにしばしば議論されるテーマである。「馬幇《マーバン》」とは馬やロバを駆って長距離輸送を行うキャラバンのことで、雲南省とビルマやタイの各地域とを往復し交易を行う。キャラバンの規模は、大きいものでは数百頭の馬を引いていたと言われ、昆明からミャンマーに伸びる「滇緬公路」が一九三八年に開通する以前は、唯一の輸送手段であった。雲南からは茶や阿片、絹織物、鉄などが輸出され、ミャンマーや北タイからは綿や象牙などが輸入されていた〔栗原　一九九一〕。また、一九世紀から二〇世紀初頭に行われていた交易だけではなく、一九七〇年代にミャンマーとタイ国境地帯で行われていた交易や、山間部の山頂と麓を結ぶ交易についても、馬やロバを用いて行われるものについては、「馬幇」と呼ぶ人もいる。

馬幇交易は、成功すれば莫大な富を手にすることができるものであった。しかし一方で、雲南からミャンマーへと連なる山間部には、マラリアなどの病気や山賊などが横行し、極めて危険であったので、「走夷方《ゾウイーファン》（野蛮な場所に赴く）」と呼ばれて敬遠されていた。そのニッチを埋めていたのが雲南ムスリムの馬幇交易従事者であった。先述の杜文秀政権にとっても、ミャンマーとの交易は主要な収入源の一つであった。一八五七年にミンドン王は首都をマンダレーに移した。杜文秀の大理政権はマンダレーに特使を派遣し、そこに商館を建設した。商館のそばには馬帮が馬を休めるための野営地が置かれた。後にそこには雲南ムスリムのモスクが建設されることになり、大理の杜文秀によって建設資金が供出され、一八六八年に完成して今日に至っている。(5) マンダレーの雲南ムスリムモスクが、ミャンマーで最も初期に建設された雲南ムスリムモスクである。

馬帮交易の歴史については、吉松久美子の論考が最も整理された議論であろう〔吉松　二〇〇三〕。吉松は、ミャンマーの複数の地域において綿密な聞き取り調査を行い、そのデータを文献資料と付き合わせることにより、雲南省からミャンマーへいたる複数の交易ルートについて、主に一九世紀以降の歴史を再構成している。吉松の整理によると、馬帮交易には複数のルートがあり、その多くが雲南省西部の大理を起点とする交易ルートであった。一方、昆明を起点とする交易ルートも存在していた。それが、ミャンマー東部を経由して北タイのチェンマイに通じる交易路であった。

雲南の馬帮交易キャラバンがチェンマイを訪れ定住したのは、一九世紀後半から二〇世紀初頭にかけてのことである。昆明から南西方向に移動し、ミャンマー領土をわずかに越えてタチレックからタイ領土に入るルートが取られていた〔吉松　二〇〇三：一三〕。現在チェンマイ市の中心部にある雲南ムスリム・コミュニティ「バンホー（王和）街」は、その頃に建設された。コミュニティの建設に中心的役割を果たしたのが鄭崇林という雲南ムスリムであった。鄭崇林は一九世紀後半にキャラバンを率いてチェンマイに入った。チェンマイではタイ人女性を妻として娶り、雲南のみならずチェンマイにも居を構えた。二〇世紀初頭にチェンマイ領主から土地を与えられ、その土地にモスク（王和清真寺）を建立して、雲南ムスリムのコミュニティを建設した〔松本　二〇〇二：二七九、横山　一九九二：三一一―三一二、今永　一九九二：一一五―一一六〕。

(4) 国共内戦と国民党軍の難民化

国共内戦の勃発と国民党軍の敗退も雲南ムスリムの国境移動を引きおこした。筆者がインタビューを行った雲南ムスリムの多くが、国共内戦時から国共内戦終了後に、雲南省からミャンマーやタイに移住した雲南ムスリムとその子孫であった。一九四九年に中国共産党が中華人民共和国を建国し、雲南省が「解放」されると、国民党軍部隊は国境を越えてミャンマー領内の国境地帯に撤退した。加えて富裕層や地主、国民党関係者、さらには共産党に対して恐れを抱く市民らがミャンマーへと越境した。杜文秀政権崩壊後の難民や馬幇交易にともなう移住者の大多数が雲南ムスリムであったのに対して、一九四九年以降の移住者は圧倒的に漢人を中心とする人々が多かった［横山 一九九二：三二四］。共産党から逃れてミャンマーへと移住したムスリムの多くはミッチナー、タンヤン、ラショーなど中国との国境に近い地域（地図2参照）に落ち着いたものが多かったようである。一方、国民党の残党部隊は、ミャンマーから北タイへと移動し、北タイに難民村を付与されて、そこに定着するようになった。国民党残党部隊のなかにもムスリムがおり、難民村のいくつかにもモスクが建設されている［Forbes and Henley 1997］。本章では、これら雲南ムスリム移民のうち、杜文秀政権の崩壊や馬幇交易によりミャンマー・パンロンへ移住した人々をとりまく政治文化について議論し、第二次世界大戦終了後から共産党による雲南「解放」の時期に、雲南省からビルマやタイへと移住した雲南ムスリムについては、第四章において雲南ムスリム女性のライフ・ヒストリーを追いながら詳述する。

二 「高地ビルマの政治体系」と雲南ムスリム移民

清末光緒年間に刊行された『雲南勘界籌邊記』には、「班弄《パンロン》」という地名が紹介されている。「班弄は麻栗壩[6]の北にあり、孟定[7]の土司と界を接する。……迤西[8]の回匪がこの地に逃げ集まり、交易をして暮らしており、分に安じている。……聴くところでは、最初に逃げ延びた時には、馬二が頭目であり、一昨年頭目は安姓のものになった。……最近の報告によると、現在の頭目は丁金猛で、兵士二千余名、居住者は八千余戸あり、すべて回子であるという。」本文に登場する「回匪」や「回子」はムスリムを指す。『雲南勘界籌邊記』に見られる「班弄」こそが、難民となった雲南ムスリムが逃げ延びた地であり、交易や農業を通して安住しようとした土地である。

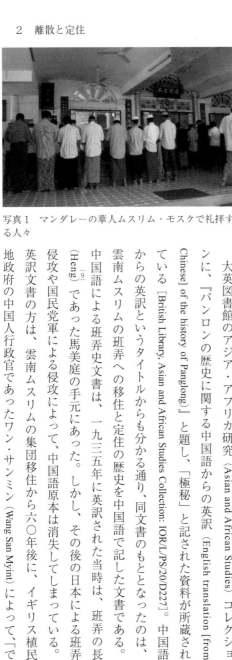

(1)　一九三〇年代における班弄の歴史記述

写真1　マンダレーの華人ムスリム・モスクで礼拝する人々

大英図書館のアジア・アフリカ研究（Asian and African Studies）コレクションに、『パンロンの歴史に関する中国語からの英訳（English translation [from Chinese] of the history of Panglong）』と題し、「極秘」と記された資料が所蔵されている［British Library, Asian and African Studies Collection: IOR/L/PS/20/D227］。中国語からの英訳というタイトルからも分かる通り、同文書のもととなったのは、雲南ムスリムの班弄への移住と定住の歴史を中国語で記した文書である。中国語による班弄史文書は、一九三五年に英訳された当時は、班弄の長（Heng）[9]であった馬美庭の手元にあった。しかし、その後の日本による班弄侵攻や国民党軍による侵攻によって、中国語原本は消失してしまっている。英訳文書の方は、雲南ムスリムの集団移住から六〇年後に、イギリス植民地政府の中国人行政官であったワン・サンミン（Wang San Myint）によって、「できるだけ中国語に忠実に」英語に翻訳された。全十二ページのこの小冊子には、雲南ムスリムの班弄での定住に至るまでの歴史が記されており、最初期の移住者であったリ・シュ（Li Hsu）が班弄移住に至る最初の五年を、班弄の教員であったヤン・ツォンユー（Yang Tsong Yu）が次の一二年間を、同じく班弄の教員であったリー・クェン（Li Kweng）がその後の二四年間を、最後の年月を班弄の長の三男であった馬光福が記述している。

本文書の記述の大部分は、上ミャンマーのワ州へ移住した雲南ムスリムと周辺諸王国との紛争や、イギリス植民地政府による統治開始後の清朝との国境画定協議にともなう現地王たちのためらい、さらにイギリス植民地政府との政治的関係の詳細な経緯に割かれている。加えて『パンロンの歴史』には、養子や戦略的結婚、貢物や人頭税の納付など、イギリス植民地政府による間接統治が進められた上ミャンマー地域における政治システムと雲南ムスリムの適応のプロセスが記されている。まずは、雲南ムスリム移民のワ州への移住と定住のプロセスと上ミャンマーの政治システムとの関係を、本歴史記述に沿って検討してみよう。

(2) 雲南ムスリムの上ミャンマー・班弄（パンロン）への定住過程

雲南ムスリムのパンロン定住までに至る過程を、『パンロンの歴史』に基づいて、少し詳細に見てみよう。雲南省西部の騰衝に生まれ育った馬麟驥は、杜文秀の指示によって小猛統を守備するために、かの地に派遣されていた。小猛統はその後清朝軍の砲撃に会い守備は崩壊し、馬麟驥は部下とその家族を連れて、上ミャンマー・コーカン州の戴家寨に移った。コーカン州の住民は雲南の漢人から構成されており、今日のミャンマーにおいては、「コーカン族」という少数民族として公式に認定されている。雲南ムスリムの馬麟驥は、そのコーカンの長のヤン・サオシェン[10]（Yang Sao Hsian）と養子による兄弟（adopted brother）関係にあり、そのためそのつてを頼ってコーカン州に助けを求めた。しかし、ヤン・サオシェンの兄弟の一人は馬麟驥をムスリム虐殺の残党に過ぎないと考え、コーカン州に置くことをよしとしなかった。その結果、再びコーカン州との間で紛争が起こることになり、馬麟驥ら雲南ムスリムたちは戴家寨を離れ、葫蘆王（Hulu Wang）が治めるホーパン（Hopang）に向かった。その後の経緯について、少し長いが『パンロンの歴史』おける記述を見てみよう。

彼らは土産とともに人を一人派遣し、川を越えてホーパン官僚のところに行き、都合のよいところに彼らが定住することをパーレン（Hpaleng）の官僚が許可してくれるよう、近づいてもらえないかと求めた。パーレンの官僚はパンカウン（Pangkawn）の長のもとに従属しているので、彼はこのことについてパンカウンの長に照会せねばならなかった。五人の葫蘆王（Chief）がおり、このことを聞くと会議を開いたが、必要な許可を与えるべきかどうかについて、みな異なった考えを示した。頭目（head）である葫蘆の王（Wang）つまり長（Chief）は、その決定の責任を負っていた。他はサオ・チンチュ（Sao Kyin Kyu）、サオ・ホムモン（Sao Hom Mong）、サオ・テンサム（Sao Teng Hsam）、サオ・テンカム（Sao Teng Hkam）、それにサオ・カムリャン（Sao Hkam Liang）であった。すべての重要な事項について、他の四人を通して、頭目の王に報告が提出されねばならなかった。サオ・カムリャンはムスリムたちが有益であり、彼らを調査するためにホーパンに個人的に赴きたいと強く宣言した。これを聞いた麟驥は、貢ぎ物をもって自ら川を渡りサオ・カムリャンに会いに行き、彼らムスリムたちを臣下としてその州に定住させてもらうように懇願した。

その結果、馬麟驥ら雲南ムスリムはパンロン（班弄）の地を下賜され、光緒元年（一八七五年）旧暦の二月一〇日にそこに移り住んだ。男性一〇〇人と女性三〇~四〇人あまりが移住し、土地を開墾し、さらにモスクを建立して、礼拝の場所、祖先を記憶する場所とした。馬麟驥が班弄に定住したことを聞いた小猛統の雲南ムスリムたちは、次々とこの地に移り住んできた。

サオ・カムリャンは班弄がパーレンに従属すると宣言した。それに続いて、麟驤をパーレン王（chief）のもとの班弄サオシャン（Sao Hsian）に任命した。ムスリムたちは耕作地に課された一般税を支払わねばならなかったが、世帯税（household tax）は免除された。しかしながら、五人の王が求めたすべての戦いには従事せねばならなかった。

班弄に移り住んだ雲南ムスリムたちは、その後も葫蘆王たちの求めに応じて、周辺の諸王国と何度かの争いを繰り返し、そのたびに一部の葫蘆王から土地を下賜されている。たとえば、パーレン王の求めに応じて、ファンマ（Fangma）王が奪取しようとしたナウィ（Nawi）を奪還したときには、パンロンの二代目の王であるチュエンクイ（Chuin Kway）にナウィの土地が下賜されている。

(3) 雲南ムスリムと現地先住政権との親族関係の拡大

また、パンロンの王と他の王もしくは長（両者とも『パンロン人の歴史』ではChief）との政治的な婚姻関係も『パンロン人の歴史』の中で記録されている。特に麟驤の息子の美亭が班弄の長を継いだ後、コンピェ（Kongpyet）の長の娘を第二婦人として迎え入れているが、その経緯が同『歴史』の中で触れられている。こちらも少し長くなるが、『パンロン人の歴史』から引用してみよう。

（葫蘆の）五王は、麟驤の息子がすでに成長しており、彼が王位を継承すべきであり、国は彼に渡されるべきであると決定した。光緒二〇年（一八九四年）の旧暦第一月二日に、馬美亭は五王によって班弄の長になった。すべての法と慣習はもとのままであった。このとき以降、班弄はパンカウンによって統治されることとなった。人々はこの整備（arrangement）に喜び、美亭の指令に従った。美亭は彼の父親のところにいたのだが、貧しく、交易に出るのを常としていた。古い言葉に曰く、「大志があれば、必ずうまくいく」。つまり、成功は金銭的な備えにあるのではなく、その人の強い大志によっているのだ。美亭は勤勉で、商売には細心の注意を払っていた。彼は自身の才能を磨き、自分のロバの世話をし、そして交易に出た。数年で彼は困窮した状態ではなくなった。家は修繕され、新たに増築された。彼は身を守るために銃器を購入した。彼は中国人ムスリムと野蛮な種族とを対等に扱った。彼は倹約し、商売に熱心に取り組んだ。人々の不平を公平に解決し、人々を満足させようとした。遠く住む者も、近くにいる者も彼に感謝した。光緒三〇年（一九〇四年）、……（中略）……五王の間で問題が発生した。サオ・カムリャンは葫蘆王のサオ・チンチュを暗殺することを望み、サオ・チンチュは恐怖のあまり班弄のコンピェに逃れた。美亭はそのことを聞くとコンピェに赴き彼を保護した。サオ・チンチュはすべてを失っていたため、食物に関して必要なものをすべて与えた。サオ・チンチュが求めたため、美亭はコンピェを彼に与えることに同意し、彼はパンカウンには二度と再び戻らなかった。美亭は家に戻り、王宮を建てるための支援を送り、また家具や食物も支援した。サオ・チンチュは美亭が非常に親切であったことに気づいた。新たなコンピェの長はこうした最高の行いに感銘を受け、二番目の娘を美亭に贈り、彼の下位の妻として結婚させた。こうしてコンピェの長と美亭との友好関係が強化されたが、このことはパーレン王たちをある程度困惑させた。パーレンと班弄とは表面上団結しているような様子を見せてはいたが、実際にはそういうわけではなかった。美亭はこころが広く、パーレン王の卑劣さにも関わらず、彼を助けた。コンピェを一三年統治した後、コンピェの長は中華民国六年（一九一七年）の旧暦九月二一日に死去した。美亭は彼の葬儀に主席して、哀悼の意を表明した。

班弄の長の美亭によってコンピェの土地を与えられ、新たなコンピェの長となった葫蘆王の一人サオ・チンチュは、その見返りとして自分の娘を美亭に贈っている。この婚姻関係の構築によって、コンピェ国と班弄国との同盟関係が強化されることとなった。

(4)「高地ビルマの政治体系」と雲南ムスリム

1 班弄を取り巻く政治体系

ネーションステートとしてのタイが、一九世紀中葉の英領ミャンマーとバンコク王朝との国境画定作業とそれにともなう地図の作成によって形を与えられたと分析するのは、トンチャイ・ウィニチャックンである。ウィニチャックンは、イギリス植民地政府による「国境《コッキョウ》」概念と、バンコク王宮が抱いていた「国境《くにざかい》」観念との差異を描いている。イギリス植民地政府による「国境《コッキョウ》」概念と、バンコク王朝による「国境《くにざかい》」との違いは何であったのか。前近代のタイにおける国境線とは「第一に、……中央権力によって決定されるものでも、認証されるものでも」［ウィニチャックン　二〇〇三：一四五］なかった。中央の王国はいくつもの「くに」によって構成され、「国境《くにざかい》」とは中央の王国に帰属する地方小王権が決める問題であり、バンコク中央の問題ではなかった。また、「国境《コッキョウ》」が国民国家の明確な線引きによって、隙間なく均一に統治され、分割された空間であったのに対して、「国境《くにざかい》」とは「チーク林であったり、うねうねとつづく山脈であったり、三基の仏塔がほとりに立つ池であったり」［ウィニチャックン　二〇〇三：一三七］した。イギリス植民地政府が、英領ミャンマーとの「国境」確定をバンコク王宮に対して繰り返し求めたのに対して、バンコク王宮が次第にその意味を「くにざかい」とは異なるものとして理解するに至り、国境の画定と地図の作成を通してタイの地理的身体（geobody）を確立したと分析する［ウィニチャックン　二〇〇三］。

こうした「くにざかい」を構成するくにぐにには、入れ子構造の政治体系の中にある。バンコク王朝には、様々な規模の小王国が帰属しており、それらの小王国にはさらに小規模な王国が帰属することで成立していた。中央王権と、そこに帰属する多様なレベルの小王国との関係は、中央王権から及ぼされる権力の影響力によって規定されていた。権力があまり及ばないような周辺地域の小王国は、複数の異なる中央王権に帰属するなど、二重三重の帰属関係にあることもあった。こうした入れ子構造のなかにあるくにぐにの関係を規定していたのが、帰属するくにへの朝貢関係であり、戦略的な婚姻関係であり、戦時の兵士の提供であった。こうした入れ子構造の王権は、しばしば「銀河系政体」（タンバイヤ）や「劇場国家」（ギアツ）と命名されている。

上ミャンマーの班弄周辺も、類似の政治体系の下にあったと考えられる。アンドリュー・フォーブズによると、雲南を逃れ、班弄に移住した馬麟驥たちは、ワ族の長に毎年一定金額（一〇〇ルピー）貢納すること（Forbes 1988: 40）で、ミョーザー（町の長）としてのタイトルを獲得した。フォーブズは、ハーベイの記述をまとめるかたちで次のように記述している。「（雲南ムスリムは）ワ州に移り住んだ。そこで彼らは、隣接するシャン州のセンウィに朝貢するスム（Sumu、中国語では葫蘆）のワのソーボア（中国語では王）の厚遇を『喜んで受け入れた』」（Forbes 1988: 39-40）。また、ジェームス・スコットの *Gazetteer of Upper Burma and the Shan States* にも、スム（*Gazetteer* ではSon Mu）は六つの地域（circles）から構成されており、そのうちの一つが班弄であったとされている。さらに、スムもしくは葫蘆は、同じく葫蘆と名付けられた王国連合を構成していて、五人の葫蘆王がいるとされ、そのうちワ族のサオシンサオパ（Sao Shin Sao Hpa）が首長であるとしている。

王国間の連合や小王国のより大規模な王国への従属関係によって成立する政治体系が、これらの記述から看取しうる。さらに、イギリス植民地期上ミャンマーにおいては、王国や地域の構成形態がエスニックな枠組みを超えて維持されてもいた。

2　班弄を取り巻くエスニックな関係

先の『雲南勘界籌邊記』の記述には、班弄で生活していた人々はすべて雲南ムスリム（回子）であるとされている。しかし実際には、班弄に居住していたすべての世帯が雲南ムスリムであったわけではない。それどころか、後に班弄から雲南省の施甸に戻った、班弄の元頭目の馬美亭の口述によると「班弄の人口は、漢人二〇〇世帯、傣族（ミャンマーではシャン族）一〇〇〇世帯、ジンポー族五〇〇世帯、ラフ族二〇〇世帯、リス族二〇〇世帯、孔郭族（どの民族を指示しているのか不明）一〇〇世帯、それに回族（雲南ムスリム）が三五〇世帯居住していた」［雲南省編輯組　一九八五：二一九］という。

エスニシティの多様性については、スコットの *Gazetteer* にも記されている。先に示したように、班弄を構成するスム（Sumu あるいは Son Mu、中国語では葫蘆）は、一八九三年の時点で六つの地域（circle）が存在していた。パンロン（Pang Long）、モンクン（Mōng Kun）、ウィンヒン（Win Hin）、モンヒッ（Mōng Hit）、ウィンモッ（Wing Mot）、カウンカ（Kaung Hka）である。これらのうち、モンクンとモンヒッにはシャン族が、カウンカには主にカチン族が居住しており、パンロンには様々な人種（race）が居住しているが、その中心となるのは回族であった。さらに、カウンカにはひょっとするとカチン族よりもシャン族の方が多いかもしれず、少数ながらワ族も居住している。しかも、ワ族の人口は少数であったが、スムの長（chief）はワ族であった［Scott and Hardiman 1983 (1900-1) : 188］。班弄が帰属する葫蘆（Sumu）はそもそも一つのエスニック・グループから構成される王国なのではなく、多様なエスニック・グループの治める王国の連合体であった。しかも、個々の小地域自体も複数のエスニック・グループから構成されていた。

第一章で触れたように、ヒルは北タイの「ホー」を称して、中国の政治権力や中国市場との関係を維持している人々であったと結論づけ、今日的な意味での「民族」や「エスニシティ」とは異なった人の分類がなされていたであろうことを指摘した［Hill 1998］。上ミャンマーの政治状況はさらに異なっていたのではないか。むしろ、言語的かつエスニックな境界を越えて、義兄弟関係や婚姻関係は拡大し、同盟と敵対、帰属や従属を通した一体的政治文化のなかにあった。清朝の虐殺を逃れて上ミャンマーの班弄に定住した雲南ムスリムたちは、単に国境を越えて移住したというのみではなく、上ミャンマーの政治文化システムに適応し、それを利用しながら生存空間を拡大していった。その際、今日的な意味での「民族」カテゴリーは副次的な意味しか存在しなかった(11)。

こうした複層的従属関係は、班弄人とイギリス植民地政府との関係の中においても看取できる。

三　班弄とイギリス植民地政府のすれ違った蜜月関係

班弄の成立がしばしば大理杜文秀政権の崩壊と直接結び付けられて語られているのに対して、班弄人と呼ばれる人々は、必ずしもその祖先が一九世紀の杜文秀政権の崩壊にともなってミャンマーに逃れてきた人々ばかりではない。むしろ、班弄の経済的発展にともなって、後に中国各地から移住してきた雲南ムスリムが少なくない。班弄アンドリュー・フォーブズは、一八九一年に北シャン州を旅したヒュー・デイリー卿の言を引きながら、班弄が一八七五年から一八九〇年までの間に、経済的・軍事的に支配的な地位を確立していたと記している［Forbes 1988: 41］。交易を中心とした商業で班弄の人々が富を築き始めると、雲南各地からムスリムたちを引き寄せ始めた。たとえば、現在マンダレーに居住している袁費邦の父は、馬麟驥が班弄を建設して三〇年後の一九〇〇年代初頭に、保山から班弄に移住してきたが、彼はやはり班弄人と称されている。また、一九世紀末に班弄に旅したスコットによると、班弄の住民は「大理、蒙化（今日の巍山）、永昌（保山）、順丁（鳳慶）および雲州（雲県）」から徐々に移住してきたムスリムによって成立していた。

(1)　班弄とイギリス植民地政府

写真2　班弄の旧モスク

班弄における経済的発展は、馬やロバを用いたキャラバン（馬幇）交易や輸送業を担っていたことにある。[12] 先に記したように、滇緬公路が一九三八年に開通するまで、キャラバン交易は中国とミャンマーを結ぶ唯一の輸送手段であった。雲南ムスリムを中心に担われてきたキャラバン隊商による物資の輸送は、イギリス植民地政府にとっても重要な交通手段の一つであった。そのため、班弄の雲南ムスリムが、イギリス植民地政府の山間部移動にともなう輸送をキャラバン隊として支えてきたことが、一九〇〇年に雲南ムスリムがヤンゴンのイギリス植民地政府副総督に宛てた答申書の中に見られる。「上ミャンマーがイギリスに併合されてから、班弄の雲南ムスリム（パンロン・パンデー）は、公正で慈しみ深い女王陛下のすばらしい政府のもとに参じ、軍隊の移動や配給食料品の運搬のためにロバを調達することによって、政府を支えて参りました」[National Archives in Yangon: 1/1A 3462]。雲南ムスリムによるキャラバン輸送にイギリス植民地政府やヨーロッパ人は、相当な期待を抱いていたようである。ヒルは上ミャンマーを踏査したイギリス植民地行政官やヨーロッパ人が、インドの植民地統治での経験に基づくムスリムへの親近感とキャラバン交易の独占とから、雲南ムスリムに対して並々ならぬ賞賛を与えていたと記述している [Hill 1998: 50-51]。

他方で、班弄の雲南ムスリムの側も、イギリスの植民地政府に対して、相当好意的な態度を示している。『パンロン人の歴史』には次のように記されている。「光緒年間一三年の年、イギリスがビルマを併合した後、班弄の人々は会議を開き、いずれイギリスがフロンティアの部族を統治しにくるであろうことに同意した。ムスリムたちはこのことを非常に喜んだ。というのも、彼らは中国人が彼らの祖先を殺したことを憎んでおり、しかも彼らは中国とはすでに何の関係もなかったからである」[British Library, Asia and African Studies Collection: IOR/L/PS/20/D227]。

班弄の雲南ムスリムとイギリス植民地政府との蜜月関係は、イギリスの鉱山開発を巡る「班洪事件」においても見られる。上ミャンマーと中国雲南省の国境をはさんだ地域には、銀鉱山が点在していた。銀鉱山の採掘権の獲得を目論んでいたイギリス植民地政府は、とくにパンホン（班洪）の地にある「炉房鉱山」の開発に目をつけた。イギリス政府は一九三四年、イギリスによる銀鉱山の採掘を渋るパンホン（班洪）に侵攻した。これが「班洪事件」である。

上ミャンマーにおける英中間の国境画定をめぐる交渉や紛争について記述した張誠孫の『中英滇緬疆界問題』にも、「班洪事件」をめぐる記述のなかに班弄の地名が散見される。この「班洪事件」をめぐる記述のなかに、イギリス軍と結託して中国領を侵略した人々として、班弄の名前が見える。一九三四年（民国二三年）四月一七日の『上海申報』には次のように書かれている。「外に媚び、栄を求めた……班弄頭目の馬美廷《ママ》、戸板頭目の宋忠福および永班王それぞれに属する土民たちは、二千余名がイギリス兵と共同で（銀鉱の）産地を出発し、機関砲を以って、我が班洪の村落を直接攻撃した」[張誠孫　一九三七：二二九—二三〇]。「班弄頭目の馬美廷」とは、先に引用した「馬美亭」のことであり、馬麟驥の息子である。清朝と密接な関係を結び、イギリスによる統治を退けようとした班洪に対して、班弄の人々はイギリスと関係を結んで侵攻したのである。

(2)　イギリス植民地政府と班弄雲南ムスリムが想像する異なる統治体制

雲南ムスリムとイギリス植民地政府との関係は、大埋杜文秀政権崩壊前から始まる。杜文秀は、大理政権が崩壊の危機に瀕した際、皇太子であったハサン（Hassan、中国名は劉道衡）をイギリスに送り、救援を求めている。また、大理杜文秀政権が崩壊し、班弄に雲南ムスリムが移住した後も、イギリス植民地政府へのなみなみならぬ接触が見られる。たとえば、ヤンゴン文書館に所蔵されている一九〇〇年のイギリス植民地文書には、班弄の雲南ムスリムたちの次のような言葉が記されている。「請願者であるわれわれ班弄の雲南ムスリム（パンデー）たちは、女王陛下のよき政府に対する忠実なる臣民であり、常にその政府を支えることができ、また必要となれば命を捧げる覚悟です」［National Archives in Yangon: 1/1A 3462］。

イギリス植民地政府は、一八八六年の上ミャンマー併合以降、清朝政府との国境画定を進めようとしていた。「シャン諸州統治法」を施行し、上ミャンマーの現地諸侯であるソーボア（藩王）の権力はそのまま温存し、イギリス植民地政府による間接統治を仰ぐという形式を採用し、同時に中国と（最初は清朝政府と、後には中華民国政府と）英領ミャンマーの間の国境線を明確にしようとしていた。そのため、清朝との国境域を統治していた各現地勢力が、中国側に組み入れられようとしているのか、英領ミャンマー側に組み入れられたいと考えているのかは重要な問題であった。

その際、班弄という小さな地域が、イギリス植民地政府にとって極めて重要な役割を果たしていた。葫蘆（Su Mu）王の多くが清朝への帰属を主張するなか、班弄はイギリス植民地政府への帰属を主張している。たとえば、先の『パンロン人の歴史』には、次のような記述がある。「イギリスによるビルマの併合以降、国境を明確にすることが必要となった。光緒二五年（一九〇〇年）、中国とビルマがワ州の国境を画定するために来訪し、ホーパンで会うことになるとの通知が、五王に送られた。パーレンと五人の王は恐れ、（班弄の長である）クェシン（Kweh Shin、国興か）を遣わせ、ホーパンで彼らに会わせた。彼らは旧暦一一月の一六日にホーパンに到着した。イギリス政府の兵士が最初にホーパンに到着した。やってきた行政官は、北シャン州の長官とタウンジー区長官

（Commissioner）のスコットであった。クェシンは二人の行政官に会いに行き、班弄がイギリスの臣民になることを望んでいるとの嘆願書を提出した」［British Library, Asia and African Studies Collection: IOR/L/PS/20/D227］。このように、班弄がイギリス植民地政府に帰属したいという要求は、イギリス植民地文書の中に何度も見ることができる。しかし、班弄から発せられるイギリス植民地政府への帰属は、果たしてイギリスが焦眉の課題として理解していたように、英領ミャンマーの「国境《コッキョウ》」内部に生きる人々になるということを意味していたのだろうか。

実はこの点について、イギリス植民地政府自身が疑念を呈している文章が、ヤンゴン文書館の植民地文書に記されている。班弄からの嘆願を分析した一九〇〇年の文書の注において、次のように書かれている。「彼ら（班弄の雲南ムスリムたち）は、今やイギリス政府を『尊敬すべき貴国』と呼んでいる。このことが意味しているであろうことは、彼らがもはや自分たちをわれわれの臣民であるとは考えていないということである」（National Archives in Yangon: 1/1A 3462）。

ここにイギリス政府と班弄雲南ムスリムとの「帰属」に対する明らかな認識の違いが見られないだろうか。班弄の雲南ムスリムたちは確かにイギリスへの帰属を欲していた。清朝政府による虐殺から逃れたという歴史的経緯や、ワ州の中において常に周囲の小王国と紛争を繰り返しながら不安定な地位を維持せざるを得ないことが、『パンロン人の歴史』には繰り返し表明されている。だから、彼らはイギリスに帰属することで、清朝の勢力圏のそばにおいて安定した力を維持することを求めていた。

しかしそうした帰属の仕方は、複数の国家への帰属が考えられないイギリス的な「帰属」とは異なる。上ミャンマーの政治システムがそうであったように、自らが小国でありながら、より大きな国へ帰属し、馬やロバによる荷役を買ってでて、紛争の際には兵士を供出し、その見返りとして大国による庇護を求めるような帰属の仕方なのだ。班弄の雲南ムスリムたちが求めたイギリス政府との蜜月関係は、他でもなく上ミャンマーの政治体系の内部での同盟関係であり、友好関係であった。

小結

本章では、一九世紀後半に雲南省からミャンマーに逃れた雲南ムスリムたちが、イギリス植民地期のミャンマーにおいて、宗主国イギリス、現地諸侯政権、清朝政府との間で文化的・政治的交渉を行い、異郷で生き残るための生存戦略を選択する様子を、主に文書館資料に基づいて分析した。

一九世紀後半の雲南省では、資源分配をめぐるムスリムと漢人との争いが、両者間の武力衝突に発展した。一八五六年には雲南ムスリムの杜文秀が武装蜂起し、大理において雲南ムスリムを中心とした政権が樹立された。しかし、同政権は一八七三年に清朝政府の攻撃によって崩壊し、雲南ムスリムに対する清朝政府の虐殺が始まった。そのため、多くのムスリムが清朝統治下の中国を逃れ、難民としてミャンマーへ移住した。難民としてミャンマーに逃れたムスリムたちは、ミャンマーと中国との国境地域に位置する「班弄」と呼ばれる場所に定住した。その後も「班弄」には、雲南省各地から多くの雲南ムスリムたちが集まり、一九四九年前後に国民党軍に侵攻されるまでには、この地に比較的安定した勢力基盤を築いていた。今日では彼らは「班弄人」という特殊なアイデンティティを構築するに至っている。

現地に安定した勢力を築くため、「班弄」に定着した雲南ムスリムたちは、彼らを取り巻く複数の政権と、文化的・政治的に交渉する。まず、「班弄」に移住した雲南ムスリムたちは、現地ワ族の諸侯政権と朝貢関係に入り、現地政権の首長と姻戚関係を結ぶことで、移住先において安定した生活基盤を築いた。他方、イギリス植民地政府とも緊密な関係を結び、イギリス植民地政府のキャラバン隊を担い、イギリス植民地政府による中国領内の銀鉱山獲得に協力した。現地諸侯政権やイギリス植民地政権との間で文化的・政治的交渉を行うことで、雲南ムスリムたちはイギリス植民地期のミャンマーにおいて生存空間を拡大した。現地諸侯政権やイギリス植民地政府との文化・政治的交渉は、上ミャンマーにおける政治体系の枠内におけるものであった。

ところで、独立（一九四八年）後のポストコロニアル・ミャンマーにおいては、文化的・政治的交渉の相手は、ミャンマー軍事政権になった。こうした複数の政治的勢力と交渉するため、雲南ムスリムたちは多様な文化的装置を用いている。次章ではそれらの文化的装置を、父系母系両方をたどる「班弄人」アイデンティティの構築、ミャンマー領「班弄」を祖籍地として墓碑に刻むこと、「班弄」への集合の語りなどとして抽出する。それら文化的装置の分析をとおして、雲南ムスリムの離散と集合の記憶が、ミャンマー軍事政権の民族・市民権政策との交渉のなかで現出している様子を議論する。

最後にその後の班弄の運命を紹介して、本章を閉じたい。

班弄をめぐる政治・社会的環境の変化は、日本軍のミャンマー侵攻にはじまる。一九四二年、日本軍がミャンマーに侵攻し、日本軍による軍政が始まった。インド洋から中国雲南省へ抜ける道は、援蔣ルートとして中国軍に対する補給を支えていた。ミャンマーに侵攻した日本軍は、援蔣ルートを破壊するために、上ミャンマーへと歩を進め、マンダレー＝ラショー・ルートをたどり、国境を越えて雲南省の騰沖にまで達していた。日本軍は一九四三年に、班弄に到達した。日本軍は班弄の家々を焼き払い、班弄に居住していた人々の多くは、それぞれミャンマーを離れ、騰沖や施甸、鎮康など中国側の国境付近の町に逃れた。現在マンダレーに居住している楊恵蘭女史もそのひとりである。楊女史は班弄に生まれた。一九四三年に日本軍が班弄に到達すると、楊女史の父は日本軍に殺害された。彼女と彼女の母は班弄を離れ、日本軍がミャンマーから撤退するまでの間、雲南省の施甸で生活した。日本の侵略にともない中国へ逃れた班弄人には、班弄頭目の馬美亭も含まれている。馬美亭はそのまま雲南省の施甸にとどまり、生涯を終えた。

一九四五年、日本が太平洋戦争に敗れ、ミャンマーから撤退すると、中国領内へ逃れた班弄人たちは再び班弄の地に舞い戻ってきた。しかし、班弄が再建されてまもなく、今度は李文換率いる国民党軍の侵略に遭う。その結果、班弄に居住していた雲南ムスリムたちは、タンヤン、ライショー、ピンウールィン、マンダレーなどのミャンマー各都市や北タイに離散した。さらに一九七〇年代以降は台湾に再移住している人も少なくない。

こうして、雲南ムスリムの「小王国」としての班弄はその歴史を終えた。

注

（1）雲南省におけるムスリムと漢人との対立構造の生成については、安藤潤一郎の論考［安藤 二〇〇二］を参照されたい。

（2）清朝政府側から見れば反乱である。また、ムスリム起義は英語では「Panthay Rebellion」と呼ばれている。

（3）杜文秀がムスリムのみならず、漢人や彝族、白族などと協力して武装蜂起を行ったことから、杜文秀政権はムスリム政権ではなく、被抑圧者層による階級闘争であったと考える研究者もいる［里井 一九七二］。

（4）馬麟驥、馬林玉などと表記されている場合もある。

（5）マンダレーの雲南ムスリムの名簿には、「清朝同治六年、西暦一八六八年、雲南省大理府 杜文秀元帥の命を奉じ、特使馬都督麒龍を派遣して、マンダレーに建設し、今日に至る」と記されている［瓦城華裔清真寺董事会編 二〇〇四］。

（6）ミャンマー・コーカン地域の地名。別名トーニオ。

（7）中華人民共和国雲南省の臨滄市耿馬傣族佤族自治県にある鎮の名。

（8）雲南西部のこと。

（9）Hengとはシャン州の地方行政の長の官職名であり、コーカンの長などはHengと称されていた。

（10）Sao Hsianとはシャン州の長を意味するSaophaのことか。ただし、一九世紀末当時、コーカンの長はSaophaではなく、Hengの称号を得ていた。

（11）「高地ビルマ」におけるエスニック状況について分析したエドモンド・リーチは、「シャン」や「カチン」などのカテゴリーが、今日的な意味での「民族集団」として理解されるべきではなく、むしろ農耕と焼き畑耕作の違いなど文化、社会的要素の違いに基づくものであって、しかも両者は一つの社会システムの中にあり、相互にコインの裏表の関係にあると分析する［リーチ　一九九五］。

(12)　当然、班弄に居住していた人々の全員が交易に従事していた訳ではない。当時班弄に居住していた調査協力者からの聞き取りによると、班弄には農業に従事している人もいたし、土地も田畑も有していない人もいた。農地は班弄から徒歩で二、三時間の距離にあり、雨期に農地に小屋を作ってそこに滞在しながら農業に従事し、農期が終わると班弄に帰ってきた。富裕の人は馬を所有しており、貧しい人は牛を飼っていたという。

第三章　ミャンマーに生きる雲南ムスリム

——異郷に故郷を築くこと

ミャンマー・ピンウールィンの雲南ムスリム学校で学ぶ生徒たち

はじめに

ここに一冊の冊子がある。ミャンマー・マンダレー管区のピンウールィンに居を構え得ていた班弄人の明光熙が自ら記した『邦隆《パンロン》人歴史』である。私が手にしているのは、著者の明光熙の死後七年目に、彼の息子たちによって印刷製本された冊子である。「真光阿文《アラビア語》学校（上ミャンマーのピンウールィンにあり、雲南ムスリムが運営するアラビア語学校）」の、第一期生の卒業式の席上で、式に参加するためにミャンマー各地から集まってきた雲南ムスリムたちに配布された。中国語の活字で印刷されており、一般のミャンマー人に読ませるために書かれたものではない。ミャンマーに居住する雲南ムスリム自身が、自分たちの歴史を回顧するために書かれた班弄の歴史である。

班弄の歴史、とくに班弄の町がどのように建設されたのかについては、フォーブスやイェーガーが詳細に記述している［Forbes 1988, Yegar 1966］。前章で紹介したように、大理杜文秀政権が崩壊し、清朝政府による大虐殺が始まると、雲南のムスリムのなかにはミャンマーへ逃れるものがいた。『邦隆人歴史』には、馬麟驤が彼の部下三六人とともに雲南を逃れ、最終的に班弄の地に落ち着いたと記されている［明　一九九二］。杜文秀政権下騰衝の武将の一人であった馬麟驤が、後に班弄の頭目となる［雲南省編輯組　一九八五：一一九］。

班弄への逃避が、清朝政府によるムスリムたちへの虐殺の結果であるにも拘わらず、『邦隆人歴史』に描かれる班弄人の歴史的な語りには、雲南における虐殺についてほとんど描かれていない。雲南における虐殺については、同書の一ページ目にわずかに触れられている程度であり、その後に続く四十数ページには、すべて班弄に移住して以降の政治的・経済的な変遷が記述されている。虐殺を生き延びて、ミャンマーに逃れた雲南ムスリムたちは、今日彼らのアイデンティティのよりどころを、雲南にではなく、班弄に求めようとするかのようである。

前章では、清朝政府の迫害によってミャンマーに逃れた雲南ムスリムたち、とくに班弄人と呼ばれる人々が、植民地期上ミャンマーの複雑な政治体制に対応しながらいかに生存空間を切り開いてきたのかについて分析した。本章では、独立後のミャンマー、とくに一九八〇年代以降のミャンマーの社会・政治空間において、雲南ムスリムたちが語り、再構成する移住の歴史と記憶によって紡ぎ出されたイディオムが、いかなる文化的装置として機能しているのかを検討したい。班弄人が語る移住の歴史と経験は、今日の雲南ムスリムの生活実践とアイデンティティを様々なかたちで規定している。

そうした文化的装置として、パンロン人（独立後ミャンマーの雲南ムスリム移民を扱う本章では、「パンロン人」と記述する）たちが自らの移住と離散を特徴づけようとする際にしばしば用いる語りに注目したい。雲南ムスリムがパンロンの歴史について語る際、しばしば「班弄」という地名の由来や彼らの言語上の特徴を挙げる。また、彼らが墓碑に刻む原籍地、そしてミャンマー政府に対する少数民族認定申請などのなかにも、パンロン人の離散と集合の記憶が沈殿しているのを見ることだろう。こうした離散と集合の記憶は、常に異種混淆的に現出し、雲南ムスリム・ディアスポラのアイデンティティを再構成している。まずは、独立後ミャンマーにおける華僑華人をめぐる政治的・社会的状況を整理しておきたい。

一　独立後ミャンマーの社会・政治空間と華僑華人

一八二六年に始まるイギリス植民地統治以降、一九四二年の日本軍による占領を経て、ミャンマーは一九四八年に独立を勝ち取る。日本統治下において反英独立運動を進めていたミャンマーは、アウンサン将軍のリーダーシップの下、上ミャンマー等の少数民族との融和が進められるかに見えた。しかし、一九四七年にアウンサン将軍が暗殺され、一九四八年のイギリス連邦からの離脱とそれに伴うミャンマー連邦の独立により、ウー・ヌが初代首相に就任すると、ミャンマーは非常に不安定な政治環境の中におかれることになる。

一九六二年にネー・ウィンがクーデターを起こし政権を奪取すると、ミャンマーではミャンマー式社会主義政策の下で、計画経済が施行されることになった。次章でも見るように、ネー・ウィン政権下における華僑華人や印僑の境遇は極めて悲惨なものであった。とくに社会主義経済政策のもと、個人経営の中小商店は没収され国営とされた。同時に、廃貨政策が取られ、高額紙幣の廃止が決定された。華僑華人や印僑の多くはこうした中小商店経営者が多く、ネー・ウィン政権下におけるこうした経済政策は、華僑華人や印僑をターゲットにしたものと考えられている。

加えて、ミャンマー政府はミャンマー人優先の政策を実施し、インド系や中国系の住民を排斥した。詳細については次章で紹介するが、ミャンマー政府はミャンマーに居住する人々を「国民（市民）」、「準国民（準市民）」、「帰化国民（帰化市民）」の三つのカテゴリーに分類している。このうち『国民』は一八二四年の英緬戦争が始まる以前から、父母両方の祖先がミャンマーに居住していた人であると定義される。彼らは、タインインダー（土着民族）と呼ばれる。「準国民」は、一九四八年の英国からの独立時に二年間だけ施行された国籍法に基づいて、ミャンマー国籍を取得した人々である。「帰化国民」は厳しい審査の末に帰化した元外国人である［田辺・根本 二〇〇三：三二］。こうしたカテゴリーに含まれない人々は、外国人として処理された[1]。

これらの経済政策や国籍法の制定は、ミャンマーに居住する華僑華人や印僑などの「外国人」に多大な影響を与えた。雲南ムスリムの生活も、ミャンマー軍事政権下における社会・政治環境に大きく規定された。とくに上記の国籍法のため、ミャンマー国籍を取得できずにいた人々、あるいは国籍を取得せずにいた人々は、ミャンマー国内における移動の自由や就業の自由、あるいは進学の自由に多くの制限が課され、困難な生活を強いられることとなった。軍事政権下における生活の一端については次章に譲り、本章ではこうした社会・政治的環境下において、雲南ムスリムたちがミャンマーの社会・政治的環境といかなる関係を取り結ぶことで、生活空間を切り開こうとしてきたのかについて議論したい。まず次節では、雲南ムスリム、なかでもパンロン人と呼ばれる人々が、自らの「少数民族」としての地位を取得するべくミャンマー軍事政権と交渉したプロセスについて検討してみたい。ミャンマー軍事政権との交渉の過程において、雲南ムスリムとミャンマー国家との複合的な関係が語り直され、ミャンマーにおける「土着」の「少数民族」として、雲南ムスリムが定義し直されている。こうした交渉の過程から生まれる語りを、「異種混淆の語り」と定義して、雲南ムスリムの少数民族申請を考えたい。

二　パンロン人と公定少数民族申請

ミャンマーでパンデーと呼ばれる雲南ムスリム、なかんずくパンロン人と呼ばれる人々は、自らをミャンマーにおける「よそ者」ではなく、ミャンマーに土着の公定少数民族として認めるよう、ミャンマー軍事政権に対してたびたび働きかけを行ってきた。一九八三年一二月二二日、パンロン人は、自らを「パンロン・パンデー」という呼称で位置づけ、ミャンマーの公定少数民族である「タインインダー」の一つに加えるよう、当時のネー・ウィン政権に対して申請を行った。上述のように、タインインダーとはミャンマーにおける土着の公定民族を指すビルマ語の呼称であり、具体的にはビルマ族やカチン族、カレン族などを指す。華僑華人はこのタインインダーには含まれておらず、そのため、法的に様々な規制を受けていた。パンロン人は華僑華人と自らとを区別して、ミャンマーにおける少数民族認定を、軍事政権に求めたことになる。

(1)　軍事政権に対するパンロン・パンデーの公定少数民族申請

一九八六年には、パンロン・パンデーの首領の息子であった「馬光福」を代表者として、ミャンマー政府に働きかけを行っている。また、一九八九年には、ミャンマー建国記念日の少数民族代表の行進に、パンロン・パンデーの代表者一〇人を派遣する許可の申請を、軍事政権に対して行っている。結局、パンロン・パンデーの公定少数民族認定獲得の試みは失敗した。しかし、少なくとも自らがマイノリティの地位に置かれているミャンマーの政治的・社会的コンテクストにおいて、自らをミャンマーという国民国家システムのなかに位置づけようとしたことは看取できる。パンロン・パンデーの代表者らによるミャンマーの公定少数民族申請は、望郷の念を抱きながら、故郷の外に居住し続ける存在として自らを位置づけようとすることを意味する。雲南の地ではなく、ミャンマーを居住の地と見なす意識は、上記の三度の少数民族申請の文書の中に見ることができる。

先の国籍法との関係で述べるならば、帰化外国人としての身分のみを有している場合、ミャンマーにおける土地所有、大学入学に際して特定の学部に入ることができないなどの制限が課される〔田辺・根本　二〇〇三：三二〕。そのため、パンロン人として少数民族申請を行い、ミャンマーに居住するタインインダーとして認められれば、帰化外国人に課せられるもろもろの制限をクリアーすることができると同時に、中国の祖籍地も持たず、ミャンマーにおいても帰化外国人であるという浮遊したアイデンティティを一気に解消することができる。パンロン・パンデーの代表者たちは、少数民族申請に先立ち「ミャンマー・パンロン・パンデー文化協会」を設立し、資料を整えて政府に提出した。

政府議長に宛てられた申請書類は「公定少数民族としての承認を得ることを申請する事項」という趣旨が掲げてあり、パンロン・パンデーの代表者たちは、彼らが西暦一八〇〇年以前からミャンマーに居住していたと述べている。その根拠とされるのが、馬光福の回想録である。馬光福の回想録は、ビルマ語と中国語で書かれている。ここではビルマ語による回想記にしたがって分析したい。

(2) パンロン・パンデーによる異種混淆性の語り

馬光福という人物について簡単に紹介をしておこう。馬光福は、パンロン・パンデーの最後の頭目[2]であった「馬美亭」の五番目の息子である。パンロンの地を建設したのは、馬美亭の父の馬麟驥である。先述した一九世紀末の杜文秀政権の崩壊[3]と清朝による雲南ムスリムの虐殺により、雲南省から数多くのムスリムがミャンマーへ逃れた。雲南省を離れた雲南ムスリムの一部は、馬麟驥を頂点に、パンロンの地を拓いた。

馬光福が回顧するのは彼が生きた歴史ではなく、彼の父親が幼い頃の馬光福に読んで聞かせたパンロン・パンデーの歴史に関する記録である。馬光福の回顧録の記述によれば、彼の祖父（馬麟驥）や父親（馬美亭）は、パンロンの町の歴史やワ州におけるパンロン・パンデーの発展の軌跡、重要な事件や人物、ミャンマーの国王への納税などについて手書きで記録していた。おそらく前章で取り上げた『パンロン人の歴史』の元となった中国語による資料であると思われる。同文書の一部は、馬光福自身も記載している。

馬光福によって記述されたパンロン・パンデーの歴史は、南明永暦帝（在位一六四六～一六六一）のミャンマーへの逃避にまで遡る。南明永暦帝が清軍の攻撃を受けてミャンマーに逃れた際、その家臣の一部が雲南のムスリムであったとする。一八世紀以前に彼らの祖先が現在のミャンマー領土内に居住していたという主張は、先のミャンマー市民権法に照らし合わせて極めて重要である。一八二四年の第一次英緬戦争以前から今日のミャンマーの地に生活していた人々は自動的にミャンマーのタインインダーとして認知されるからである。しかし、一七世紀の南明永暦帝と雲南ムスリムとの関係についてはさすがに根拠が薄いと判断したと見られ、わずかに記載されているのみである。

馬光福が回顧したパンロン・パンデーの歴史のなかでとくに重要なのは、次の二点であろう。第一に馬光福自体が、雲南ムスリムの父とミャンマーの公定少数民族であるワ族の母との混血の子供であることを主張している点、第二に一八九三年および一九三四年に行われた、中国とミャンマーの国境画定の際に、パンロンの首領が自らの土地を中国ではなく、ミャンマーに帰属するものであると主張している点である。

ビルマ語で書かれた馬光福の回顧録の書き出しは、自らが雲南ムスリムの父親とワ族の母親との混血であるということを述べることから始まっている。「私の父は『馬美廷《ママ》』であり、母は『ドー・エーコー』である。馬美廷《ママ》はもともとパンロンの長であり、ドー・エーコーはコンピェ（『パンロン人の歴史』ではKongpyek）国の以前の首領（ソーボア）であった『サッティンサン』の次女である[4]」。

この記述は、前章で紹介した『パンロン人の歴史』において、パンロン頭目の馬美亭の支援を受けて葫蘆五王間の危機を逃れてコンピェに落ち着いたサオ・チンチュが、その見返りとして、馬美亭に自身の次女を妻として贈っていることが記載されているのに対応している。ただし、『パンロン人の歴史』ではその後馬美亭の第二婦人が登場することはない。今日においても、雲南ムスリムと非華人諸民族との結婚が極度に忌避されているということを考えれば、パンロン・パンデーの頭目の系譜がワ族との混血のなかにあるということを提示するのは大きな意味があろう。

また、中国とミャンマー（当時はイギリス領）との国境画定については次のように書かれている。一八九三年に、第一回目の中国ミャンマー国境画定会議が開かれた。ワ州（Wa State）に居住する一八人の首領（ソーボア）が招聘されたが、当時パンロンの首長（ミョーザー、すなわち町の長）であった馬国興のみが出席した。パンロンがミャンマーと中国いずれの領土であるかとイギリス植民地政府に尋ねられたとき、彼は「パンロンとコーカン[5]はともに古来よりミャンマーの領土であり、よって現在でもミャンマーの領土である」[6]と答えたとされる。「一九三四年《ママ》」に第二次国境画定会議が開かれたときは、「ヴァーデン《ママ》」と「ゴーウィン《ママ》」という二人のイギリス人代表と尹明徳と梁宇皋の中国側代表との間の議論のなかで、当時のパンロンの首領であった馬美亭が、シャン族の代表者とともにパンロンをミャンマー領土であると主張している。

英領ビルマと清朝との国境画定をめぐる、上ミャンマーの葫蘆五王らとパンロン頭目とのやりとりについて、『パンロン人の歴史』にも詳細に記述されていることは前章でも紹介した。しかし、馬光福の回想によるこの記述は、『パンロン人の歴史』における記述とは重要な点で異なっている。第一に、馬光福の回想においては、「パンロンとコーカンはともに古来よりミャンマー領土」であったとされているのに対して、『パンロン人の歴史』においては、コーカンは雲南ムスリムを彼の地から追い出そうとした「敵」であり、それ以上の文脈において語られることはない。第二に、『パンロン人の歴史』においては、パンロンの雲南ムスリムたちはイギリス植民地政府への帰属を欲していたのみであって、それは上ミャンマーの政治体系のなかにおいてイギリスという「王国」への班弄小侯国の帰属を示しているに過ぎない。ましてや、「古来よりパンロンがミャンマー領土の一部であった」などと考えていたわけではない。馬光福の語る英領ビルマとパンロンとの関係には、『パンロン人の歴史』とは明らかに異なる解釈が見られる。

こうした語りの差異は、一九八〇年代ミャンマーの政治・社会空間の文脈において理解される必要がある。コーカンに居住するコーカン人は、漢族系の住民でありながら、ミャンマーのタインインダーとして少数民族認定を受けていた。そのため、「一九八〇年代後半に、パンデーの代表が、コーカンの代表者の推薦書、歴史文書などをそえて、多民族国家を構成する民族〈タインインダー〉としての認定を政府に対して申請した」〔高谷　二〇〇八：二四四〕。こうした政治的文脈が、「パンロンとコーカンはともに古来よりミャンマー領土」であったという語りに結びつく。さらに、ミャンマー領土への帰属観念は、そもそもミャンマーにおけるネーションステート、ウィニチャックンの述べる「地理的身体」を体現したものとして理解されねばならない。

つまり、パンロンを祖籍地とするパンロン人は、一九世紀末の雲南ムスリム起義の失敗によりミャンマーへ逃れた雲南省を出自とする雲南ムスリムでありながら、異郷であるはずのミャンマーを自らのアイデンティティの礎にしようとした。しかも、パンロン人の首領の系譜には、ミャンマーの公定少数民族であるワ族の血が流れていると主張するのだ。

異郷の地に自らの故郷(祖籍地)を位置付けようとすること、タインインダーたるミャンマー先住民族との間の血縁的・社会的・政治的関係を強調すること、こうした語りのなかに、自らを異種混淆的存在として位置づけることで、ミャンマーにおける地位の向上を図ろうとする戦術を看取することができよう。もちろん、こうした異種混淆的な語りは、彼らの少数民族申請という政治的な運動の中のみに見られるものではない。彼らのより日常的な語りの中においても、異種混淆の語りを見出すことができる。次節では、パンロン人の由来に関わる三つの語りを取り上げ、異種混淆性がこうした語りにおいて中心的なテーマであることを見てみたい。

三　パンロン人をめぐる移住と離散の語り

パンロン村落の由来は、前章で見た杜文秀政権の崩壊に始まる。杜文秀政権崩壊後、清朝政権による虐殺を逃れた雲南ムスリムが、ミャンマーの地へと移住し、雲南ムスリムを中心とする村落を築いた。それがパンロンである。また、パンロンに居住していた人々とその子孫は、今日パンロン人と呼ばれる。

ミャンマーに居住する雲南ムスリムの間では、パンロン人が清朝政府の虐殺を逃れ、パンロンの地に集合した移住の記憶が、折に触れて語られる。パンロン人の離散と集合の記憶を、「班弄（パンロン）」という地名の由来、パンロン方言の音韻上の特徴、そしてパンロン人の系譜についての彼らの語りの中に読み込んでみたい。

(1)「班弄」の由来――離散と集合の記憶

パンロンという地名は、中国語では「班弄《パンロン》」や「邦隆《パンロン》」などと記述される。この地名の由来自体に離散と集合の記憶が刻まれていることが、パンロン人自身によってしばしば語られる。彼らが語るパンロンという地名の由来は次の通りである。班弄（パンロン）は元来「搬攏《パンロン》」と記述されていたという。「搬《パン》」とは人々が移動し、移住することを意味し、「攏《ロン》」とは集合し束ねることを意味している。すなわち、杜文秀政権の崩壊により、故郷からの離散を余儀なくされた雲南各地のムスリムが、彼の地に集まって一つの集落を形成した。そのプロセスがまさに、「搬攏《パンロン》」であったというのである。実際先述のように、移住の時期については一様ではなく、パンロン住民は雲南各地から徐々に集まって来た人々によって構成されていた。

この語りが真実であるかどうかは分からない。前章で取り上げた『雲南勘界籌邊記』には、ある商人の言として、「班弄には中国町（原文は中国城）が一つあり、一二の門があって、乾隆帝の時代には兵站であった」と記録されている。雲南ムスリムが移住する以前から、班弄の町は存在していたようである。よって、雲南ムスリムが「パンロン」の地に移住する以前から、この地名は存在していた可能性がある。

しかし、こうした地名の由来の真偽はここでは問題ではない。パンロン人自身が、この地名の由来を自らの難民としての逃避と移民としての集合の経験が反映させたものであると考えていること自体に意味がある。班弄の歴史やアイデンティティについて語る人々の記憶のなかに、離散と集合が刻印されていることが重要なのだ。

(2)「班弄話（パンロン方言）」の由来——異種混淆性の記憶

加えて、パンロン方言の言語上の特徴も、パンロン人が各所から集まった雲南ムスリムによって構成されていることを示すものとして、ミャンマーの雲南ムスリムのあいだでしばしば語られる。彼ら雲南ムスリムの説明によると、パンロン方言は雲南方言の一形態であるが、他の雲南各地の方言グループとは異なる言語上の特徴を有しているとされ(7)、そのルーツは雲南省のいずこにもない。独特の特徴とは、発音上雲南方言の特徴が大きく崩れ、標準中国語に近い特徴を有しているとされる。これは、パンロン人が雲南の多様な方言差を背景として集まった人々により形成されたことにより、元来有していたそれぞれの方言差が消え、標準中国語に比較的近い言語的特徴を有するようになったものだと説明される。複数の言語的差異の混淆という語り方が、パンロンにおける離散と集合の経験を象徴的に想起させるものとなる。

(3) 父母両系を辿るパンロン人

このようにパンロン人と称される人々は、歴史的にも空間的にも多様な背景を有した人々が、離散の記憶と集合の記憶を共有することで構築されていると言える。ところで彼らの子孫たちはどのように規定されるのか。一九四九年に李文換がパンロンを侵攻して以降に生まれ育ったパンロン人の子孫は、パンロンでの居住経験を有してはいないが、しかし同様にパンロン人と呼ばれる。それは、上述のようにパンロン方言を共有するという側面だけではなく、パンロン人の系譜を共有していると考えられているからだ。

それでは、パンロン人の系譜とはどのように辿られるのか。彼らの子孫は普通の華人や、他の雲南ムスリムとは異なり、父系母系に関係なくパンロン側の系譜を辿って認識される。現在台北に居住する四〇歳代の馬大龍は、自他ともにパンロン人であると認識している。彼自身はもちろんパンロンで生まれ育っていないが、実際には彼の父親もパンロンでは生まれていない。彼の父は、雲南省北部の昭通で生まれた。馬大龍の祖母が父とその兄弟を連れてパンロンに移り住んだのは、一九三〇年代のことであった。

パンロンに移り住んで以降、馬大龍の父はパンロンの首長であった馬美亭の娘の一人と結婚した。よって、中国的な父系の理念に厳密に従うならば、馬大龍は昭通の人であって、パンロン人ではない。しかし、彼の母の系譜を辿るため、馬大龍もパンロン人と称されることになる。また、現在マンダレーに居住している三〇代の馬雲嘉も、自他ともにパンロン人であると認めている。馬雲嘉の場合には、彼の父方祖父は雲南省の鎮康が祖籍地であり、父方祖母がパンロン人であった。同様に母系パンロンの系譜を辿るため、馬雲嘉もパンロン人と称されることになる(8)。

こうした現象は、一義的には北部シャン州においてパンロン人であることのステイタスの高さを示していると思われるが、中国ではなくミャンマーの特定地域を祖籍地として選択しようとする姿勢をも垣間見ることができる。

パンロンの地名の由来に関する意味づけ、パンロン方言に関する語り、パンロン人をめぐる系譜のたどり方、これら三つの装置によって提示されるパンロン人のありかたに、異種混淆の語りが表明されていると考えられないか。パンロン人は一つの出自によって成立する集団なのではなく、複数の異なる背景を持つ人々が集合し、混淆して形成された、異種性を背景とした雲南ムスリム集団なのである。

四　墓碑に刻まれる「班弄」

このように、パンロン人（パンロン・パンデー）の少数民族認定申請とほぼ時を同じくして、パンロン人の異種混淆的な語りが目立つようになる。特に祖籍地をミャンマーに求める認識は、彼らの墓碑のなかに刻まれている祖籍地の標記に明白に現れている。中国語を話し、中国雲南省を出自とすることを認識しながらも、ミャンマーの地名を祖籍地として墓碑に刻み込むのだ。

二〇〇九年二月、マンダレーとピンウールィンにあるムスリム墓地を見る機会に恵まれた（写真3）。華人の墓地が「広東」「福建」「雲南」に分かれて設置されているのに対して、雲南ムスリムはインド系ムスリムやミャンマー・ムスリムなど、他のムスリムと一緒にムスリム墓地に埋葬される。よって、ムスリム墓地に建てられている墓碑を観察していると、アラビア語やミャンマー語で書かれた墓碑銘に混じって、中国語で書かれた雲南ムスリムの墓碑銘が諸所に見られる。

一般に、中国・台湾や華僑華人を含む中国系住民の墓碑銘には祖籍地が刻まれる。華僑華人の場合、祖籍地は一般的に中国のいずこかの地名が刻まれる。他方で、雲南ムスリムの墓碑銘を見ていると、祖籍地として「班弄」と書かれている墓碑に多く遭遇する。たとえば、「原籍緬北邦弄人民（原籍ミャンマー北部邦弄《パンロン》人民）」（写真4）「原籍緬北邦隆鎮（原籍ミャンマー北部邦隆《パンロン》鎮）」（写真5）「原籍緬甸北珊邦隆鎮（原籍ミャンマー北シャン州邦隆《パンロン》鎮）」（写真6）などと書かれており、漢字で書かれた墓碑六十余基のうち、実に半数近くの墓碑の原籍地に班弄の地名が刻まれていた。また中には、中国の地名と班弄の両方を祖籍地として刻んでいる墓碑もあった（写真7）。マンダレー及びピンウールィンの現在の墓地は、近年現在の場所に移されたものであり、目にすることのできる墓碑は比較的

写真３　ピンウールィンにあるムスリム墓地

写真４　原籍緬北班弄人民

写真５　原籍緬北邦隆鎮

新しいものばかりである。旧墓地から墓碑のみを移してきたと思われる最も古いものは、一九七四年に亡くなった女性の墓碑であり、「緬甸邦隆《パンロン》人民」（写真８）と刻まれている。

彼らは何故ミャンマーの地である「班弄」を祖籍地として墓碑に刻み込んだのか。一般に、華僑華人の墓碑銘に刻まれる祖籍地の変更は、華僑華人の「本土化（土着化）」の問題として議論されることが多い。たとえば、台湾における閩南系漢族の墓碑に刻まれた祖籍地が、福建省の地名から台湾のそれへと書き換えられることが、漢族の本土化現象として理解される。

しかし、パンロン人が墓碑銘の祖籍地を、雲南省の地名からミャンマーのそれへと変更することは、独立後ミャンマー、なかんずくミャンマー軍事政権下における政治的・社会的文脈を考慮に入れると、本土化とは異なる位相が出現するのではないかと思われる。まず、パンロン人は必ずしも自身の雲南省における祖籍地を知らないわけではない。墓碑銘にパンロンと雲南の地名とが併記されている例から

写真６　原籍緬甸北珊邦隆鎮

写真７　中国の地名「鎮康県」と「班弄」が原籍地として書かれた墓碑

写真８　緬甸邦隆人民

も分かるとおり、雲南省の祖籍地を自らのアイデンティティのよりどころとしなくなったというよりは、雲南人であることに加えてミャンマーを祖籍地の一つとして積極的に選択していると考えることができる。とくに、パンロンが雲南ムスリムにとっての神話的土地であり、ミャンマー軍事政権下で採られた市民権政策がミャンマーでの長期にわたる居住の歴史を前提としていることを考えれば、彼らが選択的にミャンマーの地を祖籍地として書き加えていることの意味が理解できよう。

もちろん、パンロン人の中には、彼らの祖籍地を実際に知らない人々も存在する。パンロン人は一部の有力者の子孫を除いて、雲南における自分たちの祖先の出身地を知らない人も少なくない。しかし、それでも自身の祖先が雲南省からミャンマーに移住してきたことは理解している。よって、華僑華人の多くがそうするように、墓碑には「原籍雲南」とだけ刻むこともできたはずである。この点については、今後調査を進める必要があるものの、おそらくは中国からの離散の記憶とミャンマーにおける集合の記憶を、墓碑銘のなかに刻み込もうとしているのではないかと、私は考えている。

小結

本章はミャンマー軍事政権下における雲南ムスリムの文化・政治的「戦略」について議論してきた。華僑華人等の移住者に対するミャンマー軍事政権による法的・政治的規制の下、雲南ムスリム、とくにパンロン人は、ミャンマーの正式な市民として位置づけられる「タインインダー」の地位を獲得するため、ミャンマー軍事政権に対して少数民族としての認定を求める請願を行った。この請願は最終的に成果をあげることはできなかったが、この請願に前後して、パンロン人の間では彼らの離散と集合の経験と記憶を、ミャンマーの文化的・歴史的文脈のなかに位置づけようとする語りが見られるようになる。

そうした語りは、彼らが神話化する地名パンロンの由来や、方言の成り立ち、パンロン人継承のシステムの語りとして現れるが、なかでも墓碑に刻まれる祖籍地の変化が、自らをミャンマーの歴史的・文化的文脈のなかに位置づけようとする動きとして明確なかたちで出現している。私はこうした語りのあり方を、「異種混淆の語り」と名付けたい。異種混淆の語りは、移民やディアスポラが、自らの生きる政治的・社会的環境との相互交渉のなかで生み出した戦略的想像／創造である。

イエン・アングは従来の本質主義的なディアスポラ論を批判して、コスモポリタン都市におけるディアスポラの異種混淆性（hybridity）の重要性を主張したことは第一章で指摘した。そうした異種混淆性は語りとして、歴史的にも、小さなコミュニティにおいても存在しているのだ。

注

（1）ミャンマーの市民権法については、高谷［二〇〇八］の第一〇章に詳しい。
（2）同請願書の中国語の記述では「土司」となっており、ビルマ語では「ミョーザー（領主）」と記述されている。
（3）大理杜文秀政権と清朝政府との争いは、「紅白旗戦争」と記されている。
（4）Myan-mar nain-ngan-lonn Pan-lon Pann-thaye yin-kyaye-hmu phwet-choke（ミャンマー・パンロン・パンデー文化協会）編 1990 *Pan-lon Pann-thaye lue-myoe su-'i: tha-maim ah-tarr sar-ywet za-dann meik-tue hnin tloke saungyetmyarr.*（『パンロン・パンデー民族集成——歴史的根拠となる文書記録の写しと業績』）Pyin-ue-lwin（ピンウールィン）。
（5）コーカンは雲南省に接するビルマ領にある地名である。コーカンにはコーカン人と呼ばれる人々が居住しているが、彼らは雲南系の言葉を話す中国系の住民である。パンロン・パンデーが少数民族申請をするより以前に、ビルマ政府に対して少数民族申請を行い、現在ではビルマ土着の少数民族の一つとして認められている。
（6）Myan-mar nain-ngan-lonn Pan-lon Pann-thaye yin-kyaye-hmu phwet-choke, 1990.
（7）タイに居住する雲南ムスリムを分析した姚継徳は、タイの雲南ムスリムを、班弄方言グループ、滇南（沙甸、開元、建水など）方言グループ、滇西（蒙化、保山、騰沖など）方言グループ、滇中（昆明、玉溪、楚雄など）方言グループの四つに分類している。うち最も人口が多いのが、パンロン方言グループを形成する人々であり、ついで滇南および滇西出身者が多い［姚二〇〇五：四一五］。
（8）文脈は異なるが、中部ベトナムの「明郷人（清朝初期に、明王朝の威信としてベトナムに移住した人々の末裔）」の成員権も同様に、父系のみならず母系関係を通じても獲得されることを、末成道男が指摘している［末成　二〇〇九：一五―一六］。

第四章　越境する雲南ムスリム
——李大媽のライフ・ヒストリー

雲南省巍山県のモスク（清真寺）

はじめに

パスポートや身分証、国籍の取得に関する問題は、徹頭徹尾国民国家の形成にかかわる問題である。国家の側から見た場合、単純な国境管理の次元を越えて、国家の領域内部においても国民と国民ならざるものとを区別し、管理するための重要な手段として、パスポートや身分証が機能するに至っている。「近代世界における国家と国際国家系全体による合法的な移動手段の独占によって、人々の移動を規制し、誰がどこに帰属しているのかを明確にすることが効果的にできるようになった。さらにこれは、国家が想定上均質な『国民』を構築しようと活動するときに、きわめて重要な役割を果したのである」［トーピー　二〇〇八：二六六］。人の移動に関する管理と規制を、国家が一手に担うようになることによって、国民概念が創出されることになるのだ。

一方、移民の帰属をめぐる問題は、国民国家が国民の内包を規定しようとするとき、その国民概念をもっとも脅かすものである。国民国家の側から見た場合、移民の帰属が国民と国民ならざるもののいずれかに明確に規定できないことは、国民国家の内実を曖昧にする。「国民という概念の根底にある所属するという観念は、人々が国境を越え、『所属する』空間を離れて所属していない空間に入るとき、脅かされる」［トーピー　二〇〇八：二二］。逆に、国民国家を「脅かす」移民の側から見た場合にも、パスポートや身分証の取得は、彼らの居住する国民国家へのアイデンティティを醸成するとは限らないまでも、いずこかの国民国家との関係性を、一定程度決定付けることになる。

ところで、近代国民国家が形成されるプロセスにおいて、とくに国家の周縁部に位置する国境地域においては、国境により画定される国家の領域に居住する人々が、必ずしもその「国民」に内包されるわけではない場合がある。タイ北部の国境線の確定と国境統治について分析した片岡樹の論考によれば、タイ政府による北タイ国境地域に対する政策には、「表の運転原理」と「裏の運転原理」が存在していた。北タイの国境防衛政策においては、「政府が国境線の統治をあえて見送り、それを第三の勢力に意図的に委ねることで領土を保全するという間接統治の方法は、近代的国境線と矛盾しないばかりか、むしろ副産物でさえあった」〔片岡　二〇〇四：二〇二〕。国家は、国家領域とそこに包含されるべき人々を規定するため（表の運転原理）に、国民に本来属さない人々を動員した（裏の運転原理）。

国家側に見られる政策の「表」「裏」にともなって、こうした国家の周縁部を生きる人々の側にも、「表のコード」と「裏のコード」が生じる。とくに移民の視点から見た場合、国民や国民ならざるものに分類されていくリジッドな法制度・国家観念が「表のコード」として厳格に存在する一方で、そうした法制度や国家観念と日常実践との間にある多義的な境界領域が「裏のコード」として理解される。本章は、国家の周縁部において、国民と国民ならざるものとの境界が国家によって確定されていくなかで、移民たちがいかに「裏のコード」を利用しながら、生活領域を拡大してきたのかを分析する。その際、李大媽という雲南人ムスリム女性のライフヒストリーに着目して、彼女の語りのなかから国家制度や国家観念がどのように「ずらされて」理解されてきたのかを検討する。

本章が中心に紹介する李大媽は、一九二七年に中国雲南省の騰衝に生まれ、その後ミャンマーに移住した。李大媽の本名は黄芳蘭で、黄姓の女性であるが、人々は夫の姓を用いて、彼女を李大媽と呼ぶ。元々ムスリムではなく漢人であった李大媽は、雲南ムスリムの李応隆との結婚によりムスリムに改宗した。ミャンマーに三〇年ほど生活するものの、当時のミャンマー政府の経済政策の失敗、居住地域における反政府勢力の活動などの理由から、一九七〇年代後半にタイ北部に再移住した。タイに移住した後、夫李応隆の死をきっかけに、一九九一年に台湾に再再移住し、現在は台湾桃園県にある龍岡モスクの近くで息子夫婦と孫とともに生活している。中国に約二〇年、ミャンマーに約三〇年、タイに約一五年、そして台湾に約二五年暮らしたことになる。

李大媽の子供たちは、ミャンマー、タイ、台湾に離散して生活している。それぞれの国が李大媽の移住のルートを示している。長女（二〇〇七年時点で五四歳）は上ミャンマーのピンウールィンに暮らしており、衣類の縫製屋をしている。タイのチェンマイには長男の李棟良と末息子が、それぞれの家族と生活している。末の息子は、彼が八歳のときにミャンマーからタイにつれてこられた。現在彼はタイにあるアメリカ資本の保険会社で働いている。長男の李棟良は、子供の頃に上ミャンマーのモゴックにある雲南系アラビア語学校で学び、その後エジプトのアズハル大学に留学した。留学後は、駐サウジアラビア王国台北経済文化代表処（駐沙烏地阿拉伯王国台北経済文化代表処）に勤務した。

それ以外の子供たち五人は、現在ではすべて台湾に居住している。台湾桃園県の中壢には五番目の息子の李昇永とその家族が、李大媽と一緒に暮らしている。台北県の中和市には三番目の息子李昇強とその家族、それに娘の一人とその家族が生活している。台北市の士林には歯科医を開業している娘が一人いる。

一　李大媽のおいたちとミャンマーへの移住——交易と戦争

李大媽の男性家族（父と兄たち）は、日中戦争の戦火を逃れるために、故郷の騰衝からミャンマーへと避難した。男性家族のみが中国を離れていることから、おそらくは国民党軍による徴兵を逃れることが目的であったと思われる。李大媽には兄が三人おり、そのうち三番目の兄がイギリス軍に参加している。彼が何ゆえイギリス軍に参加したのかは、よく分からない。第二次世界大戦が終了すると、別の兄の一人は雲南に帰った。

父と兄たちが先に中国を出てミャンマーに行きました。私は私の実の両親には育てられず、父の弟（叔叔）の家で育てられました。ところが、当時雲南ではある病気が流行っていて、私を養っていた父の弟夫婦が死んでしまいました。それで、再び父の兄夫婦（大伯父母）のところに預けられることになりました。ですので、兄たちと一緒にミャンマーには行っていません。私の三番目の兄は未（ひつじ）年生まれです。[1]イギリス軍がまだミャンマーにいたときに、イギリス軍に参加しました。だから、英語が非常によくできました。私には兄が三人いました。すでに亡くなってはいますが、三番目の兄には五人の息子と七人の娘がいました。二番目の兄は第二次世界大戦が終わったときに亡くなりました。第二次世界大戦が終結したときに、二番目の兄は中国に帰ったのですが、何かの毒水にでも当たったのか、結婚前に死んでしまいました。

当時の雲南には様々な忌避があった。李大媽によると、そうした忌避の一つが、生まれてすぐに咳をした子供は、実父母が育ててはいけないというものであった。そのため、彼女は父の弟に預けられて育てられた。よって、父の弟夫婦が病気で死去しても、実父母のところには帰ることができず、父の一番上の兄夫婦のところで育てられることになった。

李大媽は、日中戦争が終了すると、ミャンマーに移住する。李大媽がミャンマーに出てから約一年後にアウンサン[2]が暗殺されたと述べていることから、一九四六年から一九四七年ごろにミャンマーへ移り住んだものと思われる。李大媽がミャンマーに移住した頃には、上ミャンマーにはまだ日本人が残留していた。

私たちは騰衝を離れ、三日間馬に乗って中国との国境の町、畹町までやってきました。畹町からは、小さな木板の橋を渡るとすぐにミャンマーへ行くことができました。畹町にもいくつかムスリムの家庭があったと思います。ミャンマー側では、私の三番目の兄が、イギリス軍の車に乗って迎えに来てくれていました。それから、モンニ[3]という町に行きました。そこに住んでいたのは、すべて雲南人でした。ミャンマーに出て一年後に、アウンサンが暗殺されました。

騰衝からミャンマーへ抜けるには、道沿いを西南に行き、畹町という国境線上の町を経由する。畹町は現在でもミャンマーと中国の往来の結節点となっており、国境付近に居住する中国人は「辺民証」を所持していれば自由に国境を通り抜けることができる。畹町から橋を渡ってミャンマー側に抜けると、ミャンマー側はチューコツという国境の町である。ミャンマー側では、イギリス軍に志願兵として入隊した三番目の兄が彼女を待っていた。一九四八年に、イギリス植民地政府がミャンマーから撤退する以前のことであった[4]。

一方後に李大媽の夫となる李応隆は、国共内戦のさなかに、馬幇交易（雲南省と上ミャンマーとを結んで行われたキャラバン交易）のために郷里の蒙化（現在の巍山県）を離れ、ミャンマーに来ていた。

私の夫、李応隆が雲南を離れたのは、「老共（中国共産党）」が雲南に来るより以前のことでした。忽然茂らとともに商売をするために雲南を離れていました。李応隆が商売でミャンマーに行っている間に、中国での国共内戦が激しくなりました。そこで、彼の父は彼に手紙を書き、中国に戻らないほうが良いと忠言しました。それで、李応隆はミャンマーに残ったのです。私と李応隆は一九四九年に結婚しました。

李大媽の夫の李応隆[5]は国共内戦時に、忽然茂[6]などの同郷人と一緒に馬幇交易の隊商を組んでミャンマーにいた。

馬幇交易では数百人規模で隊商を組み、ミャンマーや北タイに赴き、そこに数ヶ月から数年居住して商品を仕入れ、再び雲南に帰る。このとき李応隆は三二歳で、李大媽と結婚する前であった。その間に雲南省では国共内戦が激しくなり、帰国を断念する。李応隆が馬を駆って中国からミャンマーに出たときには、巍山にはすでに妻と子供がいた。一九四九年一〇月に中華人民共和国が成立し、同年一二月に雲南省は共産党軍によって「解放」された。共産党による「解放」前に雲南を離れてミャンマーやタイに留まっていた人の多くは、共産党による迫害を恐れて、雲南への帰還を断念した。また、「解放」時に雲南に留まっていた人たちのなかにも、共産党による迫害をおそれて、あるいは共産党により迫害されて、その後ミャンマーへと移住したものが多数いた。

李大媽の語りから見る限り、日本軍によるミャンマー統治期から日本の敗戦を経て、中華人民共和国が成立するまでの間、雲南と上ミャンマー間の国境は、相当自由な往来が可能であったようだ。李大媽は、畹町にある橋の対岸を「ミャンマー領（緬甸地）」、畹町側を「中国領（中国地）」と明確に区別しているものの、国境において何らのパスポートの審査も経ていないことを記憶している。

一九四九年に中華人民共和国が成立すると、資本家や地主など中国領内に属すべきでない（あるいは属すべきではないと自ら理解する）人々は、中国領を離れミャンマーへと逃れた。また、国共内戦期にミャンマー領内に居住していた人々は、中国領内への帰還を断念する。ところが、実際には、ミャンマー領内においても、彼らは必ずしも歓迎される人々ではなかった。李大媽の一家も、ミャンマー領内において、国家の他者としての生活を迫られる。次節では、ミャンマーにおいて国民がいかに構成されていたのかをミャンマー市民権法の側面から整理すると同時に、李大媽のミャンマーにおける生活のなかで、法に基づいて発行されている身分証やパスポートがどのように認識されていたのかを検討したい。

二　李大媽とミャンマー国籍

(1)　ミャンマーにおける国籍法の概要

前章で紹介したように、一九五〇年から一九八二年までの約三〇年間に渡って、中国系・インド系住民の多くは、外国人として扱われ、制度上ミャンマー国民としての身分証は発給されていなかった。[7] まずは、独立後のミャンマーにおける市民権や国籍に関する法規定について、高谷の分析〔高谷　二〇〇八〕に沿って整理したい。ミャンマーにおける市民権および国籍法規は次のようなものである。

ミャンマーにおける市民権は、一九四八年のミャンマー独立に際して制定されたミャンマー連邦市民権法（The Union Citizenship Act）、および一九八二年に制定されたミャンマー市民権法（Myanmar Citizenship Law）によって規定されている。一九四八年、イギリスからの独立に際し、ミャンマーは「ミャンマー連邦市民権法」を制定した。同法に先立つ一九四七年に制定されたミャンマー憲法によれば、「市民権（citizenship）」は「連邦全体をとおして、一つの市民権しかない。つまり、連邦市民権からは独立した単位の市民権は存在しない」と規定されており、事実上「国籍」と同義で用いられている。[8]

同様に同憲法によれば、ミャンマーにおいて市民権を有することができる者は、次のように規定されている。つまり、両親双方がミャンマー土着の民族（indigenous races）であるか、もしくはミャンマー連邦内で生まれ、祖父母のいずれかがミャンマー土着の民族であること、あるいは英国、英連邦、英領植民地内で生まれ、ミャンマーの独立時もしくは、一九四二年一月一日より以前の一〇年間のうち、八年間をミャンマー連邦領内に継続して居住している者に、ミャンマーの市民権が付与される。ここで述べられている「ミャンマー土着の民族」については、一九四八年のミャンマー連邦市民権法において規定されており、「アラカン族、ビルマ族、チン族、カチン族…（省略）…シャン族など、一八二三年以前にミャンマー連邦領内のいずれかの地域を永住の地としていた人種（racial）集団」を指すとされている〔高谷　二〇〇八：二二〇―二二二〕。

一方、中国系住民やインド系住民を含むそれ以外の人々の市民権の取得については、一九四八年のミャンマー連邦市民権法において規定されたものの、この一九四八年市民権法は二年間のみ施行され、その間にミャンマー市民権を取得しなかったものは、その後一九八二年に新たに市民権法が公布されるまで、法律上は外国人として扱われることになった。そのため中国系住民やインド系住民のなかに、数多くの市民権未取得者を生み出していた。

中国系・インド系の住民に対して管理を強化する目的から、一九八二年にミャンマー市民権法が制定された。同法によれば、国民は「市民」「準市民」「帰化市民」の三つに分類される。「市民」は一八二三年の第一次英緬戦争の前年からミャンマー領内に居住している者、「準市民」は一九四八年のミャンマー連邦市民権法に基づいて国籍を取得した者、「帰化市民」は一九四八年四月以前からミャンマー領内に居住している人とその子孫で帰化手続きをした者として定められた。「準市民」と「帰化市民」は、三世代以降から「市民」として分類される。

国家の側が国民と国民ならざるものとを明確に境界付けていく過程のなかで、国民ならざるものとして有徴化された移民たちは、こうした法とそれにともなう人の分類をどのように理解していたのであろうか。李大媽が語るミャンマーの身分証をめぐる問題をとおして、彼女が国家制度とどのように交渉しながら、ミャンマーにおける日常生活を構築していたのかを検討したい。

(2)　ミャンマーにおける李大媽の身分

李大媽は一九七〇年代後半にタイに移住しており、その当時一九八二年のミャンマー市民権法はまだ発布されていなかった。そのため、制度上はミャンマーの市民権を獲得することができなかった。しかし次節で見るように、彼女はミャンマーを出国するに当たって、ミャンマーの市民権とパスポートを取得し、タイに移住した。それまでの経緯を、李大媽自身の語りから見てみよう。

　私の夫は必ず中国に帰ると固く心に決めていました。とても頑固でした。ですので、彼自身はもちろん、私や子供たちにも「緬甸字《ミエンディエンツー》」を取らせようとはしませんでした。ミャンマーでは、私たちは「パスプ」だけを持っていて、「マッポウンディン」は持っていませんでした。「マッポウンディン」を持っていない私たちは、国内を自由に移動することが許されず、しばしば警察が家に来て、登録している居住地域に、家族全員が住んでいるかどうかを確認しました。私の夫がタイに行ってから、一度警察が私たちの家に来たことがあります。私の夫がおらず、警察に嫌がらせをされたので、こう言ってやりました。「私の夫はパダウン族の女と駆け落ちして、彼女のところに行ってしまったんだよ。必要なら、行って取り返してきておくれ」。ビルマ人はパダウン族をとても恐れていたのです。

　ここで李大媽は、「マッポウンディン」と自らが持つ「パスプ」とを対比させて語っている。上ミャンマーに居住する華人の多くは、身元を証明する書類を中国語で「字《ツー》」と呼んでいる。ミャンマーの市民であることを証明する書類を「緬甸字《ミエンディエンツー》」と呼び、ミャンマー国籍を有していないことを「緬甸字がない」と言い表している。また、ミャンマー国民が携帯する具体的なＩＤカードのことは、一般的にマッポウンディンと呼ばれる。マッポウンディンには、動詞としては「登録する」という意味があり、名詞としては「登録証」の意味がある。「緬甸字」と「マッポウンディン」は互換的に用いられるようであるが、「緬甸字」がミャンマー国籍というより抽象的な意味で用いられる場合もあるのに対して、マッポウンディンはものとしてのＩＤカードを指す。また、中国語で会話をする際にも、マッポウンディンは、それに対応する中国語で語られることはなく、そのまま「マッポウンディン」が用いられる。

一方、マッポウンディンを有しない人は「パスプ」の所有者ということになる。制度上の市民権の有無は、「マッポウンディン」の所有と「パスプ」の所有というかたちで象徴的に語られる。「パスプ」は制度的にはＦＲＣ（Foreign Registration Certificate）と呼ばれる外国人登録証である。ミャンマーに居住する外国人にはＦＲＣが発給される。李大媽がミャンマーに居住していた頃には、こうした登録証が各戸に配布され、人々に「パスプ」と呼ばれていた。おそらく「パスポート」を語源とすると思われる「パスプ」は、しばしば中国語を混ぜて「長《チャン》パス」と呼ばれたり、中国語で「緑本子《ルーベンズ》」などと呼ばれたりしていた。「パスプ」は手帳というよりは丈の長い帳簿で、「長パス」と呼ばれていたのはそのためである。彼らは書類上で指定された行政市町村を無許可で離れることが許されず、事前に「里長」の許可を取得しなければならなかった。警察が各戸を定期的に訪れ、居住者がいることを確認すると、その「パスプ」に判を押していく。また、外国人である「パスプ」所有者は、毎年外国人税を徴収されていた[9]。

パスプは、国内パスポートの役割を果たしていたと言える。国内パスポートとは、「特定の国民集団の移動を規制し、特定の地域へのその立ち入りを制限し、居住地を離れる自由を否定するために使われる」［トーピー二〇〇八：二六二］。「パスプ」も同様に、ミャンマーに居住する非ミャンマー国籍者（無国籍者を含む）に対して、その登録居住地域からの移動を制限するために使われており、トーピーの分類する国内パスポートの役割を果たしていたと思われる。マッポウンディンを所有していない場合、その活動領域は大幅に制限されることとなった。そのため、上ミャンマーで交易に従事していた華僑は、何らかの方法でミャンマーのマッポウンディンを手に入れている。実際には、「パスプ」所有者から「マッポウンディン」所有者への変更は、さほど困難なことではなかったようだ。法律上ミャンマー国籍を取得することが不可能である人々であっても、「何らかの方法」[10]を用いて「マッポウンディン」を取得しているものが少なくない。

しかしその一方で、「マッポウンディン」の取得を頑なに拒否し続けていた人々もいる。李大媽の夫もその一人であった。夫の李応隆は、交易に従事していたので、指定の居住地域を離れることが多かった。そのため、李大媽によると、複数の少数民族（シャン族など）を含む、五種類の身分証明書を携帯しており、交易に赴く先々で使い分けていた。李応隆がこれらの身分証をどのように入手したのかは知る由もないが、いずれも偽造のものであったと思われる。ところが、李応隆は、自身と自身の家族がミャンマー国籍を取得することは断固として拒否し続けた。李応隆にとって、パスプ所有者からマッポウンディン所有者への変更は、単なる身分証の変更を意味するのではなく、帰属やアイデンティティそのものの変更をも意味していた。多くの人がマッポウンディンを取得している一方で、李応隆のようにパスプからマッポウンディンへの身分証の移行を拒否し続けた人も少なくなかった。李応隆にとって、偽の身分証を入手することと、パスプを返還してマッポウンディンを取得することとは全く異なる意味合いが存在していた。偽の身分証については、自分や家族があくまでそれを偽物であることを理解していることが重要なのであり、その意味でマッポウンディンは単なる便宜上のものではなかったのだ。

さらに、李大媽自身の身分証の問題に対する関心に目を向けると、彼女自身はマッポウンディンの取得を、必ずしもアイデンティティや帰属の変更と認識していたようではない。李大媽は当時を振り返り、彼女自身のミャンマー国籍取得について、次のように語っている。

当時は夫の国籍にあわせる必要があったので、私も「緬甸字」を持つことができませんでした。

妻である李大媽の国籍取得について、法律の規定がどのようなものであったのかは不明である。ただ、子供の国籍取得に関しては、父親優先の原理が適用されていたようである〔高谷 二〇〇八：二二二〕。よって、夫の国籍に合わせる必要があったため、李大媽がミャンマー市民権を取得できなかったというのは、必ずしも正確ではない。しかし、李大媽は自分が女性であり、妻であることが、ミャンマー市民権の取得を阻んでいたと理解しており、必ずしもミャンマー市民権の取得を拒否していたわけではないように思われる。この点では、李大媽と彼女の夫である李応隆との国籍取得に対する認識の違いを垣間見ることができる。

本節をまとめておこう。国民国家に包摂・排除されていくなかで、李大媽も国民ならざるものとして自らを認識するようになる。彼女の語りのなかでは、「マッポウンディン」と「パスプ」という身分証が、象徴的に対立させて語られている。また、戦後上ミャンマーの混乱した状況下においては、「パスプ」から「マッポウンディン」への移行は、実際には「何らかの方法」を用いて可能であった。ところが、そこに夫の「中国（中華民国）」への帰属意識と市民権取得を困難にする妻としての立場が、問題系として挿入されている。国家が身分証をとおして国民を包摂し、国民ならざるものを排除していくのに対して、身分証や市民権に対する認識は、常に李大媽の日常実践を通して、再解釈されたものなのである。

三　李大媽の生活――ミャンマーの経済・政治・治安

(1)　ミャンマーにおける経済生活

国共内戦の戦火や共産党による迫害を逃れるために、雲南からミャンマーへと避難した華僑の多くは、移住先の土地で交易や小規模な商売に従事した。レストランや雑貨店の経営、馬や車による交易、小規模家内制工場の経営など、小規模な経営で生計を立てるものがほとんどであった。

李大媽と李応隆は結婚すると、タンヤンに家を構え、小規模な喫茶店兼食堂を経営し始めた。上ミャンマーのタンヤンは、総人口に占める雲南人の割合が非常に高い。共産党支配下の雲南を、着の身着のままミャンマーへと逃れてきた雲南人も多かった。李応隆は洪門幇[11]の「大哥」であったために、雲南を逃れてきた洪門幇のメンバーを、自分たちの家に住まわせ食事を提供していた。

ミャンマーではタンヤンに住んでいました。タンヤンでは「シュエイエ[12]飯店」という食堂を経営していました。ミャンマーでの生活は大変でしたが、タンヤンで経営していた「シュエイエ飯店」はとてもうまくいっていました。私たちの店では、麺類や餅（ビスケット類）、奶茶（ミルクティー）、乳扇（乳製品の一種）、それにコーヒーも売っていました。餅を作る人だけでも、数十人は雇っていましたよ。私も、中国から来た人を何人も養いました。たとえば、中国の下関から誰かが出てきたとすると、ミャンマーでは住むところも、食べるものもないでしょう。それで、私たちの家に住まわせていたのです。

李大媽が作る乳扇はタンヤンでは評判だった。李大媽の自慢は、彼女が乳扇を作るのが非常にうまかったということであり、インタビューのたびに私に繰り返した。毎朝午前三時ごろに起床して、乳扇を作る準備をする。午前四時過ぎに早朝の礼拝（イシャー）を済ませると、何十も並べた甕の中に牛の乳を注ぎ、それぞれの甕の下から火を焚く。焦げ付かないように、すべての甕を一つずつかき混ぜて回るのは大変なことであったし、微妙な火加減は技術のいるものであった。乳搾りなどの作業は、インド系のムスリムを雇っていた。

私は乳扇を作るのが非常に得意でした。乳扇を作るのは大変なのです。……家の裏山では三〇〇頭近くの牛を飼っていました。カラー[13]を雇って毎日乳絞りをし、乳扇を作って販売していました。タンヤンでの商売は大変うまくいっていました。

(2)　ミャンマー政府の経済政策と華僑の生活

このように、雲南ムスリムのミャンマーでの生活は、経済的には恵まれたものであった。多くの雲南ムスリムが「ちょっとした商売」をし、貯蓄を膨らませていた。しかし、ミャンマー政府の強引な金融政策によって、苦労して貯めた紙幣は一夜にしてごみ同然になった。ミャンマー政府が廃貨を決定したからである。李大媽の場合、ミャンマー政府の廃貨政策は、夫である李応隆の宝石の商いと結び付けて語られる。タンヤンでの生活に余裕が出てくると、夫の李応隆は宝石の商売に金を使うようになった。宝石を扱うには目が利かなければならないが、李応隆は宝石など扱ったことがなく、宝石の採掘にかけた資金は元を取れることは少なく、出費のほうが多かった。それに輪をかけたのがミャンマー政府の廃貨政策である。

私の夫は宝石を扱っていました。玉(翡翠)ではありませんよ。宝石と玉は違います。宝石は小さな粒ですが、玉は非常に大きな石です。大きなものになると、一頭の馬では引けないくらいです。私の夫は、宝石を採りにいって、採った宝石をヤンゴンに持っていって売りました。すべて売りさばくと、札束を何箱分も持って帰ってきました。ところが、そうやってお金を持って帰ってきてからほどなくして、旗が揚が・・・・ったのです。ショックで、その時は八キロ痩せました。

李応隆はルビーなどの宝石を掘り当て、それをヤンゴンにまで売りに行った。採掘に資金を投入しただけのことはあり、何箱分もの紙幣をタンヤンに持って帰った。しかし、それからしばらくして、ミャンマー政府が廃貨を発表した（旗が揚がった）のである。

ミャンマー政府は一九六四年五月一七日の夜、当時流通していた紙幣のうち、高額紙幣である一〇〇チャット紙幣と五〇チャット紙幣を無効にし、流通を中止するとの通知を、ラジオを通して発表した［簡会元 一九九二］。その上で、小額紙幣は一週間以内に、新紙幣に変更することが認められた。チャットの廃貨は一九八五年と一九八七年にも再び繰り返された。高額所持者は追及を恐れてすべての紙幣を交換することができず、交換できなかった紙幣は焼却処分した。高額の紙幣を溜め込んでいたインド人と中国人に経済的打撃を与えるためであったといわれている。上記の李大媽の話からも、ミャンマー政府による突然の廃貨が、華僑華人に対して経済的に大きなショックを与えたことは確かなようである。こうした経済的な打撃と次節に見る不安定な治安のために、李大媽たちはタイへの再移住を決意した。

(3) タンヤン——ゴールデン・トライアングル

ミャンマーでの生活の苦しさは、ミャンマーにおける法的身分の問題と政府の経済失策だけではない。少なくとも、小規模な商売に従事している限り、ミャンマーでの生活も悪いものではなかった。しかし、とくにタンヤンなど、いわゆるゴールデン・トライアングルに近い地域においては、一九五〇年代から一九七〇年代にかけて、極めて劣悪な治安状態が続いていた。当時タンヤン一帯は、国民党ゲリラ部隊（遊撃隊）、シャン州軍（The Shan State Army：反政府武装組織）、麻薬王クンサーが、ゴールデン・トライアングルのケシ栽培地をはじめとする地域の覇権をめぐって争っていた。これらの組織は麻薬の密売で利益を上げていたからである。タンヤン一帯を手中に収めていたクンサーの部隊は、地域住民に対して徴兵を強要し、男子が三人いる家庭はそのうち一人をクンサー軍の兵役につけるよう地域住民に要求した。李大媽の息子の一人も、タンヤンにおいて兵役に取られ、右足を失う大怪我を負った。

タンヤンに滞在している間に、張奇夫（クンサーの中国語名）の軍隊から「紙（徴兵の令状のことか）」が届きました。私たちの家から誰か一人を出さなければならないというのです。私の三番目の息子の李昇強はそのころまだ高校に通っていました。あと二ヶ月で卒業できるというときに、学校の帰りに張奇夫の軍隊に捕えられ、兵隊に持っていかれてしまいました。李昇強は張奇夫の軍隊で馬を引いているときに、地雷を踏んで右足を失ってしまいました。彼は、今は中和市（台湾の地名）に住んでいて、コンピューター会社で働いていますが、今でも義足をはめています。

国家による経済政策（廃貨）、上ミャンマーにおける治安の悪化（クンサー軍閥による統治）、家族の経済事情など、複数の要因が重なり、李大媽一家はミャンマーを離れて、タイ北部へと移住した。

四　ミャンマーからタイへ

(1)　タイへの移住と紛争地帯での生活

李大媽がタイに移住したのは一九七六年であった。タイでは、夫の李応隆と一緒に雲南を離れた忽然茂などが、先に商売を始めていた。この頃には、国共内戦で敗れミャンマーに滞在していた国民党軍が、ミャンマー政府に追われてタイ北部に再度部隊を移していた。一九四九年以降、上ミャンマーのシャン州に駐留していた国民党軍に関して、ミャンマー政府はミャンマー領内からの撤退を求めて国連に訴える。その結果、国民党軍は一九六一年に台湾（中華民国）に移送されることになるが、その移送を拒否した国民党の第三軍と第五軍は、ミャンマーからタイ領内に移住した。第三軍がチェンマイ県のタムゴップに、第五軍がチェンライ県のメーサロンにそれぞれ根拠地を置いていた。

先述のように、李大媽の三男の李昇強はクンサーの部隊に兵役に取られ、地雷を踏んで大怪我をしていた。国民党第五軍の指揮官の一人で、李応隆の友人の馬姓のものが、李昇強と義父子関係を結んでいた。この馬姓の指揮官は、すでにタイ北部で部隊を展開しており、タイに居住していた。この馬姓の指揮官は、義子である李昇強が大怪我をしたことを聞きつけると、足の治療のために彼をタイに呼び寄せた。李応隆と三男の李昇強はタンヤンを離れ、この馬姓の指揮官を頼って北タイのチェンマイに移った。

一方、李大媽はタンヤンの「シュエイェ飯店」で商売を続けていたが、夫がすでにタイに移住していたため、一人で何人もの子供を育て上げるのは並大抵のことではなかった。加えて、ミャンマーの廃貨や排華運動、クンサー政権による徴兵などミャンマーにおいて安定した生活を送る余裕は到底なくなっていた。そのころ、李大媽の長女はすでに結婚していた。彼女も李大媽と一緒にタイに移住したがっていたが、彼女の夫が移住をしないことにしたため、結局長女はミャンマーに残った。タンヤンではクンサーの部隊が勢力を維持しており、彼女の子供たちが成長すると徴兵にとられる可能性があったので、李大媽の長女夫婦はタンヤンを離れて、マンダレーに近いピンウールィンに引越し、そこでゼロから生活を出発させていた。李大媽がタイへの移住を決意したのは、李大媽の長女が三番目の子供を産んで一年半後のことであった。

ミャンマーの地方小規模都市であるタンヤンから、タイの第二の都市チェンマイに出てきた李大媽一家の生活は大きな困難がともなっていた。結局、都市では経済生活を維持することができず、遊撃隊（国民党ゲリラ部隊）、国民党第三軍および第五軍、クンサー軍、ミャンマー軍などが跋扈し、紛争が続いている山岳地帯に活路を見出そうとする。李大媽は山岳地帯に雑貨屋を開き、同地域にいた軍人を主な顧客として商売を始めた。李大媽が雑貨屋を開いたピンロン（丙弄）は、第三軍の根拠地であるタムゴップに程近いところであり、第三軍の管轄下にあった。

私たちがタンヤンにいる間に、タイにいた忽然茂から、タイに移住したほうが生活が楽になるという手紙が来ました。それで、私たちはタイのチェンマイに移り住みました。その頃には、私には九人の子供がいましたが、長男と長女はすでに結婚していたので、彼らはミャンマーに残りました。それで、私たちは子供七人を連れて、タイのチェンマイに行きました。

タイに行く前には、私の夫は宝石に手を出して大損をしていたので、手元にはそれほどお金はありませんでした。忽然茂のところにはあんなにお金があったのに、私たちのところにはお金がありませんでした。それで、最初はチェンマイに住んでいましたが、生活が苦しく、都市部には住むことができず、タイの山地に行かねばなりませんでした。当時、山岳地帯には三軍と五軍のゲリラ部隊がおり、山岳地帯には行くべきではないという忠告を多くの人から受けましたが、行きました。

我々が滞在していたところは、ピンロンです。ピンロンには三年滞在し、商店を開いていました。タイ北部では、張奇夫と国民党軍、それにミャンマーの軍隊が戦争をしていました。戦争をしているところでしかお金が儲からないじゃないですか。ピンロンには、ムスリムの商店が三軒あり、そのうち一つは鶏を飼っている家で、残りの二つは雑貨を売っている家でした。うちは雑貨を売っていました。ここにいるときには、本当によく儲かりました。

ピンロンには三年間滞在しました。戦況がますますひどくなり、山を降りることも考えていました。ある日、私たちの家の近くに、敵軍の旗が落ちているのを見つけました。敵の軍旗が私たちのところまで飛んできたというのは、多分不吉なことの前兆じゃないだろうかと考えました。これはだめだ、絶対に山を下りないと大変なことになる、と皆で相談しあいました。

ある日のことでした。朝、起きてみると七体の黒虎隊[14]の遺体が、私たちの家の戸口にありました。夜に銃声がしていたのは知っていましたが、朝起きてみると七体もの死体が戸口の前にあったのです。これは絶対に山を下りなければなりません。けれども、商売のほうは、誰がいつ何を買ったかだけが記された、紙切れ一枚の付け払いが多くて、お金をもらっていませんでした。けれども、これはだめだと思って、二六日に山を下りました。そして、二九日にピンロンで大きな争いがあったのです。


ピンロンでの商売は非常にうまくいった。しかし、それは戦闘による危険の代償であった。生命の危険を感じた李大媽一家は、三年でピンロンでの商売を閉め、山を下りる決断をする。山を下りてからは、タンヤンで行っていたように、餅や乳扇などを作って販売し、生計を立てた。

(2)　タイへの身分証とタイでの身分証

タイへ出国するに当たって、李大媽は初めてミャンマー市民権を取得し、マッポウンディン（国民ＩＤカード）とパスポートを手に入れた。ミャンマーの国内航空券を購入するにはマッポウンディンが必要であり、また国境を合法的に通り抜けるためにはパスポートが必要だったからだ。

先述のように、夫の李応隆は必ず中国に帰るとかたく決意していたため、本人はもとより、妻の李大媽にも子供たちにもミャンマー市民権を取得させなかった。そのため、李大媽の一家は、早くに結婚していた長女を除いて、だれもミャンマー市民権を取得しておらず、マッポウンディンも所有していなかった。パスプのみが、李大媽とその家族の身元を保証する書類であった[15]。ところが、タイへの移住を決心してはじめて、李大媽とその家族はミャンマー市民権を証明するマッポウンディンとパスポートを取得した。当時マッポウンディンは「何らかの方法」を用いて取得することができたが、マッポウンディンの申請に際して、パスプを返却・破棄する必要があった。マッポウンディンとミャンマーのパスポートを取得した李大媽一家は、三回に分かれてミャンマーを離れタイに向かった。まず、夫の李応隆と三人の子供たちが出発し、数ヶ月後に残りの子供たちが、最後に李大媽が彼女の姪や甥を連れて、タンヤンを後にした。李大媽は、居住地のタンヤンから飛行機に乗り、まずはチャイントンに向かった。

タンヤンからチャイントンに直接向かうと怪しまれるから、タウンジーを経由してチャイントンに行きました。ところが、チャイントンで飛行機を降り立った時に、そこに顔を見知ったミャンマーの警官がいたのです。本当に身の凍る思いがしました。その警官は私に、「お前はタンヤンの人間じゃないのか」と聞き、私はマッポウンディンを没収されそうになりました。私は人違いだと答えて、彼が別の旅行客に気を取られている隙に、空港から逃げました。チャイントンの飛行場から牛車でタチレックの知り合いの家に向かいました。大雨の降っている日で、丸一日はかかりました。タチレックで友人の家に数日隠れてから、国境を越えてタイ側のメーサイに行きました。怖くて、橋を越える（イミグレーションを通る）ことができませんでしたので、川を渡ってタイに行きました。その後、マッポウンディンとミャンマー・パスポートはどこかに失くしてしまいました。

ミャンマー側のタチレックとタイ側のメーサイとは川で隔てられており、正式にはこの川にかかる橋を渡り、入国審査を受けてタイに入国しなければならない。しかし、李大媽はこの橋を渡らずに、川を越えてタイ領内に入った。李大媽が所持していたマッポウンディンとパスポートは、当然偽造のものではない。「何らかの方法で」申請して、取得したものである(16)。

タイに移住した李大媽たちは、再び身元を保証されない生活を送ることになった。タイにおける李大媽一家の法的地位は、「難民」となった。身元について李大媽は、「身份」という語を用いている。「身份」とは単純には法的身分のことを意味する。しかし、李大媽に言わせれば、「身份」は単なる法的身分ではなく、国家を構成する国民として、国家によって生活が保障された法的身分のことを指す。よって、「難民」は「身份」ではない、と李大媽は語る。

タイでは「身份」なんてありませんでしたよ。「難民証」しか持っていませんでした。「難民証」は昇強（自分の息子）の干爹（義父）が作ってくれました。五軍の司令官でしたから。

タイにおける「難民」は特殊な身分である。先述のように、ミャンマーへと撤退した中国国民党の部隊の多くは台湾へと移送された。残った一部の国民党兵士とその家族は、ミャンマーから北タイへ進駐する。片岡樹によると、「(タイ)政府は一九七〇年一〇月の閣議で国民党軍兵士とその家族を難民として認定し、国軍最高司令部直属の『〇四指揮部』の監督下にタイ国内での居住を認める一方、その代償としてタイ共産党軍の勢力の強いチェンライ県東部（パターン）への一部国民党兵士の入植を決定」［片岡　二〇〇四：一九五］した。タイ政府は、共産ゲリラ対策として国民党の残党部隊を北タイの山間部に駐留させると同時に、その見返りとして彼らが「難民」としてタイに留まることを認めた。つまり、この時期のタイ北部における「難民」とは、元来国民党の残党部隊と直接的に関係した法的身分であった。

先述のように、李昇強は国民党第五軍の主任をしていた馬姓の雲南ムスリムと義父子関係を結んでいた。馬姓の第五軍主任には息子がおらず、蒙化（現在の巍山県）時代からの友人であった李応隆に頼み、李応隆の息子である李昇強と義父子関係を結んだのだ。この馬姓の主任は、義子の李昇強が大きな傷を負ったと聞いて、タイに連れてきて治療を受けさせるように連絡をよこしてきた。そこで、李応隆は彼をつれてタイに赴き、タイで治療を受けさせた。

李大媽一家は、元来国民党軍と直接関係を有しているわけではない。ところが、李大媽ら一家はタイに移住後、息子の李昇強と国民党軍第五軍の主任との義父子関係を利用して、「報難民字《バオナンミンツー》（難民証の申請）」をした。難民という法的地位の取得と運用も、李大媽の社会的ネットワークのなかに組み込まれている。ここでも、「難民証」という法的書類は、彼女の日常生活のレベルに解釈しなおされて理解されたのだ。

五　台湾への移住

多くの華僑がそうであったように、李大媽夫妻も子供たちを台湾に留学させた。海外に生まれ、台湾で教育を受けている華僑学生は「僑生」と呼ばれる。[17]

一九九四年に「帰国華僑学生戸籍登記法（回国僑生戸籍登記弁法）」が廃止される以前は、中華民国のパスポートもしくは入台証をもって台湾へと入国した華僑学生には、すべて台湾の戸籍と国民身分証明書（身分証）が発給されていた。そうした台湾の対華僑政策の歴史を背景にして、多くのミャンマー華僑の子弟たちが陸路タイに渡り、タイの中華民国経済交流事務所に赴いて、そこで入台証もしくは中華民国パスポートを発給してもらう。その後は、空路で台湾に入り、台湾入国後に中華民国の身分証を発行してもらう。李大媽もまた、まずは子供を台湾の学校に送って中華民国の国籍と台湾における居住地の戸籍を取得させ、その後その子供の家族として台湾に移住している。李大媽一家がタイに移住したとき、五番目の息子李昇永は一二歳であった。タイでの生活に慣れることができない李昇永を、李大媽は台湾に送った。李昇永が一四歳のときであった。

タイに到着してからは、言葉が通じませんでしたので、私の李昇永はひどく怒って、「ここは言葉すら通じないじゃないか。俺はミャンマーに帰る。帰りの旅費をくれ。」と私たちに言いました。そのころに新聞記事で「歓迎華僑帰国昇学（華僑の帰国進学を歓迎する）」という広告が出ているのを見ました。それで、タイに来て二年で、子供たちを台湾に送って学校に行かせることにしました。

当時北タイの難民村では、台湾国民党政府に認可されて開かれている華僑学校があった。華僑学校での成績は台湾内の学校の成績とリンクされていたため、李大媽の子供たちはその華僑学校で学び、こうして李大媽の子供たちは、四人が台湾の学校に入学した。現在では、ミャンマーに居住している長男と長女、タイに居住している次男と末の息子を除いて、李大媽の子供たちは、全員台湾に移住している。李大媽自身は、夫の李応隆が他界した二年後の一九九一年に、台湾パスポートを取得して台湾へと移住した。現在は台湾桃園県中壢市の龍岡モスクの近くに居住している五番目の息子の李昇永の家に、嫁と二人の孫と一緒に住んでいる。

六　分析――国家による「掌握」と「掌握されるもの」による「ずらし」

トーピーは「国家は単に社会に浸透しようとするだけではなく、それを掌握しようともする」［トーピー二〇〇八：一八］と述べる。人々を掌握する（embrace）ための方法が、パスポートであり、身分証であった。国家はパスポートや身分証を通して、人々を掌握し、その結果として国民への所属意識が醸成されていくのである。ところで、当の掌握される側の人々から見た場合、このテーゼはどのように理解することができるのであろうか。本稿が描いてきた李大媽のライフ・ヒストリーは、こうした「掌握」される側の人々の視点からパスポートをとらえなおすひとつの材料を提示する。

本稿で紹介した李大媽のライフ・ヒストリーから見る限り、居住国家内において、パスポートや身分証が国民と国民ならざるものを分かつ書類として用いられていくなかで、「掌握されるもの」である李大媽（やその夫）自身も、パスポートもしくは身分証などの書類を取得することによって、ミャンマーやタイといった国民国家との間に一定の関係を築いていた。よって、国家が国民や国民ならざるものを「掌握」するという国民国家形成のメカニズムは、十分に機能していたように見える。しかしその一方で、異郷の地において直面する諸々の状況のなかで、李大媽がいかなる選択をし、その選択をどのように理解していたのかをつぶさに分析するならば、国家による「掌握」から多くのものが零れ落ちていたのではないかと思う。国家による「掌握」を生きる移民たちにとって重要なのは、国家によって「掌握」されたかどうかではなく、どのように「掌握」されたのかという点にある。国家は領域内に居住する人々を一網打尽に「掌握」しようとするが、「掌握されるもの」は国家側の意図からずれたかたちで「掌握」されることになる。より積極的に述べるならば、「掌握されるもの」たちは、国家による「掌握」の技術をずらしながら利用していくのだ。ド・セルトーの議論を援用するならば、前者は「戦略」であり、後者は「戦術」である。「戦略が生産し基盤目に区切り、押し付けてくるこの空間内でおこなう操作のタイプの別なのであり、戦術のほうは、もっぱらその空間を利用し、あやつり、横領することしかできないのである」〔ド・セルトー　一九八七：九〇〕。最終節では、本章の論点をまとめるかたちで、具体的に「掌握」のずれを検討しながら、「掌握されるもの」が、国家による「掌握」をずらす戦術を見てみたい。

ここではまず、小田亮〔小田　二〇〇九〕がドゥルーズとガタリの分析枠組みを利用しながら提示した、「条理空間」と「平滑空間」という対立的概念軸を参照したい[18]。小田は都市空間におけるストリート性を切り取る視点の一つとして、「条理空間」と「平滑空間」という補助線を導入した。小田によれば「支配するための秩序である条理空間においては、閉鎖空間を区分してそこに直線的かつ固体的事物を配分するのに対して、平滑空間は、流体としての事物が開放空間のなかに配分される」〔小田　二〇〇九：四九五〕。条理空間とは国家や知の機制など権力システムによって一望監視的に区画化されていく空間であり、そうした「条理空間に閉じ込められた人びと」は「自分たちの日常生活の空間を部分的に平滑空間へと変容させる」〔小田　二〇〇九：四九五〕。条理空間に平滑空間を導入する実践とは、たとえば整然と区画化されていくインドの大通りにおいて、歩道を不法占拠する「歩道寺院」の建設などを指示している。小田は、人を制度やシステムの格子のなかにはめ込み、統治する条理空間のなかに、部分的にでも平滑空間が生成する可能性を見出すことで、雑多性をもつ生活の場としてのストリートを取り戻そうとする。

条理空間と平滑空間という分析軸は、パスポートや身分証から国民国家を分析する際の補助線としても有効である。先述のトーピーが明確に提示したように、パスポートや身分証の発給と取得をとおして、国家が人びとを「掌握」していくことで、国民と国民ならざるものは区分され、またときには国家の領域そのものが明示的に示されていく。まさに、「閉鎖空間を区別してそこに縁線的かつ固体的事物を配分する」システムがパスポートや身分証であり、それらをとおして明示化されていく国家や国民は、「支配するための秩序である条理空間」だ。一方、インドの「歩道寺院」が、都市を区画化する支配秩序からの「ずらし」であり、条理空間に平滑空間を滑り込ませる実践であったように、パスポートや身分証をめぐっても、国家や国民を形づくる支配の秩序からすり抜けるような実践、国家システムや国民機制という条理空間のなかに平滑空間を導入するような実践を見出すことができるのではないか。こうした実践を見出し、そこから新たな知見を提示することができれば、パスポートや身分証をめぐる人類学的な議論は、まさに新たに「条理空間」を導入し、法体系を整備することで今日のパスポートと身分証をめぐる問題を整理しなおそうとする議論とは異なる視点から、問題を提起することが可能になる。国民国家の機制が生み出す条理空間のなかに、平滑空間が生成する可能性を見るのは、国家による「掌握」を「掌握されるもの」が「ずらす」ことにおいてである。

本稿で紹介した李大媽の事例に即して言うならば、パスポート、身分証、国籍、国民国家をめぐる問題は、「意味のずらし」と「機能のずらし」という二つの「ずらし」をとおして整理しなおすことができる。

第一に、「条理空間」としての国民国家は、それを支えるシステムとしてのパスポートや身分証に付与された意味が、「掌握されるもの」によって読み替えられることによって、部分的に「平滑空間」へと変容される。具体的に見てみよう。李大媽の夫である李応隆は、複数の身分証を携帯しながらミャンマー領内や、ミャンマーの国境を越えて縦横に移動し、交易に従事していた。国民と国民ならざるものを区別し、「掌握」する目的で導入されている身分証は、人が身分証によって逆に規定されるという特徴を逆手に取り、複数の異なる身分証を手に入れることで、移動地域に合わせて利用することのできる便利な通行証としての意味が付与される。また、李大媽について言えば、ミャンマーを出国するに当たってはじめて、「マッポウンディン」とミャンマー・パスポートを取得した。しかし、それはミャンマー国民として「掌握」され、アイデンティファイされることを目的としたのではなく、最終的にミャンマーの国民国家システムから離脱することを目的として「掌握」されたのである。こうした事例は、国家による「掌握」という意図を包含する諸書類の意味をずらし、読み替える戦術である。

第二に、国民国家システムにおける「条理空間」から「平滑空間」への移行は、対面的な関係が重要なファクターとなるということである。小田は「条理空間のただなかにありながらそこに平滑空間を生成する実践に必要なのは」、「人と人との〈顔〉のみえる関係とそれによって作られている『生活の場』ないしは『共同体』」［小田二〇〇九：四九七］であるという。この点は、李大媽が北タイにおいて、「難民証」を取得したプロセスに見出すことができる。李大媽はタイ北部において難民証を取得する際、息子と国民党軍指揮官の義父子関係という日常生活の領野、小田の言葉では「人と人との〈顔〉のみえる関係」を発動することで、強固に人を「掌握」しようとする国家制度の力を減じ、制度に含まれる意味をずらすことに成功している。これは、パスポートや身分証を支える国家の機能を、〈顔〉の見える関係へと「ずらす」ことで生成される、平滑空間である。[19]

当然、国家側の「掌握」と「掌握されるもの」の「ずらし」という構図は、第二次世界大戦後の一時期に、上ミャンマーやタイ北部という政治的に不安定な地域であるからこそ見られる限定的現象であると言える。しかし、そうした点を差し引いても、パスポートや身分証の意味を読み替え、「〈顔〉の見える関係」を制度のなかに導入していくことで、国民国家を中心としたリジッドな「条理空間」のなかに部分的にではあれ「平滑空間」を導入する可能性を議論することができるのではないか。

パスポートや身分証をめぐる議論は、法制度を整備することや、移民や「外国人」を国家制度のなかに如何に正当に組み込むのかをめぐって展開されることが多い。こうした視点は、今日の移民や「外国人」をめぐる喫緊の課題を解決し、制度改革を促すという点で、非常に有効な議論を提示している。しかし、こうした議論の多くが最終的に到達する地点は、結局国家が人々を「掌握」する技術を、別の方向で更新していることになるのではないか。パスポートや身分証をめぐる人類学的な探究は、人々が国家に「掌握」されないような可能性を、国家の「掌握」技術を使いつつ、それをずらしながら国家と関係を結ぶ様を、提示していくことにあると私は考える。

注

（1）李大媽は、年号を述べるときはすべて干支を用いている。未（ひつじ）年は一九一九年である。

（2）アウンサンはミャンマー建国の父と呼ばれている。一九四七年七月一九日に暗殺された。

（3）モンヤイのことか。正確な地名と地図上の位置は不明である。

（4）ところで、李大媽の兄弟姉妹の数人も、騰衝から上ミャンマーに行き、その後国民党軍の「遊撃隊」の一部として、ミャンマーから台湾へと移送されている。雲南省で共産党軍と戦っていた国民党軍は、国共内戦で敗れると国境を越えてミャンマー側へと撤退した。ミャンマーへ撤退した国民党軍は、「反攻大陸」をスローガンに軍隊の建て直しを図った。そして、ミャンマーに逃避していた民間人をも徴兵のターゲットにした。李大媽の弟と妹も、ミャンマー移住後に国民党軍に参加していた。弟が参加したのは、「遊撃隊」と呼ばれるゲリラ部隊である。ミャンマーへ撤退した国民党軍は、軍事強化策として、正規軍とは別に「雲南反共救国軍」というゲリラ部隊を組織した。ミャンマー、北タイの雲南人、台湾に移住した雲南人などの間では、普通「遊撃隊」と呼ばれている。また、妹は「政工隊」に参加している。「政工隊」とは「政治工作隊」の略で、中国大陸の共産党軍に対する政治宣伝を主な仕事とした部隊のようである。そして、李大媽の弟と妹は、台湾の国民政府によって国境地帯の国民党軍が台湾へと移送されたときに、一緒に移送された。彼らは現在も、台湾の桃園県に居住している。

（5）李応隆の祖籍地は雲南ではない。李大媽の説明によると、李応隆の祖先は新疆から雲南へとやってきた。李応隆の父が、その六代目に当たる。李応隆は若い頃にモスクでアラビア語を学んでいるが、こうした理由により、兄弟数人で新疆にまで行き、そこのモスクでアラビア語を学んだ。

（6）忽然茂はタイ、ミャンマーの雲南ムスリムの間では極めて著名な商人である。ミャンマーに渡ってすぐに、北タイのチェンマイに再移住し、そこでモーターや車を扱う商売を始める。一九七二年、チェンマイに敬真学校（アッタカワー・スクール）というイスラーム学校を設立し、初代校長に就任した。筆者が二〇〇五年にチェンマイの敬真学校を訪れたときには、学生数一五〇人であった。そのうちかなりの割合をミャンマーから来た学生が占めている。

(7) しかし、実際にはインド系住民と中国系住民の多くが、何らかのかたちで国民証明書（マッポウンディン）を取得している。

(8) 市民権概念については、近藤敦の整理が参考になる［近藤　二〇〇四］。

(9) 李大媽は、外国人税は年間八〇〇チャット（当時）であったと述べているが、正確な数字は不明である。

(10) 普通は、出身民族を詐称することによって、国籍を取得している。両親ともに華僑であり、ミャンマー市民権法上はミャンマー国籍を取得することができない場合にも、申請時に母親が「シャンタヨウッ（中国系シャン族）」や「アカ族」で、父親が華僑であると述べることによって、国籍を取得している人が少なくない。

(11) 明末清初に設立された中国の秘密結社（幇会）の一つ。

(12) ビルマ語で「金の水」の意味。

(13) カラーとは、現在の国籍を問わず、ビルマ語で広くインド（パキスタン）系住民を指す言葉である。侮蔑的な意味合いを含む。ミャンマーで生活する雲南ムスリムも、インド（パキスタン）系住民のことをカラーと呼ぶ。ミャンマーのムスリムの多くはインド（パキスタン）系ムスリムで、そのため「〈カラー〉話」とはウルドゥー語のことを指し、「〈カラー〉学校」とは、ミャンマーにあるインド（パキスタン）系のアラビア語学校を指す。例えば、「他是〈カラー〉学校畢業的（彼はインド系のアラビア語学校を卒業した）」、「那個倍所也会説〈カラー〉話（あのイスラーム知識人はウルドゥー語も話すことができる）」など。

(14) タイのゲリラ部隊の一つ。

(15) これ以外に、李大媽は華僑証明書も持っていた。華僑証明書は、台湾（中華民国）への入国書類を整える際に重要な役割を果たすが、ミャンマーに居住している間に、華僑証明書が身元を保証する書類にはならなかった。

(16) マッポウンディンの発行について李大媽は、タンヤンの李大媽の家の隣に、マッポウンディンの発行に携わる人が住んでいたと述べていることから、おそらく隣人のネットワークを利用して取得したのではないかと思われるが、詳細は不明である。

(17) 中華民国（台湾）における「華僑」の定義は、法律の運用を柔軟に保つために故意に曖昧にされている。「華僑身分証明書核発弁法」によると、台湾に戸籍を有していないことが必要条件であり、その上で中華民国のパスポートを持ちながら台湾に戸籍のない人、中華系でありながら海外に生まれるか、もしくは海外に四年以上生活しており、現地の国籍を有している人、あるいは無国籍のもの、などが華僑として認められる。しかしながら実際には、こうした規定に関係なく、中華民国国籍の発給がなされていたときもあれば、近年のように一親等以内の親族でも、国籍の取得が難しい時期も存在する［朱　二〇〇〇：二九二］。華僑の台湾への「帰国」が開始された当初は、入台者数に制限がなかった。しかしその後、年間の受入人口が四八〇人前後に制限され、一九九九年以降は一二〇人前後に制限されている［朱　二〇〇〇：二九四］。

(18) 本稿で採用する「条理空間」「平滑空間」の概念の理解は、小田［二〇〇九］に拠っている。

(19) こうした「ずらし」の実践にもかかわらず、「想像の共同体」としての中華民国や中国は、しばしば彼らの語りのなかに挟み込まれる。李応隆は数多くの身分証を使い分けていたにもかかわらず、自分は当然のこと、彼の家族にもミャンマー国籍をとらせることはなかった。これは、「平滑空間」のなかに「条理空間」が構築される瞬間としても理解することができる。

第五章　台湾社会と中国ムスリム

台北新生モスク。1999年に台北市の文化財に指定された。

はじめに

二つの民族誌的記述からはじめたい。一九七〇年に台湾をフィールドとして回民（中国ムスリム）の調査をしたバーバラ・ピルズベリーは、次のように記述している。

この質問（ムスリムは民族か宗教集団かという質問）を向けられた一二六世帯の回民のうち、八七パーセントの世帯が回民であるということは、まずなによりも民族集団の成員であるということであり、その上でイスラームの信仰者であるということだと答えている［Pillsbury 1973: 258］。

彼女の調査報告によると一九七〇年初頭の台湾においては、台湾の回民たちは自らを漢人とは異なる「民族」であると認識していた。

ところが、彼女の調査から三〇年が経過した二〇〇〇年前後に行われた調査では、台湾の回民は自らを「民族」であるとする認識を共有しなくなっていた。台湾の回民についての修士論文をまとめた蘇怡文は、次のように記述している。

あなたは回族ですか、それとも漢人ですか」という質問をインタビューにおいて行ったが、それに対して九〇パーセント以上のムスリムが、「私は漢人であって、イスラームを信仰しているに過ぎない」と答えている。こうした変化はエスニック意識が経済形態や社会的な構造といった要素の影響を受けていることを示しており、理性的な選択の結果であって、そうした意識は操作可能で、改変可能なものであり、状況によって主観的に境界付けられるものである［蘇怡文　二〇〇二：一七］。

ピルズベリーの記述と蘇怡文の記述とを比較すると、一九七〇年から二〇〇〇年までの三〇年の間に、台湾回民のアイデンティティが大きく変容していることが分かる。一九七〇年代初頭にピルズベリーが「血のエスニシティ（blood ethnicity）」と呼び、信仰の有無よりも彼らの「血を共有すること」のもつ重要性を強調するムスリムは、今日ではむしろ信仰を重視する宗教的集団へと変容していったといえる。

本章は、台湾における回民のアイデンティティを、彼らが置かれた社会的政治的背景との相互作用のなかで分析することに主眼を置く。とくに回民エリートの語りを中心に分析し、国民政府に従って一九四九年に台湾に移住した回民が、彼らのアイデンティティの語り方をどのように変化させてきたのかを追跡する。とくに、国民党政権下においては、中国大陸を含む中華民国全体の回民を代表する主体として、台湾に移住した回民のアイデンティティが語られていた。しかし、大きな中華民国概念自体が揺らいで以降は、台湾における「外来宗教」集団として自ら表明する傾向にある。中華民国の主体としての回民から、移民としての回民へと自らのアイデンティティを変化させた。また、台湾社会の政治的・社会的変容のなかで、回民の移民としての地位が変化する一方で、移民を内包する台湾社会にも変化が生じていることを指摘したい。

以下ではまず、移民と宗教、なかんずく移民とイスラームをめぐる議論を整理する。次に現在台湾のイスラーム社会の現状を概観し、続いて中国大陸から台湾へと移住した中国ムスリムのアイデンティティの変遷を、台湾社会の国際的地位、国内的社会構造の変容の文脈のなかで議論する。

一　問題構成としてのイスラームと移民

宗教が移民のアイデンティティやディアスポラ意識を喚起することは、これまでにもしばしば指摘されてきた。たとえば、ディアスポラについての包括的な論考をまとめたロビン・コーエンは、宗教それ自体がディアスポラを構成するわけではないにしても、ディアスポラ集団の間で共有される宗教がディアスポラの社会意識を強固なものにしていると述べている〔Cohen 1997: 189〕。移民一般についても、同様の指摘が可能であろう。たとえば、ヘレン・ラルストンはカナダへと移住した南アジア系の移民女性が、ヒンドゥー教を媒介として民族宗教的な意識を創造していることを指摘している。集住地区のない環境においては、宗教活動こそが移住者を束ねる場となっているからだ〔Ralston 1992〕。

移民とイスラームをめぐる問題構成においても、宗教のトランスエスニックな側面が指摘できる。移住先地域においてモスクを共有するムスリムたちは、多様な国家や地域から移住しており、移住元の地域に対する憧憬や移住元地域とのトランスナショナルなネットワークを共有しているわけではない。その意味で、「海外へと移住したムスリムは、共通のホームランドすら共有して」おらず、「移民ムスリムは、……移住先社会との関係の中でマイノリティであるというのみならず、彼ら自身も異なる宗派や文化的伝統などを背景に移住している」〔Ahmed and Donnan 1994: 6-7〕のだ。

これらの理論的状況を反映して、移民ムスリムを扱った論考の多くが、移住先地域における、複数のエスニック・グループや複数の宗派、教派間のインターラクションを議論している。たとえばロガイア・アブシャラフは、ニューヨークにおける移民ムスリム・コミュニティにおける宗教組織の変容を分析している。ニューヨーク、ブルックリンのイスラーム・ミッションでは、モスクが建設された一九三〇年代以降しばらく多民族的な組織を構成していた。しかし、その後イエメン人移民が増加し、彼らがブルックリン・イスラーム・ミッションにおいて多数派を形成するにしたがい、協会組織が徐々にイエメン人を中心にエスニック化(ethnicised)していった[Abusharaf 1998]。

逆にカミーラ・ギブは、カナダへと移住したエチオピア人ムスリムのハラール人が、エチオピア人移民としてのアイデンティティよりも、ムスリム・アイデンティティを主張していると分析する。ハラール人は元来エチオピアのハラール地域において、シンクレティックなイスラーム伝統を維持していた。ところが、ハラール人はカナダへ移住後、そうした出身地におけるイスラーム伝統を放棄する。そして、カナダに在住する他のムスリムとの連携をとおして、エチオピア人ムスリムではなく、宗教集団としてのムスリム・アイデンティティを形成するに至っていると述べている［Gibb 1998］。

いずれの事例においても、ローカルなイスラーム宗教実践が、人の移動にともなう複数の宗教実践の接触によって客体化されることが指摘されている。しかし、移民とイスラーム信仰との関係を扱ったこれらの論考においては、移民ムスリム内部の社会構造やアイデンティティの変容のみが分析の対象とされており、移民ムスリムと移民をとりまく政治的・社会的環境との関係が軽視されるきらいがある。移住先地域や国家の政治的・社会的変容のなかで、ムスリム移民のアイデンティティや社会組織がどのように変化したのか、逆に、ムスリム移民が変容するなかで、彼らをとりまく政治的・社会的変化がどのように生じているのかといった議論が、本章の着目する問題である。

二　台湾回民の現状

台湾回民のエスニシティと宗教に関する分析に入る前に、台湾回民の歴史と現況について基礎的なデータを紹介しておきたい。

(1)　台湾回民の歴史と組織

賈福康は台湾回民の歴史を、清朝期に福建省から台湾へと移住してきた福建系の（元）ムスリムの記述から始めている［賈福康　二〇〇五：三］。台湾中西部の古都鹿港には現在でも、丁姓や郭姓の宗族[1]が存在している。彼らは清朝期を通じて、福建省南部の泉州一帯から台湾に移住してきた人々である。鹿港の丁姓、郭姓宗族と始祖を同じくする人々が、福建省泉州市近郊に存在する。陳埭丁氏宗族や白奇郭氏宗族などがそれであり、族譜に記載された情報から、現在中国では彼らは回族として認定されている。台湾側でも、祖先祭祀を行う際には、豚を供物として捧げてはならないなど、漢民族のなかでは特殊な習慣を残している[2]。ただし、宗族成員のほとんどは、イスラームの信仰を維持しているわけではない。よって、一般に彼らはムスリムとは考えられていないし、現在の台湾のイスラーム社会とも結び付けられることは少ない。

今日の台湾におけるイスラームは、一九四五年に日本が敗北し、一九四九年に中華人民共和国が成立する前後までに、台湾へと移住してきた中国回民が確立した。中国国民党を支持していた回民や国民党軍に所属していた人々、それに共産党による支配を嫌った回民商人などが、一九四五年から一九四九年ごろまでに中国大陸から台湾へと移住した。彼らは台湾の「四大族群」ディスコース[3]のなかでは「外省人」に当たる。

台湾には現在、台北に二つ、中壢、台中、高雄、台南にそれぞれ一つずつモスク（清真寺）が建立されている。台湾にある六つのモスクを統括するのが、台北新生モスク内に付設されている中国回教協会である。中国回教協会は元来、抗日戦争時期の一九三八年に唐柯三らによって重慶で設立された「中国回教救国教会」を母体としている。日本の敗戦後南京に本部を移して「中国回教協会」と名称を改めた。国共内戦で国民政府が敗れて以降は、国民党とともに組織を台湾に移し、一九五四年に台北で復会した。

中国回教協会の発表によると、現在台湾には五万～六万人の回民が居住しているとされている。ただし、台湾に居住する回民は民族集団ではなく、個人の信仰と結びついた宗教集団であるため、戸籍データとして現れることがない。よって、中国回教協会が発表している数字もあくまで推測に基づく概数であって、彼らも台湾に居住する回民の人口数を把握していない。一九八八年に中国回教協会が作成した会員名簿には、一万人弱の会員名しか挙げられていない。入会していない会員がいることなどを考慮しても、一万数千人が適当な人口数ではないかと思われる。

(2) 台湾ムスリム研究――ピルズベリーと蘇怡文の研究成果

台湾の回民（回族）を扱った研究成果は極めて少ない。極めて短い紹介文［陳漢光　一九六〇、蕭永泰　一九六〇］を除いては、本章の冒頭で引用したピルズベリーと蘇怡文の論考のみが、台湾の回民を記した文献である。とくにピルズベリーの博士論文［Pillsbury 1973］は、台湾回民について記した最もまとまった研究成果である。ピルズベリーは一九七〇年から一九七一年にかけて台北文化モスクを中心にフィールドワークを行い、博士論文においては台湾に居住する回民と漢人との間のエスニック・バウンダリーの維持について議論している。

ピルズベリーが台湾において調査を行っていた時期、台湾回民の内部においては軋轢と多様性が存在し、しかもそれがセクト主義的な動きにまで発展していた［Pillsbury 1978］。また、言語面や身体的特徴などにおいては「漢化」してしまっており、漢人とは全く見分けがつかない。しかし、台湾回民内部に大きな多様性があり、表面的には漢人へ同化しているように見えるにも関わらず、「回」と「漢」との間のバウンダリーは明確に維持されているという。台湾に居住している回民たちは、彼らがムスリムの「血」を共有していると認識していること、そして豚食の禁忌などの習慣を守り続けていることなどから、ムスリム性を構成する内容が変化しても、漢人との間に常にバウンダリーが意識されており、エスニック・グループとしてのムスリムが存在し続けているのだと結論付けている［Pillsbury 1976］。バルトのエスニック・バウンダリー論を利用した、台湾の回民と漢人との間のバウンダリーの維持についての分析である。

しかしながら、文頭に引用した蘇怡文の論考にあるように、今日台湾に居住するほとんどの回民は、自らを漢人とは異なる「民族」であるとは考えておらず、信仰が他の漢人と異なっているだけであると認識している。こうした違いが歴史的変化によるものなのか、ピルズベリー自身の理論化の問題なのかはここではとりあえず問わない。ただし、ピルズベリーが台湾において調査を始める一九七〇年代以前から、回民知識人の間で同様の問題が議論されてきたことは確かである。今日に至るまで、回民知識人たちが自らをどのような存在であると位置づけてきたかについては後述する。

ピルズベリーの博士論文が刊行されて以降、台湾の回民に関する研究報告は三〇年間刊行されなかった。二〇〇二年に作成された蘇怡文の修士論文は、ピルズベリー以降唯一台湾の回民を扱った研究成果である。(4) ピルズベリーが台湾の回民社会を、中国回民社会の代用品として扱っていたのに対して、蘇怡文の修士論文は中国大陸とは異なる台湾社会の政治的文化的独自性を考慮に入れている。彼女は台北新生モスクにおいて、足掛け六年にわたって断続的にフィールドワークを行い、その成果を修士論文としてまとめた。台北新生モスク内に付設された中国回教協会のオフィスに足しげく通い、退任後もオフィスでくつろいでいる長老たちにインタビューし、調査データを収集した。

蘇怡文の論考も台湾回民のエスニシティ論から論を起こしている。しかし、彼女の記述はエスニシティ論に終始したものではなく、台湾の政治環境や社会状況のなかで、回民たちが宗教集団としてどのように変化したかを分析している。つまり、従来台湾の回民は回民社会内部にのみ目を向け、回民外部の社会と積極的に関わろうとしなかったのに対して、近年では対外的に積極的にイスラームを紹介したり、新たな入信者を獲得したりして、台湾におけるムスリムの裾野を広げることに努めていると分析している。つまり、これまで「血」を共有したエスニックなグループ内部が重要であったのに対して、今日では「血」を共有しないが「信仰」を共有する人々を開拓しようとする動きが大きくなってきていることを示している。これは、冒頭で引用した台湾回民のアイデンティティの変容とも関係する。

三　台湾回民前史

本章で検討する台湾回民は、国民党軍とともに、一九四五年の台湾光復以降に中国大陸から台湾へと移住してきた中国ムスリムである。周知のように、中華人民共和国では中国ムスリムは「回族」という少数民族として承認されており、一九五八年には「寧夏回族自治区」が成立している。

ここで台湾回民のエスニックなアイデンティティと比較する意味で、中華人民共和国における回族に関する議論を簡単に整理しておきたい。中国の研究者の多くは民族史学的視点から、「回族」という民族の形成史を議論してきた。中国共産党の対回族理解を決定したのは、民族問題研究会が一九四一年に出版した『回回民族問題』

写真9　中国回教協会青年部の台湾における成立を紀念する写真（1952年）

であろう。その『回回民族問題』の文頭には、現在の回族は「元朝期にペルシアなどの地域から中国へと移住した回回人」［民族問題研究会　一九八二（一九四二）：二］であるとの一文が記述されている。それ以前の唐宋代にはすでに、長安や中国沿海地域の泉州や広州などの地に、アラビア半島からイスラーム教徒が通商に訪れており、彼らは「蕃客」や「胡客」と呼ばれていた。続く元朝期には、蒙古軍に征服された中央アジアから多くの中央アジア系イスラーム教徒が中国に連れてこられてきた。彼らはモンゴル帝国内において色目人と呼ばれ、元朝の階級システムのなかで、蒙古（モンゴル）人に次ぐ高い位置を占めていた(5)。民族史学的な見方によれば、元朝期に蒙古軍に投降し蒙古軍に従って中国へ流入したペルシア人や中央アジアの人々こそが、現在の回族の直接の祖先なのである。同時に、元朝政権の地方統治策として、領域内の地方都市に色目人を行政官として派遣したため、回族は今日見られるように「大分布、小集住」の様相を呈するに至った。彼ら色目人たちが漢人の女性を娶り、漢人の子供を養子にすることで、次第に中国に定住し、身体的な特徴も漢人的になった。このようにして、回族は中国において一つの民族として形成されてきた。これら民族史的な回族研究は、歴史的に構築されたと論じる点で構築主義的であり、同時に現在の回族は議論の余地のない所与の存在であると論じる点で本質主義的である。所与のものとしての回族が、歴史的にどのように形成されてきたのかを分析し論じるのが、中国の回族研究における一般的な回族認識である［民族問題研究会　一九八二（一九四二）、白寿彝　二〇〇三、馬啓成・高占福・丁宏　一九九五、丘樹森　一九九六など］。

こうした民族史的背景をもつ回族を今日定義付ける場合、言語や慣習、集住地域の有無などによってではなく、イスラーム信仰によって少数民族としての位置づけを与えられてきた。しかし、イスラームの信仰のみによって回族のエスニシティを決定するという民族認識は、今日に至るまで回族の少数民族性を疑う視点をも生んでいる。(6) こうした疑問は、回族に関する様々な民族論、エスニシティ論を生み出した。人類学において回族のエスニシティを構築主義的な視点から論じたものに、ドゥルー・グラッドニーの *Muslims Chinese* がある［Gladney 1996b］。グラッドニーは中国の四つの地域における回族を調査し、それぞれの地域において回族としてのアイデンティティを表明するための参照枠が異なっていることを見出した。たとえば、北京牛街のムスリム地区の都市居住回族おいては、食物禁忌に代表される慣習の違いが回族と漢族とを分ける指標となっており、北京近郊の長営地区においては回族内部のエンドガミー（族内婚）が回族を特徴付ける参照枠として理解されている。また、中国西北部の寧夏回族自治区においては、イスラーム復興に代表される宗教信仰そのものが回族意識の中心に位置しており、回族であるか漢族であるかは宗教的な問題である。さらに、中国南部の福建省においては、族譜に書き込まれた祖先の記憶が、自らを「回族」としてアイデンティファイするための参照枠となっている。各地域によって異なる「民族」表象をもつ「回族」が、一つの少数民族として成立しているのは何故か、とグラッドニーは問う。その答えは、それまでローカルな地域で個々ばらばらに表明されていた「回」と「非回」の境界が、共産党政権の対回族政策と各地域のムスリムのエスニックな指標との「対話的（dialogic）」相互作用のなかで、回族という民族アイデンティティとして構築され共有されるようになったのだと分析する。つまり、中国において少数民族のアイデンティティは、何よりも政府の政策との対話のなかでネゴシエイトされる。「回族」は捏造されたという意味で「作られた」ものではないが、国家へゲモニーのなかで再構成されたという意味で「作られた」ものなのだ。(7)

一方の中華民国政府は、「回族」という少数民族カテゴリーを採用してこなかった。こうした二〇世紀半ばに確定された民族政策が、今日の回民のアイデンティティの問題、ひいてはアイデンティティ・ポリティックスが渦巻く今日の台湾における回民の生存戦略に関係していると考えられる。本節では、回民が台湾へと移住する以前、とくに一九四九年以前の回民アイデンティティについて、回民エリートによる代表的な議論を検討する。

(1) ムスリムをめぐる解釈の系譜

歴史的に中国においては、イスラーム教徒は「回」、「回回」、「回民」などと称されてきた。なかでも言語や見た目が漢人と同じである「回」は「漢回」と呼ばれ、ウイグル人などチュルク系の人々を指す名称「纏頭（頭を布で巻いている）回」や「纏回」から区別された。以前には「回回」、「回民」、「漢回」などと呼ばれ、今日中国大陸で回族と呼ばれている人々が、中国共産党によって「回族」として少数民族認定される以前から、誰もが等しく少数民族としての回族アイデンティティを持ち得ていたのかどうかは疑わしい。先述のように、アメリカの人類学者グラッドニーは、回族という少数民族は中国共産党の民族政策と、各地域に居住する漢語を話すムスリムとの間の「対話的な」関係の中で、「想像の共同体」としてアイデンティティが生成したことにより生まれたとする。実際には、「内地」（中国の領土内の、「辺境」以外の地域）に居住し、外見も漢族と変わらず漢語を話す人々を、少数民族と見なすのか、イスラームを信仰する漢族と見なすのかをめぐって、一九三〇年～一九四〇年代にかけて、ムスリム知識人の間でも議論がなされていた。一九三六年に発刊された『禹貢半月刊』第五巻第一一期には、金吉堂と王日蔚がムスリムの属性に関して議論している。

金吉堂は回民を民族集団として定義付けている。金によれば、回民の祖先は、元来シリア人やイラク人、ペルシア人など複数の起源をもつ人々がイスラームという信仰を共有することで「民族」をなしているという。イスラームは単なる宗教ではなく、経済や婚姻関係などの社会的制度一切を意味しており、そのため同一の信仰を有するということで「民族感情」を産出し得ている〔金　一九三六〕。王日蔚も同様に回民を民族集団と理解していた。王日蔚は一九三六年に書かれた『禹貢』論文のなかで、回民を民族集団であると規定し、次のように記述している。「回鶻[8]は、イスラーム教とは全く関係なく、回回という語彙には元来イスラーム教徒という意味はなかった」〔王　一九三六〕。「回教という語が回族から生まれたのであり、回族が回教から生まれたのではない」。つまり、回族（回民）は元来イスラームを信仰していなかった「回鶻」に由来する民族呼称であった。後に「回鶻」がイスラームを信仰するようになり、そこからイスラームを回教と呼ぶようになったのであり、回族（回民）はイスラームの信仰とは無関係に一つの民族であるとする〔王　一九三六〕。

また、一九三七年に出版された著書のなかで、傅統先も中国ムスリムの属性について議論している。傅は「回民」を血縁にもとづく民族共同体としての回族としてではなく、回教徒集団として認識している。傅統先の考え方によると、中国の「回教徒」はアラブやペルシア、トルコからの中国への移民や、イスラームに改宗した漢人などの集まりで、血統上はすでに混血が進んでおり、決して一つの血統ではないと主張する。また、イスラームという宗教と民族との関係を問題にしており、回教が一つの「部落[9]」に固有の宗教なのか、それとも世界的な宗教なのかという問題を投げかける。その上で、「もし回教が一つの部落の宗教であるならば、回教を信仰している人々は一つの部落に属し、その他の民族が回教に参与する機会はない」〔傅　一九九六（一九三七）：一一〕。そして、新疆のトルキスタン系民族「回族[10]」はイスラームを中心として民族を構成しているわけではないので、回民とは異なり、独立した民族であると主張する〔傅　一九九六（一九三七）〕。

回民をめぐって様々な議論が飛び交うなか、国民政府は回民を少数民族とは看做さないという政策を採用した。国民政府によるこうした認識は、国民党の支持基盤のひとつとなっていた中国回教協会の公式見解としても採用されるようになる。国民党の軍事エリートであり、中国回教協会の初代理事長であった白崇禧は、一九三九年七月に行われた中国回教救国協会[11]の第一次全国代表大会の席上で、「回教徒」を回族という民族集団とみなす見方を批判している。また、後に台湾で行われたインタビューにおいても、「我々の多くは漢人であって回族ではなく、イスラーム教を信仰しているというだけである。回族というのは新疆に住む人々を指すのである」〔郭廷以編一九八四：五七四〕と語り、回民を独立した民族であるとみなす見方を批判している。国民党と密接に結びついていた中国回教協会は、国民党の対回認識をそのまま採用し、「回」を宗教集団として扱った。そして、「回」は「漢」と血統を同じくするという見解を選択するに至った。

(2) 同化主義政策化における回民参政権

国民党の採用した民族政策は基本的に同化政策であったと言える。蒋介石政権下における国民党の民族政策下では、各「少数民族」は血統を同じくする単一の民族（中華民族）の一宗族[12]であり、民族集団は存在しないという認識に基づいていた[13]。しかし、こうした国民党政府の民族政策や回民知識人間での議論とは別に、国民大会内における回民の議席定員の獲得をめざす動きも活発であった。その結果、回民は国民大会内に一七の議席定員数が確保され、憲法中に明文化された。しかしながら、蒋介石政権下の民族認識と合致させるために、条文では回民を少数民族とは規定せず、「内地[14]の生活習慣が特殊な国民」とされ、宗教集団でも民族集団でもないようなカテゴリーとして提示された。

当時、北平（今日の北京）の国民大会代表として選出され、回民の「参政権」獲得に尽力した孫縄武は、その当時の状況を次のように回顧している。

「内地の生活習慣が特殊な国民」とは、内地の回民のことを指しているのである。憲法制定国民大会を思い起こすに、私は北平市地区の代表であり、この項の条文は私が提案して制定されたものである。「内地の生活習慣が特殊」という字句を用いて、回教あるいはイスラーム教を抽象的に指ししむるというのが、私の頭を悩ませたところである。……ましてや、党と政府両者の伝統的認識では、内地の回教同胞を回族とは認めていなかった。民国一七年に中国回民公会の馬福祥氏を中心に内政部に立案したのだが、「族」も「教」も使用できないという状況のなか、回民同胞の選挙権の憲法への記入を保障させるために努力した。その結果はじめて「内地の生活習慣が特殊な国民代表の定員とその選挙方法は法律で定められる」という一三五条が記入されたのである［孫縄武　一九六三：一四一―一四二］。

憲法の同条文にもとづき制定された「国民大会代表選挙罷免法」、および「国民大会代表選挙罷免法施行条例」にも、それぞれムスリムに関する細則が書き加えられた[15]。「国民大会代表選挙罷免法」においては、総則の第四条に国民大会代表の定員が定められており、「内地の生活習慣が特殊な国民」は一七名とされた。「国民大会代表選挙罷免法施行条例」においては、「内地の生活習慣が特殊な国民とは、各地に居住する回民を指し」ていることが明記されている[16]。こうして定められた新憲法および諸法律の下、一九四七年には選挙が行われ、一七名の国民大会の回民代表が選出された［余振貴　一九九六：三一八―三一九］。しかし、一九四九年の中華人民共和国成立にしたがい、国民大会は国民党政府とともに台湾へと移る。国民代表として選出された回民代表のうち、八名が台湾へと移住した。そして、回民は表向き宗教集団として理解されながら、もう一方で国民大会内に議席定員を確保されているという矛盾を抱えたまま、台湾の民主化と「本土化」を経験することになる。次節では、国民政府の遷台後、台湾の中華民国政府の下、回民が享受してきた優遇策と、台湾の民主化と「本土化」が徐々に進行する中での回民の動きについて見てみたい。

四　遷台後の台湾回民

国民政府の遷台後、中国で選出された国民代表は改選されることなく、「反攻大陸」をスローガンに中華民国の政治制度は維持され続けた。中国で選出された「内地の生活習慣が特殊な国民（回民）」代表たちも、遷台後も改選されることなく国民代表として国民代表大会に議席を有し続けていた。また、中華人民共和国との関係をめぐる外交関係上、回民は重要な地位を獲得していた。「宗教は阿片である」として宗教集団を弾圧し続ける中華人民共和国政府に対して、中華民国（台湾）は「自由中国」であるとして、イスラーム諸国に対して台湾がイスラームを尊重していることをアピールし続けた。台湾に居住する回民は、そうした「自由中国」をアピールする上で、重要な位置づけにあった。しかし、中東イスラーム諸国が台湾と断交し、中華人民共和国と外交関係を構築するようになると、台湾ムスリムの台湾外交上の地位も低下することになる。本節では、遷台後に台湾ムスリムが歩んだ道を現在まで辿りたい。

(1)　「国民外交」と回民への優遇策

台湾の回民を記述した文献には、しばしば「国民外交」という語彙が登場する。国家的な外交政策とは異なるレベルの、民衆間の外交という意味で用いられている。しかし実際には、中華民国台湾の外交政策上、台湾回民は重要な位置を占めており、政府と回民とは相互依存的関係にあったといえよう。とくに、台湾の中東諸国外交において回民が果たした役割は大きい。外交部（外務省）側も中東諸国との関係を強化するため、マッカ巡礼に対して資金提供をおこなったり、モスクの建設を手助けしたりしている。台湾において政府の財政的援助を得たマッカ巡礼は、一九五四年以来今日に至るまで続けられている。初期のころには毎年五人の巡礼者を組織していたのだが、その後徐々に公費による巡礼者数が増加され現在は一五人の団員数が組まれている。一九五四年以来二〇〇五年までに公費でマッカ巡礼（朝覲）を果たした人々は、延べ六九九人にのぼる［賈福康 二〇〇五：三四］。また、台湾におけるイスラーム教の宗教指導者を養成するという目的で、公費によるサウジアラビアやリビアなどへの台湾回民子弟の留学が行われていた。[17]

また、台北新生モスクの建立も政府の外交戦略と密接に関係している。一九六〇年に建設された台北新生モスクは、イスラーム諸国に対する台湾外交の一翼を担っていた。そもそも、台北新生モスクの建設は、葉公超外交部長（当時）の肝いりの事業であった。一九六〇年に台北新生南路の現在地に新生モスクが完成する以前は、日本植民地期に建設された日本式家屋を改築して礼拝所としていた。しかし、一九五七年中東諸国の歴訪から帰国した葉公超外交部長は、イスラーム諸国との外交関係を維持するためにはモスクの建設が急務であるとの認識から、新たなモスクの建立を提案する。そして、外交部の協力の下、サウジアラビア王国からの資金援助を得て、一九六〇年に現在ある台北新生モスクが完成する。落成式は陳誠副総統（当時）が主催して執り行われた。同モスクは、その後も台湾のイスラーム諸国外交において重要な役割を担っており、ヨルダンやサウジアラビア国王[18]などの訪問を受けている。台湾回民は遷台後も外交上の重要な役割を担うというかたちで、台湾政府との間で良好な関係を築き続けていた。しかし、イスラーム諸国は次々と台湾と断交し、回民の外交政策上の地位も徐々に低下すると同時に、台湾社会の「台湾化」が進められ、それまで台湾回民に付与されていた特殊権益も、徐々に解消されていくことになる。

(2) 一九八〇年の「公職人員選挙罷免法」の制定と回民国大代表

中華民国の「台湾化」は、政治的主体の変化として明確に示されよう。台湾へ移住した回民にとっても、政治体制の台湾化が目に見えるかたちで、彼らの政治的な地位を脅かし始めた。一九八〇年に公布施行された「公職人員選挙罷免法」の一条項をめぐって、ムスリム代表として国民大会代表に選出されていた仝道雲が、立法院の議案関係文書として、「意見」提示を行っている。仝道雲から立法院に提出された文書の用件は次の通りである。「本選挙罷免法草案の第四〇条に『生活習慣が特殊な国民』という字句がある。これは、憲法第一三五条にある『内地の生活習慣が特殊な国民[19]』という字句と全く同じであるので、(ムスリムと山地同胞とを[20])混同してしまわないよう改正を願いたい」[仝道雲 一九八〇：七]。

先述のように、一九三六年の憲法制定時に、国民代表として選出された回民議員たちは、回民の参政権獲得に向けて政府と折衝し、回民や回教という字句ではなく、「内地の生活習慣が特殊な国民」という字句を用いることで議席の確保を実現していた。しかし、遷台から三〇年以上が経過し、遷台以前の巨大な版図を含む中華民国ではなく、台湾を単位とした行政体制が実質的に進められていた。いわゆる「万年議員」として、「法統[21]」を背負った仝道雲は、次のように呼びかけている。

チベットやモンゴル、新疆などの辺境の各民族には、辺境民族選挙区という区分があるが、内地に居住する回教徒は、各省市で中央民意代表の選挙に出ても人数が少ないことから当選することは困難である。しかし、中国の回教同胞の人口を統計すると五〇〇〇万人[22]ほどにもなるので、憲法は彼らの参政権を奪うことはできなかった。憲法制定国民代表大会が慎重に検討した結果、第一三五条の規定が憲法に組み込まれたのである。よって、「生活習慣が特殊な国民」とは回教同胞を指すのだ。今日この名詞が、同法案（筆者注：公職人員選挙罷免法）の中に見られる。しかも、その対象は台湾の山地同胞であり、その上これは台湾省各県市実施地方自治綱要で使用されている名詞なのだそうである。台湾省各県市実施地方自治綱要を当初草案した人物は、「生活習慣が特殊な国民」というのがいったい誰を指しているのかをはっきりと理解していなかったのではないかと思われる。しかし、「台湾省各県市実施地方自治綱要」は多年にわたって施行されてきた。これは明確に憲法に抵触しているのに、修正を加えないとすれば、今後も誤り続けてしまうことになりはしないか［仝道雲　一九八〇：五］。

元来中国各地に居住する回民を指して用いられていた「生活習慣が特殊な国民」という文句が、新たに制定される「公職人員選挙罷免法」の第四〇条において、その選挙区を山地にするとの記述がなされていた。つまり、「生活習慣が特殊な国民」が「山地同胞」に読みかえられていると主張している。中国大陸で制定された憲法および諸法案と、国民政府の遷台後に制定された諸法案とのあいだで、「生活習慣が特殊な国民」という字句をめぐって解釈に齟齬が生じ始めていた。こうした齟齬が生じ始めるようになったのは、台湾が「本土化」していったことによる。それに対して仝道雲は、「大陸の光復後、かの地で両岸の回民が再び顔を合わせたときに、彼らに憲法第一三五条の性格に変更が加えられてしまったなどとは言うことができない」と嘆いている。

一九八〇年代前後の台湾は、国民国家としての中華民国が大きな危機に直面した時期であった。対外的には一九七九年にアメリカと断交し、対内的には蒋介石の後を継いだ蒋経国が、政治組織の台湾化を進め始めた時期にあたる。従来大多数が外省人によって占められていた国民党の中央エリートのメンバーに、一九七〇年代後半以降多くの台湾人が抜擢されるようになり、人事政策の面での「台湾化」が推し進められていった［若林一九九二：一八六—一八八〕。上記の仝道雲の発言は、台湾社会内部の政治的構造変動が関係している。こうした台湾社会の「台湾化」はその後も急速に進められ、それにともなって台湾回民エリートたちの自己主張のありようも徐々に変化していく。次に一九九九年に議論された台湾新生モスクの古跡（文化財）認定をめぐる議論を検討しながら、台湾回民エリートが自らのアイデンティティをどのように位置づけようとしてきたのかを見てみたい。

(3)　モスクの古跡認定と「弱勢族群」としての回民——多文化主義言説の流用

「公職人員選挙罷免法」の制定から一九年が経過した一九九九年、台北新生モスクがその歴史の浅さにも関わらず、台北市の古跡として認定された。一九六〇年に建設され、四〇年弱の歴史しか有していない台北新生モスクが、何ゆえ古跡として認定されることになったのか。結論を先取りすれば、新生モスクが古跡として認定されたのは、台湾回民が自らを台湾におけるエスニック・マイノリティとして宣伝することに成功したからである。台湾が中国大陸や外モンゴルをも含む中華民国を代表する唯一の政治的主体であった時期から、台湾のみを代表する中華民国へと変化していくなかで、台湾回民エリートの生存戦略も台湾を中心としたアイデンティティの主張へと変容した。

さて、台北新生モスクの古跡認定のプロセスは次のとおりである。一九五八年、中国回教協会はモスク建立のため、現在台北新生モスクが建っている土地を、もとの所有者である張子良[23]から購入した。不動産の売買契約を済ませると同時に、張子良との間に土地使用証明書を交換したが、その後張子良が海外に長期滞在したために、名義変更の手続きが行われなかった。一九八七年、帰国した張子良は、名義変更の手続きをしていなかったことをたてに、モスクの取り壊しと土地の返還を求めて地方裁判所に提訴し、敗訴した。しかしながら、その後も土地の名義変更手続きを行い得なかったことから、名義上は張子良が土地の所有者であり続けた。一九九三年、張子良は死亡し、張子良の子孫一二人が張氏の遺産を相続することになった。張子良の相続人たちは、主管官庁に土地の継承権を申請し、土地所有権の登記を終えた。その後、土地は「嘉新水泥（セメント）公司」に売却され、一九九七年に名義の変更手続きが終了した。「嘉新水泥公司」が台北新生モスク側に立退きを迫ったのに対して、新生モスク側が各界にモスクの保護を訴えかけたのである。

台北新生モスク側は、台北市政府にモスクを「市級古跡」として認定させることで、建築物の取り壊しを免れようとした。一九九八年七月、台北市政府民政局は台北新生モスクを訪問調査し、年代が古跡認定に必要な基準に達していないとの理由で、一度は古跡認定を保留にしていた。しかし、中国回教協会や文化活動家らの要請に応じて、同年一二月に再び台北新生モスクを調査し、古跡認定について検討した結果、文化財保存の観点から、翌一九九九年三月二九日に「市級古跡」として認定した。これによって、台北新生モスクは取り壊しを免れた。しかし、一九六〇年に建立された歴史の浅い建築物が「古跡」として認定されるには、台北新生モスクや中国回教協会から、台北市政府、文化事業団体、台湾外交部、それに国会議員などへの様々な働きかけがあった。一九九九年三月一八日には、台湾回民の国会議員である劉文雄らの働きかけで、「清真寺的未来（モスクの未来）」と題する公聴会が開かれた。この公聴会には、国会議員、外交部西アジア局長、内政部史跡科科長、台湾大学都市研究所教授、それに「嘉新水泥公司」の代表者と中国回教協会の理事が国会議事堂内に集まり、モスクの土地問題について意見交換が行われた。

中国回教協会側の主張と台北市政府との認識が一致したのは、回民を「弱勢族群」（エスニック・マイノリティ）と見なすという点にあった。台北新生モスクが、台北市の古跡に認定された翌日、古跡認定の責任者である台北市民政局林政修局長はメディアに対して、台北新生モスクの古跡認定は、モスク自体の年代や芸術的価値ではなく、むしろ弱勢族群の文化を尊重するという社会的意義があったことを指摘している(24)。

一方の台北新生モスク側の主張も、モスク建築が国際都市台北の文化の多元性を示す象徴であり、同時に弱勢族群としての回民の文化の保護を訴えるものであった。なかでも、回民を台湾における弱勢族群の一つとして規定し、その保護を訴えている点で、前節で見た一九八〇年代の回民の政治権益の保護を求める主張とは大きく異なっている。一九八〇年の仝道雲は、あくまで中国全土を版図と考えた中華民国における回民を代表して発言していたのに対して、中国回教協会理事である馬家珍が一九九九年に認識していた回民主体は、すでに台湾のみを視野に入れたものである。先に述べた「清真寺的未来」公聴会で配布された小冊子で、中華民国国民代表であった馬家珍の筆によるものと思われる「為保寺護教敬告社会正義人士（モスクと宗教を護るため、社会的正義を有する人々に告げる）」と題する文章には、次のように書かれている。「中華民国は五族共和の国家です。国父孫中山先生も生前、弱勢族群兄弟を厚遇するよう強調されていました。中華民国憲法には内地の生活習慣が特殊な国民を保護するという条文も存在し、台湾地区には原住民に対する優遇というモデルも存在します」。台北新生モスクの保存が、台湾原住民族に対する保護と同一のレベルで語られている。

小結――台湾ムスリムの生存戦略と台湾社会の変容

本論の冒頭で述べたように、自らを少数民族と認識する回民は減少し続け、現在では多くの台湾回民が自らを「イスラームを信仰する漢人」であると考えている。筆者も台湾回民の調査を開始した当時、台湾回民のアイデンティティを探るべく、彼らに同様の質問をしたことがある。私の質問の意図を理解して、「漢人はそもそも多くの異人種の血が混ざってできた人々であって、純血の漢人なんていない。回民もおそらくはアラブやペルシアから中国へと渡った人々の血が混ざっているのだろうが、それでも漢人だ」と述べる台湾回民もなかには存在していた。しかし、大多数は筆者の質問の意味すらわからないほど、少数民族としてのアイデンティティを持ちえていない人々であった。

台湾回民のアイデンティティ表明の変容は、国民党の回民に対する政策や態度と、台湾社会の台湾化が大きく影響している。中華民国が台湾全土を代表するという建前が崩れ、台湾のみを代表する中華民国を志向するようになると、漢人と回民のあいだのエスニックな差異は益々影を潜め、多様な宗教集団の一つとしての認識が台湾社会においても、回民内部においても浸透するようになった。

ところが、台湾社会および台湾回民内部において宗教集団としての回民という認識が浸透していくのと反比例するかのように、中国回教協会や回民エリートたちは、鹿港郭氏宗族や丁氏宗族に対する「鹿港尋根活動（鹿港ルーツ探し活動）」の推進［賈福康　二〇〇二］など、一種のルーツ探しや、すでに信仰を失っている「元回民」に対する信仰回復活動などを行ってもいる。こうした活動は、個人の信仰そのものよりも、回民としての血を重視する思考に基づいているといえる。いわばピルズベリーが述べる「血のエスニシティ」としての回民を、再創造しようとしているかのように見える。

今日の台湾では、台湾原住民族や客家、それに外国人労働者などの文化的政治的権利の保護を求める運動が盛んに進められている。そうした運動に呼応するかたちで、台湾政府も一定程度のレベルの多文化主義政策を施行するようになってきている。現在、エスニック・マイノリティの問題を処理する行政機関としては、国民党政府の遷台以前から設置されていた「蒙蔵委員会」、台湾のオーストロネシア系先住民の問題を扱う「原住民族委員会」、それに近年設置された「客家委員会」が存在している。いずれも「出自の文化的解釈に由来する」エスニシティ（族群）概念に基づいて設置された組織である。また、近年増加している外国人労働者に対しても、行政的な支援が行われている。台湾回民も自らが劣勢に置かれたときには、こうしたアイデンティティ・ポリティックスの流れにのるかたちで、弱勢族群（エスニック・マイノリティ）である「血のエスニシティ」としての回民の保護を社会や政府に訴えかけている。

台湾社会の台湾化が進み、議会への議席定員数を喪失し、台北のモスクの取り壊しが議論されたとき、回民エリートが訴えたのが、台湾における回民の弱勢族群としての性格であり、多文化主義政策を採りつつある台湾社会における回民の宗教文化の位置づけであった。一九九九年六月二二日に行われた第三期国民大第四次会議における国是提言において、回民国民大会代表である馬家珍が、台湾回民の政治的権利の回復と生活面での優遇を訴え、その時までにすでに効力を失っていた憲法第一三五条を復活させ、「自由地区（台湾を指す）で生活習慣が特殊な国民」を、一～二名選出できるようにするよう要求している［馬家珍 一九九九］。そうした訴えの根拠として示されているのが、台湾の多文化主義と台湾回民の弱勢族群としての性格であった。

一方で、台湾のマジョリティ社会の側でも、台湾回民に対する認識に変化が生じてきている。台北新生モスクの古跡認定問題を受けて、新聞メディアやいわゆる文化活動家たちが台湾に居住する回民について記述している。たとえば、古風史跡協会の理事長である張瓈文は、台湾紙『自由時報』において、次のように記述している。「台北新生モスクを古跡として認定することによって、イスラーム建築とイスラーム文化の重要性を人々が理解するようになる。また、回民の台湾での移民のプロセスにおいて、台湾社会や政治、経済、文化とイスラーム文化が結んだ関係性を認識するようになるという意味で、台北新生モスクは歴史的価値があるのだ」［張瓈文 一九九九］。また、林鍬も『中国時報』によせた記事のなかで、「多元的で豊富なエスニックの社会文化的枠組み」という点から、「台湾回民」の精神的拠り所である台北新生モスクの保護を支持している［林鍬 一九九九］。

一九四五年以降に中国大陸から台湾へ移住した回民は、台湾移住以前からつづく国民党政府の対回民政策や、台湾の政治的・社会的変容にともない、自らのアイデンティティの表明の仕方を徐々に変化させてきた。現在台

表1　中華民国憲法および法律におけるムスリム関連の条文

【憲法】
第135条　内地の生活習慣が特殊な国民代表の議席数と選挙方法については、法律によってこれを定める。

【国民大会代表選挙罷免法】（2003年6月11日に廃止）
第一章　総則
第4条　国民大会代表の議席数は下記のとおりである：
一　県市およびそれと同等の区域は、それぞれ代表を1名選出する。ただし、その人口が50万人を超える地域については、50万人を越えるごとに代表を1名増加選出する。
二　蒙古各盟旗の選出者は、合計57名である。
三　チベット地区の選出者は、合計40名である。
四　辺疆地域における各民族の選出者は、合計34名である。
五　国外に居住している人々の選出者は、合計6名である。
六　職業団体の選出者は、合計487名である。
七　婦女団体の選出者は、合計168名である。
八　内地の生活習慣が特殊な国民の選出者は、合計17名である。
前項各議席数の分配は、別に法律によってこれを定める。
第30条　辺疆地域に居住している各民族のなかから選出された代表が各候補者に投じた票数については、所管の県や市、あるいはそれに同等する地区の主管選挙機関がそれぞれ計算し……第28条および第29条の規定に基づいて公表する。内地の生活習慣が特殊な國民の選挙代表が各候補者に投じた票数は、所管の県や市、あるいはそれに同等する地区の主管選挙機関がそれぞれ計算し……第28条および第29条の規定に基づいて公表する。

【国民大会代表選挙罷免法施行条例】（2003年6月11日に廃止）
第四章　選挙の手順
第52条　国民大会代表選挙罷免法第31条において称される辺疆地区の各民族とは、すなわち四川、西康、雲南、貴州、廣西、湖南の六省に居住する西南辺疆民族を指しており、いわゆる内地の生活習慣が特殊な国民とは、各地に住む回民を指している……。

湾に居住する多くの回民は、少数民族としての回民ではなく、イスラームを信仰する漢人として自らを認識している。それに対して、台湾回民のエリートたちは、回民の既得権益が脅かされるようになると、今日の台湾における多文化主義的動きに合わせるかたちで、自らをエスニック・マイノリティとして位置づけた。そうすることで、エスニック・マイノリティとしての保護を求めようとしたのである。他方、一九九九年に台湾のマスメディアをにぎわせた台北新生モスクの取り壊し問題では、台湾社会側が回民をエスニックなマイノリティとして位置づけると同時に、多文化主義的な社会を目指す台湾の象徴として積極的に支持するようになった。台湾社会の変化が、中国大陸から台湾へと移住した台湾回民のアイデンティティを変容させると同時に、台湾回民自身のアイデンティティ表明のあり方が、台湾社会側へも影響を与えているのだ。

注

（1）宗族とは漢民族の父系出自集団であり、族譜を有することが多い。同一宗族に属する男性成員が、共有地の管理や共同での祖先祭祀などを行う。

（2）ピルズベリーはこれら鹿港に住む「回民」の末裔と思われる人々を「Taiwanese Muslim（台湾ムスリム）」と呼んでいる。しかし、ピルズベリーの調査した時点で、彼らにはイスラームの信仰は全く残っていなかったし、自らをムスリムとも考えていなかった。よって、彼らを「Muslim」と呼ぶことには問題があると思われる。

（3）台湾における「族群」をめぐる議論は、これまで主に「閩南人」、「客家人」、「原住民」、「外省人」という四大族群をめぐってなされてきた。こうした族群の差異が、台湾の国際的地位（統一・独立問題）を中心とした政治的舞台において極めて鮮鋭になり、「族群」概念自体も分析概念というよりも、政治的概念として存在してきたと言える。台湾の「族群」をめぐる議論を整理することは重要であるが、本書の中心テーマではないのでここでは扱わない。

（4）蘇怡文の修士論文が発表された同じ年に、賈福康が台湾イスラーム史に関する著書を刊行している［賈福康　二〇〇一］。

（5）元朝期の身分体系によれば、元帝国内に居住する人々は、蒙古人が最も上の階級に位置づけられ、つづいて色目人、漢人、南人の順であった。

（6）こうした疑問を生じさせているのは、たとえば次のような民族誌的状況である。寧夏回族自治区のある村落で、漢族の女性が回族の男性と結婚した。回族の習慣にのっとり、漢族女性はイスラーム教に改宗した。この漢族女性は、調査団のインタビューに対して次のように答えている。彼女は戸籍上まだ漢族であるが、それは彼女の「両親がまだ健在だからであり、古くからの規定によれば、両親が死去してはじめて回民に変更することができる」［宋志彬・張同基　一九九八：三三三］。

（7）同様の指摘は、謝世忠の論考［一九九二］や Lipman［1996］にも見られる。

（8）「回鶻（ホェフ）」とはウイグル族を指す古称である。

（9）ここで述べられている「部落」には、地域や民族などの概念が含まれていると考えられる。

(10) ここでは、現在中国で分類されているウイグル族などの民族を指して用いられている。
(11) 中国回教協会の前身が、中国回教救国協会である。中国回教救国協会は一九三七年に設立され、その後一九四二年に中国回教協会に改称されている。
(12) 注(2)を参照。
(13) 松本ますみは、蒋介石が漢満蒙回蔵の「五族」の代表に語った講演内容を記している。「中華民族とは我々漢、満、蒙、回、蔵の五つの宗族が全体を形作る総称である。我々は五つの宗族であって五つの民族ではない」[松本　一九九九：一五一]。
(14) 「内地」とは、新疆ウイグル自治区(新疆省)やチベットなどを「辺疆」というのに対して、それ以外の中国領土を指して呼んだものである。
(15) 「国民大会代表選挙罷免法」「国民大会代表選挙罷免法施行条例」ともに、二〇〇三年六月一一日に廃止されている。法律の条文内容については、章末の表1を参照されたい。
(16) 同「国民大会代表選挙罷免法」には、回民以外にモンゴル人、チベット人、辺疆地域の各民族、国外に僑居(「僑」は仮住まいの意)する国民、職業団体、女性団体などの代表もそれぞれ代表者数が規定された。法律の条文については、表1を参照のこと。
(17) 白崇禧はマッカ巡礼と中国回教協会、それに政府との関係について次のように述べている。「回教のマッカ巡礼団(回教朝覲団)の組織は、中国回教協会によって主管される。……巡礼に際しては公に政治宣伝をすることは許されていないが、我々はいつもさほど目立たない宣伝用具を携えていた。巡礼に参加する団員は選抜される前に自由に申し込み、それから(筆者注：中国回教協会の)理事会によって申し込み名簿のなかから一〇名を選出する。それを内政部に送りそのなかから五名を決定する(実際には国民党によって決定されていた)……彼らは巡礼の途中で国民外交を展開するのだ」[郭廷以編　一九八四：五九二]。
(18) サウジアラビアと台湾とは、一九九〇年まで外交関係を維持し続けていた。
(19) しかし、同中華民国憲法第一三五条の条文については、一九九四年の憲法追加条文によって実質的に無効にされている。一九九四年の憲法追加条文には国民大会代表の選出について書かれており、第一条として「国民大会代表は次の規定により選出し、憲法第二六条(国民大会代表の選出方法)および第一三五条(中国大陸内陸地少数民族における公職選挙)の制限を受けない」と記されている。
(20) 山地同胞とは現在の台湾原住民族を指す。一九四五年に国民党が台湾を統治し始めると、日本植民地期に「高砂族」と呼ばれていた台湾原住民族は、「高山族」あるいは「山地同胞」と呼ばれるようになった。現在では、「原住民族」と呼ばれている。

(21) 国民党政府は一九四七年に制定された中華民国憲法の規定する手続きに則って選出された国民代表によって編成される唯一の合法的政府である、という考え方を「法統」という。こうした考え方に基づき、国民政府は共産党による中国支配を「反乱」とし、「反乱鎮定動員時期臨時条項」を発布して、第一回目に選出された国民代表の改選を長らく行わなかった。長年にわたって改選されることなく地位に着き続けた、中国大陸選出の国民代表たちを、「万年議員」と呼ぶことがある。

(22) これは非常に誇張された数字である。二〇〇〇年の中華人民共和国における回族の人口は九八〇万人余りである。

(23) 張子良自身は回民ではない。

(24) 「清真寺列為古蹟」(『中国時報』一九九九年三月三〇日)。

第六章　雲南ムスリムの越境コミュニティ

台湾中壢市にある龍岡モスクで行われた断食明けの礼拝の様子

はじめに

構造的に弱者の位置に押しやられたマイノリティにとって、彼らが編み出す「共同性」は「弱者の武器」として重要な意味を持っていた［松田　二〇〇九：一一六］。そうした共同性に支えられたコミュニティは、地縁や血縁、神話などの本質主義的なイデオロギーに立脚し、たとえ戦略的にではあったにしても、すでに存在するものとして私たちの眼前に提示される。移民のコミュニティも同様の契機に満ちている。移民たちが共有していると考えられている共同性は、その共同性の根拠となるローカリティとともに、明確に境界付けられた共同空間の内部において、民族的、親族的、地縁的な紐帯を基礎に構築されていると理解されてきた。移住元の農村的、部族的、民族的社会関係や文化体系を帯同し、弱者として生活せざるを得ないホスト社会内部において、それらを武器としてコミュニティを構築していると考えられた。他方で移民研究においては、移民コミュニティが持つそうした古典的「共同体」は早晩崩壊し、「社会」であるホスト社会に統合されていく運命にあるとも認識されていた。

ディアスポラ論やトランスナショナリズム論は、移民研究におけるこうした古典的共同体観念に対するアンチテーゼとして出現した。移民のコミュニティは、ホスト社会内部において閉鎖された共同体としてのみ存在するわけではなく、またそうした共同性が完全に崩壊し、ホスト社会に吸収されてしまうわけでもない。移民は国民国家の枠組みを越えて移住元社会や他の国や地域のコミュニティ・メンバーと密接に関係を保ちながら、ホスト社会に同化されずに残っている。移民をめぐる古典的共同体認識はこうしたリアリティに直面して崩れていく。それでは、移民が紡ぎだすトランスナショナルな社会空間において、共同性やローカリティとは何なのか。(1) それらはどのように生みだされるのか。移民研究からトランスナショナリズム論に移行することで、トランスナショナルなコミュニティに対する認識枠組みは、古典的共同体論を越えることができたのか。これらに答えることが、本章の最終的な課題である。

本章ではこうした移民研究、トランスナショナリズム研究の動向を踏まえ、一九八〇年代にミャンマーから台湾に移住した、雲南省籍の華僑ムスリム移民が編み出す共同性やローカリティを、コミュニティ論の文脈で検討する。移住先の台湾において、経済的、政治的、社会的資源を欠いた華僑ムスリム移民は、雲南省籍に基づく地縁関係や、ミャンマーでの居住経験、親族関係などに基づいて共同性を確保し、緩やかなコミュニティを構築する。こうしたコミュニティのあり方は、移民研究の古典的共同体志向そのもののように見える。その一方で、彼らのイスラームの宗教実践においては、より「正しい」イスラームを担保することのできる宗教指導者をコミュニティに迎え入れ、古典的な共同体として認識されるような共同性を、より開かれた共同性に転換する。本章では、こうした転換のプロセスのなかに、華僑ムスリム移民がトランスナショナルな社会空間のなかで構築するコミュニティが持つ二重の共同性を探ろうとする。トランスナショナルなコミュニティには、「社会」と「共同体」の二重の共同性が現出するのだ。

最初に用語を解説しておこう。本章において、「共同体」は古典的共同体論におけるそれを指し、「社会」に対置して提示される時にのみ用いる。一方、「コミュニティ」はその意味内容をよりオープンにしたままに使用することとし、初めから定義づけられるものというよりは、構成員の活動をとおしていかようにも変容する結び付きを示す。そして、そのコミュニティを成立させるものが共同性であり、ローカリティであるが、それら自身も構成員の活動をとおして変容しながら再生産される。

一　トランスナショナルなコミュニティ

1　移民研究／共同性／トランスナショナル・コミュニティ

ヒトの移動を扱う人類学的・社会学的研究の中心的課題の一つは、移民のコミュニティをいかに描写し、構想するのかということにある。本章では、移住者が構築するトランスナショナルな社会空間という視点からコミュニティを扱うが、そもそも移民研究が国民国家内部のエスニシティ研究から、トランスナショナリズム研究やディアスポラ研究へと議論の軸足を変化させてきた背景には、移民の構築するコミュニティが従来考えられていたようには閉鎖的ではなく、国境を越えて広がっているとの認識の変化が存在している。これまでコミュニティとして調査分析されてきた移住者の社会空間は、決してそれのみで成立しているのではなく、移住者たちが国境を越えて構築しているネットワークや社会関係、そしてそうしたネットワークを通して流動する象徴資本などから成り立っていることが理解されてきた(2)。よって移民研究は、より広範な力学や国境を越える社会空間のなかで、コミュニティをいかに想定し、構想するべきかをめぐる議論として収斂されてきたと言える。

2　移民研究とコミュニティ

第一章で詳述したように、シカゴ学派社会学（以下シカゴ学派）に代表される都市エスニシティの研究によって先鞭を付けられた移民の同化研究は、社会学者と人類学者が移民マイノリティ・グループについて研究する際の、重要な研究領域となった。こうしたシカゴ学派による初期のアメリカ移民研究は、二つの点で古典的なコミュニティ認識を理論的背景としていた。第一に、「社会」対「共同体」という二項対立が背後に潜んでいる。つまり、移民たちがホスト社会に帯同した社会組織が、農村的で、家族・親族的な紐帯、すなわちゲマインシャフト的な結びつきを中心としたものであったのに対して、彼らを迎え入れたホスト社会であるアメリカは、都市的で、選択意志に基づく紐帯、すなわちゲゼルシャフト的な結びつきを中心としたものから成立しているという認識を前提としていた。こうした二項対立の構造のなかで、移民の生活空間は始原的で、伝統的な「共同体」の役割が与えられ、それに対して彼らを迎え入れるホスト社会は、個人を中心とした契約関係に導かれた「社会」の役割を積極的に引き受けた。

第二に、「社会」対「共同体」の二項対立的構造は、共同体が社会に包含されていったあかつきには、この二項対立構造が解消されるであろうという近代化論的な視点を前提として含んでいた。社会にいやおうなく接合された共同体は、家族の解体や地縁的結合の崩壊などを引き起こし、徐々にホスト社会へ同化していくであろうと予測された。その同化あるいはアメリカ化の過程を分析し提示することこそが、シカゴ学派の初期移民社会研究の主眼であった。移民は国民国家にとっての「他者」として位置づけられ、アメリカ社会に同化する移民像の提示が求められた。よって、故郷への送金や家族の呼び寄せ、あるいは故郷への帰還といった非同化的な要素は、同化への障害であると認識され、中心的テーマとして取り上げられることは少なかった。他方で、同化主義的エスニシティ論が排除してきた移民のもつ越境性は、後にトランスナショナリズム論へと開花する可能性を有していた。トランスナショナリズム論の理論的展開については、第一章を参照していただくこととし、本章ではトランスナショナルなコミュニティにおける「共同性」の問題に論点をしぼって検討したい。

3　トランスナショナル・コミュニティにおける「共同性」について

第一章においてすでに指摘したように、コミュニティがトランスナショナルに生成していること、もしくは「トランスナショナル・コミュニティ」の存在は決して新しい現象ではない。先述の『ポーランド農民』においても、二〇世紀初頭にシカゴに居住していたポーランド農村からの移民が、ポーランドの移住元地域とアメリカの居住地域との間で緊密な関係を築いていたことが記されている。手紙のやり取りや送金、物資の送付等を通して共有されていた共同性が、アメリカの居住地域とポーランドの移住元地域との間に、国境を越えたコミュニティを構築していたと考えることもできる。移民の生活空間が、「共同体」たる移民コミュニティと、都市的ホスト社会との二者関係のみでとらえられていたがために、空間を越えて形成されている共同性やローカリティの存在、トランスナショナルなコミュニティ形成の契機が見過ごされてきたのである。

それでは、トランスナショナリズム論が提起した新たな視角の誕生によって、従来型の移民コミュニティ理解は克服されたと言えるのか。国境を越えるコミュニティとして再定義されていった移民コミュニティは、必ずしも本質主義的共同性や古典的共同体論における共同性から自由になったわけではない。むしろ、国境を越えるコミュニティのありようを分析する研究者のあいだにおいても、「共同体」と「社会」という二項対立が、随所で繰り返されているように見える。

たとえば、コミュニティ論を網羅的に整理したデランティの著作においては、「コスモポリタン・コミュニティ」が議論の俎上に上っている。その中でデランティは、コスモポリタンなコミュニティのあり方を、「世界コミュニティ」と「トランスナショナル・コミュニティ」に分けて記述している。「世界コミュニティの主な表現の一つがグローバルな市民社会――そして、増大する国際的な公共空間――であるのに対して、トランスナショナル・コミュニティは移住、すなわち地球規模での大規模な人の移動から成り立って」[デランティ　二〇〇六：二二〇]いる。また、「トランスナショナル・コミュニティは、グローバルな文脈で作動するが、地域性を基礎にするコミュニティである」[デランティ　二〇〇六：二二〇]。つまりデランティにおいては、トランスナショナル・コミュニティが「共同体的」要素を持つものであるのに対して、世界コミュニティはむしろ自由意思に基づく「社会」的な要素を有したものとして描かれる。

トランスナショナルなコミュニティの共同性も、古典的な移民研究と違わず、こうした二項対立の構図のなかで把握されてしまう部分が多い。つまり、トランスナショナル・コミュニティやディアスポラ・コミュニティを、「共同体」に帰してしまうモデルと「社会」に結びつけようとするモデルの両方がある。(3) 私たちは、まずはこの二項対立を両極のモデルとして引き受けよう。しかし、トランスナショナルに構築されるコミュニティと、そこに生産される共同性やローカリティには、両極のモデルのいずれかのみを用いて理解できるものではない。トランスナショナルなコミュニティがその基盤とする共同性やローカリティにおいては、「共同体」と「社会」が二重に掛けられる。次節以降、台湾に移住した雲南ムスリム移民の事例をもとに、トランスナショナルなコミュニティにおける、二重の共同性について分析しよう。

二　台湾における回民（中国ムスリム）の現況と雲南華僑ムスリム移民

第五章で論じたように、回民（中国ムスリム）とは、日常的に中国語（漢語）を話し、面立ちも中国人（漢人）と変わらず、宗教を除く生活習慣も中国人（漢人）と大差ないイスラーム教徒を指す。(4) 彼ら回民は、中華人民共和国において回族という少数民族に認定されている人々である。台湾において回民は民族的カテゴリーとみなされていないため、回民を対象とした人口統計は存在しない。(5) 中国回教協会の会員名簿等から推量すると、現在の台湾には一万数千人の回民がいると考えられる。

他方、台湾に居住する回民を詳細に見てみると、彼らの移住の経路や歴史に基づいて、緩やかに二つのカテゴリーに分けることができる。外省人としての回民（以下では外省人ムスリム）と「帰国」華僑としての回民（以下では華僑ムスリム移民、もしくは雲南ムスリム移民）である。外省人とは、一九四五年の台湾の中華民国への返還時期に、中国大陸から台湾へ移住してきた人々を指し、「帰国」華僑とは国民党政府の中華民国（台湾）への「帰還」政策によって、台湾へ「帰国」した華僑華人を指す[6]。「外省人」「帰国華僑」の大多数は漢人・漢族であるが、一部には回民を含むエスニック・マイノリティが含まれていた。こうした回民の移民たちが、台湾への移住後にムスリム・コミュニティを構築していった。外省人ムスリムの省籍は中国のほぼすべての省に及んでいるのに対して、華僑ムスリム移民は雲南省を原籍地とする。

外省人ムスリムと華僑ムスリム移民の両者が別個にモスクやイスラーム組織を有しているわけではなく、相互の交流は頻繁に見られる。また、後に見るように、外省人ムスリムと華僑ムスリム移民は歴史的にも密接に関係しており、異なるエスニック集団と見ることはできない。しかし他方で、両者は社会階層上大きな差異を有しており、そうした違いが台湾における華僑ムスリム移民のコミュニティ意識とアイデンティティ形成に一定の作用を及ぼしている。以下では、台湾における回民の概況を、歴史的な側面から概観することで、台湾における回民コミュニティの社会構造上の問題を提示しておきたい。

(1)　国民党政権と台湾の回民コミュニティ

一九四五年に台湾が日本から返還されて以降、とくに一九四九年に国共内戦で敗れた国民政府（国民党政権）が台湾に撤退すると、数多くの国民政府の官僚や政治家、国民党兵士、富裕な商人などが中国大陸から台湾へ移住した。彼らはそれ以前から台湾に居住していた人々と区別されて、後に「外省人」と呼ばれるようになる。中国大陸から台湾に移住した中国人のなかに、少なからずムスリムが含まれており、彼らは台湾に移住後イスラームの組織を整えていった。一九五八年に「中国回教協会」が正式に復会され[7]、協会理事長には広西の回民で、国民党軍トップの軍人であった白崇禧が就任した。また、中国回教協会の幹部には、国民政府の複数の代議士[8]や外交官、商人らが名を連ねていた。

中国回教協会幹部の構成メンバーからも分かるとおり、台湾の回民コミュニティは国民政府と密接な関係を有していた。とくに中華民国（台湾）とイスラーム諸国との間の外交的な関係上、台湾の回民コミュニティは重要な位置づけを付与されていた。国民政府の台湾流入以降、一九九〇年に中華民国（台湾）がサウジアラビアと断交するまでの間、台湾の回民、なかでも回民の指導者層は、外交上重要な位置づけにあった。中華民国（台湾）政府は、台湾を宗教的な自由「中国」の砦として提示することで、アラブ・イスラーム諸国との関係を維持し、そうした外交政策のなかで台湾の回民コミュニティは中東アラブ諸国への窓口としての役割を果たし続けた。そもそも、一九六〇年に台北に建立された「台北新生モスク」は台湾外交部の主導により建立されたものであり（第五章参照）、モスクの教長[9]（宗教指導者）をはじめとした宗教業務およびモスク管理運営の責任者の多くは、これまで台湾外交部の西アジア局や国民代表（国会議員）など、中華民国（台湾）国民政府と密接な関係にある回民たちが歴任してきた[10]。

要するに、一九四五年以降に台湾に構築された、外省人を中心とする回民のコミュニティは、高等教育機関で教育を受け、国民政府の中枢と密接に関係を維持し、経済的な優位性を持った人々によって構成されていた。外省人ムスリムが台湾社会内部で維持していた経済的・政治的優位性は、一九八〇年代以降から増加し始めた華僑ムスリム移民の社会状況と大きく異なる。

(2)　華僑ムスリム移民のミャンマーから台湾への流入[11]

ミャンマーから台湾へ回民（中国ムスリム）の移住者が急増し始めたのは、一九八〇年代以降のことである。一九七〇年代後半から一九八〇年代に増加し始めたミャンマーから台湾への移住は、ムスリムに限った現象ではなく、当該地域に居住していた華僑華人全般に共通する。

ミャンマーから台湾への華僑の移住は、ミャンマー、台湾両国における経済的・政治的プッシュ・プル要因が関係している。ミャンマーでは、政治的には一九六〇年代半ばに排華運動が起こり、ミャンマー政府も華字新聞の発刊停止など排華的な制度改革を施行した。経済的には、ミャンマー軍事政府の経済政策の失敗により、ミャンマーの経済水準は最貧国レベルに低下した。同時に、比較的富裕層を構成していた華僑・印僑に対して打撃を与えるために、廃貨政策（流通紙幣の突如の使用停止）が採られた。印僑や華僑の多くは、紙幣を銀行に預けず家に貯蓄していたため、紙幣の突然の流通停止は、彼らに大きな打撃を与えた。多くの印僑がインドに帰還し、華僑のなかにもタイなどの近隣諸国への移住を余儀なくされたものが少なからずいた（第四章参照）。他方、台湾は一九七〇年代後半以降、高度経済成長段階に入っており、労働者人口の増加が求められていた。こうしたミャンマー、台湾双方の経済的・政治的要因により、多くのミャンマー華僑が台湾に移住したが、そのなかに雲南省を原籍地とする華僑ムスリムが含まれており、台湾の回民コミュニティへ流入することになる。

ところで、一九八〇年代以降の華僑ムスリム移民の台湾移住は、それ以前に台湾に移住していた雲南省籍の華僑ムスリムとの地縁・親族的ネットワークをとおして行われた。いわゆるチェイン・マイグレーションである。雲南省籍の華僑ムスリムのミャンマーから台湾への最初期の移住は、国民党軍の残党部隊および「遊撃隊（ゲリラ部隊）」と呼ばれる非正規部隊の台湾への移送を先駆とする。国共内戦で敗れ、雲南省からミャンマーに撤退した国民党軍は、ミャンマー領内においてゲリラ部隊を組織し、「雲南反共救国軍」と名づけた。ミャンマー国境地帯に居住する中国系住民は、彼らを「遊撃隊」と呼んでいる。台湾（中華民国）政府は、一九五三年と一九五四年、さらに一九六一年に、ミャンマーに駐留する国民党軍や遊撃隊を台湾へ移送した。台湾への移送を拒んだ遊撃隊の一部は、北タイの山岳地帯へと移動し、難民としての生活を送るようになった（第四章参照）。

ミャンマーから台湾へ移送された国民党軍の残党や遊撃隊の構成員およびその家族は、台湾の複数の地域に定住させられた。彼らの多くは雲南省籍の中国人（漢人）であったが、なかにはアカ族やタイ族なども含まれ、さらに雲南省籍の華僑ムスリムも含まれていた。彼らが移送され定住させられた地域の一つが、台北近郊都市の中壢市龍岡地区である。国民党軍の軍営が置かれていたため、遊撃隊などでミャンマーにいた人々がこの地に移送された。雲南省籍の華僑ムスリムも、同地区に移送された。一九五〇年代当時を知る雲南省籍のムスリム古老によると、当時同地域に居住していたムスリムは十数世帯であったと記憶されている。その十数世帯の雲南ムスリムが中心となって、龍岡地区には一九六四年に龍岡モスクが建設された。雲南省籍の華僑ムスリム移民たちで、一九八〇年代にミャンマーから台湾に移住した人のなかには、こうしたネットワークを頼った人もいた。

一方、華僑ムスリム移民の大多数は、子弟を華僑学生として先に台湾に移住させ、その学生の家族や親族として台湾へ移住したものであった。一九八〇年代には、華僑学生として台湾の専門学校や大学で学んだ人々には、ほぼ無条件で中華民国（台湾）籍が付与された。また、家族呼び寄せに関する規制も非常に緩く、広範な「親族」が台湾に呼び寄せられ、中華民国（台湾）籍を取得することができた。こうした政治的条件を背景にして、華僑ムスリム移民は主に一九八〇年代に台湾に流入し、先の中壢市龍岡地区と台北県の中和市および永和市（以下では中永和地区。現在は新北市の中和区と永和区）に集まり始めた。ただし、彼らのうち台湾の大学等の高等教育機関を修了し、台湾において実際的なコネクションを獲得した華僑学生以外、その大多数の生活基盤は非常に脆弱なものにならざるを得なかった。

三　華僑ムスリム移民と創造されるローカリティ

一九八〇年代以降に急増した、ミャンマーから台湾への「帰国」華僑移民を分析した翟振孝は、彼らを「生成するエスニック・グループ」と呼んだ［翟振孝　一九九六］。他者との間で明確に境界付けられた社会集団ではないにしても、台湾においてビルマ語を用い、上座部仏教を信仰し[12]、比較的限られた地域に密集して居住していて、時にミャンマーからの「帰国」華僑移民を政治家に擁立するなど、社会的、文化的、政治的に独自の共同性を有しているため、エスニック・グループへと発展する可能性を秘めている。ミャンマーからの「帰国」華僑移民のうち、イスラームを信仰する華僑ムスリム移民たちも、社会的、文化的に独自の共同性を有している。

ところで、こうした共同性やローカリティは、人々が参加する多様で実践的な行為をとおして再生産される現象学的属性である［アパデュライ　二〇〇四］。本節では、まず華僑ムスリム移民のコミュニティが共同体としてのイメージを惹起している様子を分析する。華僑ムスリム移民が、彼らの移住元地域である上ミャンマーにおいて行っていた宗教実践や人々のつながりを台湾においても再生産しているという地縁的・血縁的共同体イメージや、そうした共同体イメージを支えるローカリティは、日常の生活実践や、儀礼・祝祭への参加をとおして、華僑ムスリム移民のあいだにも、台湾の回民コミュニティ全体のなかにも醸成されていく。

(1)　共同体としての華僑ムスリム移民コミュニティ

雲南省籍の華僑ムスリム移民は台湾回民社会において、外省人ムスリムとは異なる特色を有していると、外省人ムスリムの側から認識されている。たとえば、台北新生モスクの教長（二〇〇二年当時）であり、外省人ムスリムである馬孝棋は、台北県中永和地区に居住していた華僑ムスリム移民について、中国回教協会が発刊している『中国回教』誌のなかで次のように記述している。「台北県のムスリムの多くは、中永和地区に集中して居住しており、現在約一五〇世帯ほどが暮らしている。多くの「教内人（イスラーム教内部の人、すなわちムスリム）」は、かれらの信仰のあり方がいまだに雲南地方のムスリムの特色を有したものであると認識している」［馬　二〇〇二：二九］。二〇〇二年前後の時期に、雲南籍の華僑ムスリム移民を中心に中永和地区にイスラーム文化センターを開設しようという試みがあった。その設立に向けた活動を台北新生モスク教長の馬孝棋が紹介し、その中で中永和地区の華僑ムスリム移民について、雲南地方の特色を有していると記述したものである。もちろん実際には、中国の雲南省におけるムスリムの特色というよりは、ミャンマーにおいて再構成された雲南省籍ムスリムの、宗教上、社会上の結びつきのことであるのだが。

この馬孝棋による記述は二重の意味に解釈することができる。第一に、台湾の都市的環境のなかにおいても、イスラームの信仰が薄れることもなく、ミャンマー、タイにおいて行われていた強固なイスラームに対する信仰がいまだに維持されているということ。第二に、その裏返しであるが、彼らは台湾都市部での生活にもかかわらず、いまだに地縁的・血縁的な共同体として機能しているということである。第一の意味においては、台湾への移住第一世代の外省人ムスリムが減少し、第二世代、第三世代の外省人ムスリムによる日々の宗教実践への参加も、儀礼や祝祭への参加も減少している一方で、ミャンマーから華僑ムスリムが移民として流入して、台湾の回民コミュニティに活力を与えているという意味を有する。他方、第二の意味において華僑ムスリム移民・コミュニティは、都市的な生活慣習に適応せず、ミャンマーで共有されていた血縁的・地縁的結び付きをとおして、比較的閉じられた生活空間内部でつながる共同体として理解される。第二の意味の場合、シカゴ学派による初期移民研究が前提としていた理論背景と類似した対立構造が、台湾の外省人ムスリムが華僑ムスリム移民を見る際の視点のなかに示されていることになる。

後述のように、上記の語りが含み持つ二方向の言説は、実際には表裏一体のものである。いわば共同性やコミュニティの語りに、二重の意味が付与されていることになるが、本節では共同体としての華僑ムスリム移民・コミュニティにおける、共同性やローカリティの生成の部分に焦点を当てて記述し、意味の二重性については次節で議論することになる。

(2) 華僑ムスリム移民の台湾における日常の社会的コンテクスト

華僑ムスリム移民の台湾における生活は、上記の外省人のムスリムに比して、概して経済的・政治的な生活基盤が弱い。台湾で高等教育を受けた華僑学生を除いて、ミャンマーからの移住者の大部分が工場で単純労働に従事しているか、もしくは建設現場における下請け事業・請負事業、飲食店の経営などで生計を立てている。土木工事の請負や飲食店経営は、家族や親族・姻族関係、(ミャンマーやタイにおける)同郷者同士で行う場合が多い。工場労働の場合には、ミャンマー華僑の台湾移住者が経営する工場で働くケースが目立っており、職場内ではビルマ語が話され、社会的な上昇の機会にもさほど恵まれていない。また、ミャンマーでの生活環境によっては、中国語による複雑な会話が困難な人々も見受けられ、ミャンマー移住経験者同士で集まる傾向も見られる。現在台北県の中和市に居住する馬広豊は、自らを取り巻く職業環境について次のように述べている。

ミャンマーから来た華人は、仕事があれば何でもしている。お互いに紹介しあって、仕事をしている。今仕事をしている職場も、皆ミャンマーから来た中国ムスリム(中国回教)だ。ミャンマーから来た人たちは、工場労働者もいれば、建築現場で働いている人もいる。家屋の内装やら、天井の張替えやら。今は父方のイトコ（堂哥《タンコー》）と一緒に仕事をしている。会社を経営しているというわけではなく、会社から請け負って仕事をしている。請け負うことができることがあれば、何でもしている。

華僑ムスリム移民の女性の場合にも男性同様に、缶詰工場など家庭外に仕事を持っている人が少なくない。こうした労働環境は、台湾社会からの孤立を招いていると同時に、雇用者や請負元との階層差を生じさせている。たとえば、次のような経験は、華僑ムスリム移民が共有する労働経験である。情報提供者の保健は、ミャンマーの大学で数学を勉強し、大学院に進学予定であったが、学部の四年の時に渡台の機会があり、中華民国（台湾）籍の取得と就労を目的に、進学を放棄して台湾に移住した。

私が台湾に来て始めた仕事は建築関係の仕事である。二人の兄と姉の夫とで、請負で天井板の張替えの仕事をしている。……私が渡台してすぐの頃は、台湾の景気は大変よかった。仕事も多くて選ぶこともでき、雇い主からはこちらの言い値で仕事を任されていた。ところが、現在では台湾の景気は非常に悪く、請負側が仕事を選ぶこともできない。賃金に関しても、先に仕事を片付けてしまってから値段を話し合うことが多くなっている。そのため仕事の質もきつくなっている。先日も、ある仕事を三日間でやり終えるように依頼され、時間が足りなくて、三日で九時間ほどしか寝ることができない日が続いた。私は疲労がたまって、高所作業車から落ちた。

こうした日常の労働環境のなかにおいて華僑ムスリム移民は、疎外と排除の感覚を植え付けられるのであるが、そうした感覚は必ずしも積極的に彼らの共同性やローカリティを創出するものではない。ミャンマーやタイから帰国した華僑ムスリム移民としての共同性やローカリティを積極的に提示するのは、むしろイスラームの祝祭や儀礼に基づく実践的活動をとおしてである。

(3) 華僑ムスリム移民の共同性の構築とローカリティの生成

台湾の居住空間における孤立感を解消するため、華僑ムスリム移民の互助組織が設立されたこともあった。それが、一九八〇年代初頭に設立された「泰緬穆斯林《タイメンムスリム》互助会」である。泰緬穆斯林とは「タイ・ミャンマー・ムスリム」の意味であり、タイやミャンマーで生活した経験を共有することが、台湾の回民コミュニティ内部で自他を差異化する指標となっていることが分かる。会員大会は一年に一度開催され、三〇〇人前後の人が集まり、一人最低一〇〇元（≒三〇〇円）ほどの寄付金を募り、会の活動資金として充当していた。互助会の最大の目的は、婚礼と葬儀の際の経済的・人的サポートであったが、同時に華僑ムスリム移民の若者相互のつながりを強化する目的もあり、互助会が組織し、ピクニックなどの親睦活動も行われた。しかし、一九九四年ごろに、互助会の内紛を契機にして、会自体が解消された。互助会の設立と活動自体は、移住の経験を共有する華僑ムスリム移民たちを相互に結びつけるには一定の役割を果したが、政治的には脆い基盤の上に設立されていた。華僑ムスリム移民であることの共同性は、むしろ宗教的儀礼や祝祭をとおして喚起される。ここでは、断食明けの祭りの後に行われる「挨拶回り」がいかに華僑ムスリム移民の共同体的ローカリティを喚起するかを見ておこう。

イスラーム暦第九月のラマダーン月が明け、モスクで断食明けの祭りの礼拝（節拜）が終了すると、一般にムスリムたちは親族や友人の家を訪問し、相互に祝福する。台湾に居住する華僑ムスリム移民たちも、親戚や同郷の友人らの家庭に挨拶に出かける。こうした活動は、彼らの話す雲南方言で「拝爾徳《バイアード》（「イードを拝する」の意味[13]）」

写真10　「拝爾徳」に集まった華僑ムスリム移民

と呼ばれる。彼らは、家族単位や友人単位で「拝爾徳」に出かける。筆者は二〇〇〇年と二〇〇二年に、二〇～三〇歳代の未婚の華僑ムスリム移民で構成された家庭訪問グループに参加したが、その時の「拝爾徳」の様子を中心に、ローカリティの形成を分析しよう(14)。

「拝爾徳」の訪問先の家庭は、すべてミャンマー（一部北タイ）から移住した華僑ムスリム移民の家庭であった。各家ではミャンマー風や雲南風の軽食がふるまわれ、一種の共食空間が創出される。食事をとりながら一五分ほど歓談すると、その場にいる人々全員がドゥアー（祈祷）を行い、ドゥアーが終了すると次の家へ移動する。筆者が参加した時の「拝爾徳」の訪問先は三〇家庭以上にのぼり、朝から夜遅くまで続けられた。

「拝爾徳」の訪問は二つの点で、華僑ムスリム移民のローカリティの形成を導いている。第一に、この家庭訪問はミャンマーにおいて行われている「拝爾徳」の祝祭における人々のつながりを、台湾において再現したものである。外省人ムスリムの間で行われる断食明けの祭りの挨拶回りは、訪問先は少なく規模も小さいため、「拝爾徳」は華僑ムスリム移民が新たに帯同したミャンマーの祝祭行事として認識されている。第二に、「拝爾徳」の訪問では、華僑ムスリム移民のトランスナショナルなコミュニティが想起される。私が参加した「拝爾徳」の場合、一緒に動いていた華僑ムスリム移民で、近年台湾に移住した人は自分が訪問している家庭を知らないこともある。それにも拘わらず、ビルマ語や雲南方言で会話がなされる共食空間と、会話の中に混ざるミャンマーやタイに居住している華僑ムスリムの話題が共同性を産出し、ローカリティが国境を越えて広がっていることを思い起こさせ、トランスナショナルなコミュニティが想起される。もちろんこうして想起されるトランスナショナル・コミュニティは、地縁や血縁に基づく共同体的なコミュニティである。

ところが他方で、「拝爾徳」をとおして産出される共同性には、もう一つの意味が掛けられている。共同体的コミュニティを越えて理解されるべき、台湾におけるイスラームの発展を担うものとしての華僑ムスリム移民のコミュニティである。

四　トランスナショナル・コミュニティにおける両義性と共同性

二〇〇二年に参加した「拝爾徳」の際、私の参加した若者グループは夜もかなり更けてから馬応超の家を訪れた。馬応超は当時、華僑ムスリム移民が集住する中永和地区にイスラーム礼拝所を設置するため、同地域に居住するムスリムに働きかけたり、自宅の一室を近くに住む華僑ムスリム移民たちの礼拝所として提供したりしていた。馬応超は「拝爾徳」にきた華僑ムスリム移民の若者たちに、次のように語りかけた。「現在の台湾のイスラームは、風前のともしびと化してしまっている。台湾のイスラームを再興できるかどうかは、我々タイ・ミャンマーから来た（我們泰緬来的）ムスリムにかかっているのだ。」

さて、馬応超のこの発言も、華僑ムスリム移民とイスラームをめぐる二重の意味が掛けられているように思う。第一に、華僑ムスリム移民が台湾に持ち込んだ地縁・血縁上の緊密な結び付きが、大都市台北において徐々に薄らいでいく台湾のイスラームを再興することができるという意味、つまり華僑ムスリム移民がもつ共同体としてのコミュニティの特徴が示されている。もちろん、共同体としてのコミュニティは、国境を越えながらも持続する。第二に、華僑ムスリム移民の台湾における宗教上の活動や活躍が、台湾のイスラームの状況そのものを好転させるという意味である。第二の意味においては、華僑ムスリム移民はそれ自体より大きな台湾のイスラーム・コミュニティ（ひいては、非ローカルなイスラーム世界）の一部として、「世界コミュニティ」［デランティ　二〇〇六：二一四］的な意味を賦与されている。ここに、華僑ムスリム移民のコミュニティがもつ、両義的な性格を見出すことができる。

本節では、華僑ムスリム移民のトランスナショナル・コミュニティがもつ、両義的な性質について検討したい。

(1)　トランスナショナルなコミュニティと宗務者

先述のように、華僑ムスリム移民は外省人ムスリムと異なり、台湾社会において階層上昇するための社会的、経済的、政治的な基盤を欠いている。それは、台湾の回民コミュニティ内部においても同様の傾向にあり、台湾のイスラーム組織である中国回教協会や、台湾全土に六つある各モスクの董事会（管理運営組織）など、行政・運営上の世俗的組織において、華僑ムスリム移民は中心的メンバーを構成していない[15]。ところが逆に、台湾のすべてのモスクに所属しているイマーム（宗教指導者）やイスラーム教育者などの宗教的業務に携わる人々（以下では宗務者）は、ほぼすべてが華僑ムスリム移民によって担われている。二〇〇六年現在、台湾のすべてのモスクを合わせて、九人の宗務者がいた。そのうち、台北の新生モスクにおいて正イマーム（台北新生モスクには正・副二名のイマームがいる）を務める人物が外省人ムスリムであったのを除いて、残りの八人は全員ミャンマーを出身地とする（一人のみタイ出身）雲南ムスリムの宗務者であった。

宗務者のほとんどがミャンマーから招聘されているという事実が示しているのは、現在の台湾の回民コミュニティにおけるイスラームの活性化が、華僑ムスリム移民のトランスナショナルなコミュニティの存在を欠いては、すでに成立し難くなっていることである。華僑ムスリム移民のトランスナショナルなコミュニティ、つまり先述の共同体的なコミュニティをとおして、はじめて台湾のイスラームの存続が可能になる。国境を越えて広がるトランスナショナルなコミュニティ上に張り巡らされた、家族・親族的紐帯や同郷・近隣関係ネットワークなどをとおして、イスラーム学校出身者で、イマームを担当する能力を備えた人が紹介され、台湾へ招聘される。

ただし、宗務者を招聘するのは華僑ムスリム移民ではなく、台湾の各モスクである。ムスリムの誰かから推挙された人物を、各モスクの董事会で検討し、宗務者を招聘する。各モスクがミャンマー出身の宗務者を招聘するのは、台湾における各モスクの経済的状況が関係している。各モスクは固定収入が少ないため、安い給与で宗務者として勤務する優秀な人材を探さねばならない。実際には、外省人ムスリムのなかには、中東イスラーム諸国に留学し、アラビア語やイスラーム知識を十分に習得しているものも少なくない。サウジアラビアなど中東イスラーム諸国との外交関係を重視していた中華民国（台湾）の国民政府は、台湾のイスラーム宗教指導者を養成するため、中国回教協会による選抜を経て、一九六二年以降中国系ムスリムの子弟をリビアやサウジアラビアの高等学校や大学に公費派遣していた。ところが、中東諸国へ派遣された外省人ムスリム子弟たちは、留学を終えて帰国後に宗務者として宗教業務に携わる人は少なく、中華民国（台湾）政府の外交部や大学での教育、貿易や商業などに従事したものが大部分であった。イマーム職に就くとしても兼業イマームであり、大学や外交部の職を持ったまま、金曜礼拝(16)のときにだけモスクに現れてイマームとして勤務する人が多かった。

こうした宗務者の不足を補っているのが、ミャンマーから台湾へ招聘されている華僑ムスリム移民の宗教知識人である。各モスクの経済状況にもよるし、宗務者と各モスクとの関係にもよるが、普通の台湾人の初任給以下の給与で、各モスクの専任の宗務者として勤務しようとする宗教知識人は、外省人ムスリムのなかにはほとんど存在しない。他方で華僑ムスリム移民の側は、ミャンマー（や北タイ）での生活経験を共有し、ビルマ語や雲南方言を操ることのできる宗務者を台湾に招聘したいと考えていた。トランスナショナルにつながるネットワークを利用して、国境を越えて宗務者が招聘されることで、国境を越えたローカリティが醸成され、共同体としての華僑ムスリム移民のコミュニティが想起される。

(2)　世界コミュニティとしての華僑ムスリム移民コミュニティ

　ところで、華僑ムスリム移民のトランスナショナルなコミュニティをとおして構築されるコミュニティ・イメージには、こうした共同体的コミュニティの他に、もう一つ別の側面が存在している。まず、ミャンマーとタイから台湾に招聘されてきた八人の宗務者の経歴を簡単に見ておこう（詳細については次章で検討する）。この八人の宗務者の年齢構成は、五〇歳代が二人、四〇歳代が二人、三〇歳代が四人である。それぞれミャンマーおよびタイの地元のアラビア語学校でアラビア語とイスラーム知識を学び、そのうち七人はその後に海外留学を経験している。留学先の内訳は、エジプト・カイロのアズハル大学留学者が二人、リビアの大学への留学者が一人、サウジアラビア・メディナ大学留学者が二人、シリアの大学への留学者が二人である。

　ミャンマーに居住する雲南ムスリムの間では、アラビア語やイスラーム宗教知識に関する教育が重視されており、普通のムスリムでも朝夕に近所のモスクでアラビア語教育やコーラン朗唱の方法を学んだり、イマームを家庭教師として招いて家庭でアラビア語教育を行ったりする。家庭やモスク内での初等アラビア語教育が終了すると、ミャンマー国内の中国系もしくはインド系のアラビア語学校や、国境を越えて北タイ・チェンマイの中国系アラビア語学校に通う青年もいる。そうした学校の卒業生は「吾梭《ウーソー》」[17]と呼ばれ、宗教知識人として認められる。しかし、台湾へ招聘されてくる宗務者は、ミャンマーやタイのみで教育を受けた宗教知識人ではなく、海外で宗教教育を受けた「正しい」[18]知識を有する宗教指導者なのである。華僑ムスリム移民が紡ぎだすトランスナショナルなコミュニティは、地縁や血縁関係を越えた、「正しい」イスラームの担い手も供給し得る。もちろん、そうした「正しい」イスラームの担い手は、外省人ムスリム、華僑ムスリム移民を問わず、台湾ムスリムのコミュニティを牽引していく力量を備えているのであり、華僑ムスリム移民の共同体的コミュニティは同時に「正しい」イスラーム的共同性を含意するようになる。華僑ムスリム移民のトランスナショナル・コミュニティに付与される意味は、閉鎖的で共同体的なコミュニティのあり方から、より開かれた世界宗教を体現するコミュニティの共同性を有したものへと変貌する。トランスナショナルなコミュニティに、二重の共同性が付与されているのである。

写真 11　中和市（現在は中和区）の華新町にある華僑ムスリムの食堂。華新町には帰国ミャンマー華僑が多く店舗を開いている。

写真 12　中壢市龍岡モスク

おわりに

まとめよう。移民研究においては、移民コミュニティが具有する共同体的特徴が、ホスト社会の有する市民社会的特徴へ漸次的に移行していくはずだという理論的大前提が崩れ、前者が後者に移行するどころか、移民たちはいつまでも移住元地域や他の移住先地域と関係を保ち続け、国境を越えてコミュニティを維持していることが明らかになった。こうした移民理解の変容は、移民研究からトランスナショナリズム論へと研究の方向をシフトさせたが、その一方でトランスナショナリズム論においても、「共同体」対「社会」というコミュニティ理解のあり方は残されたままであった。

こうした理論的背景を踏まえて、本章ではミャンマーから台湾に移住した華僑ムスリム移民が紡ぎだすトランスナショナルなコミュニティを事例として取り上げることで、トランスナショナル・コミュニティには「共同体」的な側面と「社会」的な側面の両者が具有されていることを述べた。台湾に居住する華僑ムスリム移民のトランスナショナル・コミュニティを下支えする共同性には、二重の意味が付与されているのだ。二重の意味とは、究極的に単純化すれば、「共同体」と「社会」である。

華僑ムスリム移民が有する閉鎖的共同体のイメージは、彼らが日常の生活実践や非日常的儀礼、祝祭の場面で、家族的・地縁的に濃密な共同性を再構築していく様子をともなって、台湾のムスリム社会の間に植え付けられていった。もちろん、こうした共同体的コミュニティの再生産は、華僑ムスリム移民が台湾において欠いている、社会的、経済的、政治的生活基盤を補完するものである。そして、こうした共同体的としてのトランスナショナル・コミュニティの基盤の上に、ミャンマーやタイから華僑ムスリムの宗務者が招聘される。しかし、こうした共同体的基盤の上で招聘される宗務者は､単なるローカルな宗教知識人ではなく､中東諸国で「正しい」イスラーム知識を吸収したとされる宗教知識人である。共同体としてのトランスナショナル・コミュニティが生み出すのは、より広い公共性を備えた共同性なのである。

注

（1）　本章における「ローカリティ」概念は、アパデュライの提起する「ローカリティ」に基づいている［アパデュライ二〇〇四]。アパデュライの「ローカリティ」については、平井[二〇一二]が簡潔にまとめている。「ローカリティ(locality)とネイバーフッド/近接(neighborhood)という概念は、…(中略)…とりわけ重要である。アパデュライによれば、ローカリティとは社会生活の様相であり、相互行為のなかで表出されるような現象学的な属性である。儀礼を通じて身体化される社会的技法であり、…(中略)…ブルデューの『ハビトゥス』概念と重なる部分が多い。これに対してネイバーフッドとは、ローカリティが可変的に現実化された社会的形態であり、状況づけられたコミュニティである。…(中略)…国境や地域を越えて存在するトランスローカル、トランスナショナルなコミュニティを扱う場合に重要となろう」[平井 二〇一二：七一八]。

(2) 市川哲は、オーストラリアに移住したニューギニア出身のニューギニ・チャイニーズが、彼らの移住経験や社会状況に基づいて、いかなるアソシエーションを構築しているのかを分析している。アソシエーションとその成員が置かれた状況の中で、相互交渉的に影響を及ぼしあいながら構築される華人のコミュニティのあり方については、市川[二〇一二]を参照のこと。

(3) 拙稿[二〇〇九b]では、今日のディアスポラ研究が、「本質主義的存在」としてのディアスポラ論と「異種混淆性」としてのディアスポラという両極のモデルのいずれかを用いて議論していることを示した。

(4) 台湾にはこれらの中国系ムスリム以外に、ウイグル人やカザフ人、チベット系ムスリムなどが存在している。ただし、その人口数は極めて少なく、また本論には直接関係しないので、ここでは特には言及しない。

(5) ただし、中華人民共和国の回族カテゴリーは、宗教的カテゴリーを意味するとは限らない。そのため、回族にはすでにイスラームの宗教信仰を放棄した人々も含まれており、回族の人口統計がそのまま中国におけるイスラーム教徒の人口数を指すことにはならない。

(6) 華僑華人の台湾への移住は、一般に「帰国」と称されることが多い。

(7) 実際には、中国回教協会は一九三八年に武漢で設立された中国回教救国協会を前身としており、台湾の中国回教協会はそれを台湾において引き継いだものである。

(8) 回民は、中華民国(台湾)の国会に当たる国民代表大会において、一定数の代表(代議士)を選出することができた。詳細は、拙稿[二〇〇九a]および本書第四章を参照のこと。

(9) 宗教上の指導者、つまりイマームのことを指す。

(10) 台湾におけるムスリム・コミュニティの形成と、国民党政権の政治との関係については、拙稿[二〇〇九a]および本書第四章を参照のこと。

(11) 紙幅の関係上、雲南省からミャンマーへの移住の歴史についてここで言及することはできない。現在でもミャンマーに居住する雲南省籍の中国系ムスリムは、ビルマ語でパンデーと呼ばれている。詳しくは、やまもと［二〇〇四］や拙稿［二〇〇九c］を参考のこと。また、台湾に移住した雲南省籍の華僑ムスリム移民のなかには、タイから移住した人々もいる。ただし、タイからの移住者もミャンマーに生まれ、後に北タイに移住した雲南ムスリムであることが多い。

(12) ミャンマーから帰国した華僑の多くは、上座部仏教を信仰しており、ムスリムは少数である。

(13)「イード」とはイスラームの二大祭、すなわち「断食明けの祭り」と「犠牲祭」のことを指す。

(14) その後二〇〇八年に再び台湾の「拜爾徳」に参加した。すでにミャンマーに帰国している華僑ムスリムがいたり、未婚の若者が既婚の中年になっていたりしたが、「拜爾徳」の様子は基本的に大きく変化していなかったように思う。

(15) ただし、中壢市の龍岡モスクは、龍岡地区に居住する回民のほとんどがミャンマーからの「帰国」華僑ムスリム移民であるため、董事会メンバーもすべて華僑ムスリム移民である。また、二〇〇九年に中国回教協会の理事長に、華僑ムスリム移民が選ばれたが、任期を満了せずに辞任し、現在はやはり外省人ムスリムが理事長を務めている。

(16) ジェムアのこと。イスラームでは毎週金曜日に集団礼拝が行われる。

(17) アラビア語の **ustād**（主人、教員等の意）が雲南方言風になまったもの。アラビア語学校において、既定の知識を習得した人に与えられる称号を指す。

(18) ここに言う「正しさ」とは、必ずしもイスラームの教派や教義そのものに照らした「正しさ」を意味しない。たとえば、アラビア語の発音に関する正確さや、ある種の儀礼を排除する傾向などが、「正しさ」として理解される。

第七章　越境する雲南ムスリムと宗教実践の変容

中壢龍岡モスクで行われた雲南ムスリム移民の葬儀

馬善栄　回教を知りたいなら、まずコーランとハディースを学ぶべきじゃないのか？

木村自　私は宗教そのものを勉強したいわけではないのです。私が研究したいのはムスリムです。人の研究なのです。

馬善栄　人の個性を研究しているのか？

木村自　そうではなくて、雲南ムスリムの宗教上の変化などを研究したいのです。たとえは、ミャンマーでは聖紀祭礼や姑太節が重要な祭礼です。時には、開斎節よりも賑やかだと聞いています。けれども、一旦台湾に来ると、台湾では聖紀祭礼もさほど賑やかではなく、姑太節にいたっては全く行っていません。

馬国仁　それは簡単なことだ。政治的な問題だよ。シーア派を知っているだろう。シーア派は姑太節を祝うのだ。実は聖紀も姑太節もエジプトで始まった。しかも、イスラームが興ってすぐに生まれたわけではない。三〇〇年も経ってからできたのだ。だから、どちらも、コーランにもハディースにも根拠はない。

木村自　はい、そうした原則は知っています。

馬善栄　聖紀や姑太節は習俗だ。習俗は各地で全く異なっている。習俗を全部知り尽くそうと思っても無駄だ。

はじめに

本章の目的は、雲南ムスリムの移住やそれにともなって生じるトランスナショナルなネットワークの存在が、彼らが移住後台湾において行う宗教実践に、どのような変化をもたらしているのかを探求することにある。前二章では、雲南ムスリムの移住と、それによって生じるディアスポラ空間を考察した。その際、国境を越えて維持されるネットワークやそのネットワークをとおして構築されるトランスナショナルな社会空間に注目すると同時に、移住地である台湾におけるローカルなネットワークにも着目する必要性があることを論じた。本章は前二章の議論を引き継ぎ、トランスナショナルな社会空間とローカルな社会空間の双方から雲南ムスリムのディアスポラを考える。ここでは、トランスナショナルな社会空間とローカルな社会空間のインターフェイスが強調される。

そこで注目するのが、「宗教」と「習俗」とをめぐる雲南ムスリムたちの議論である。台湾へと移住した雲南ムスリムたちは、しばしば彼らの宗教実践を「宗教」と「習俗」を分けて語る。私が龍岡モスクで行ったインタビューの一部である冒頭の会話も、「宗教」と「習俗」を分けて語っていることを示している。このインタビューにおいて私は、私が行う調査の内容と趣旨とを、龍岡地区に属するムスリムの一人に説明していた。雲南ムスリムが移住することによってどのような宗教実践上の変化を生じさせているのかを知りたいということを、具体的な事例を交えて彼に説明した。彼は当初私の話すことの意味を理解していなかった。イスラームには地域の差異など存在せず、イスラームを知るにはコーランとハディースによるべきであるということを私に告げた。結局最後に、私の調査の趣旨を理解して彼が述べたコメントは、私が知りたいのは習俗であって、宗教ではないのだということである。彼らの述べる宗教が習俗からどのように区別されるのか。そして、そうした区別が雲南ムスリムのトランスナショナリズムとどのように関係しているのかが本章の課題である。

今日のイスラームの世界的潮流の一つに、「イスラーム復興」と称される現象が存在していることは確かである。ムスリムが「アイデンティティの根拠として、イスラームを再び重視しはじめた結果」〔大塚　二〇〇四：一五〕として、彼らの日常の社会生活や文化的側面においてイスラーム的と認識されるものを強調する現象を「イスラーム復興」と呼ぶことができる。そして、イスラーム復興現象は「既存のムスリム社会のなかにみられる特定の要素を『非イスラーム』的なものとみなし、それを批判・克服することで、少なくとも彼らにとっての『真正の』イスラームを求めようとする動き」〔大塚　一九九六：七七〕とまとめ得る。イスラーム復興の動きのなかでは、「後世に添加された異端的要素（ビドア）」を排して、より正しい「宗教」への回帰を主張する〔大塚　一九九六：七〇〕。冒頭の会話は、「後世に添加された異端的要素（ビドア）」とより正しい「宗教」とを区別して、前者を排除していこうとする認識の一例と考えることができる。

ところで、イスラーム復興やより急進的なイスラーム主義の動きが、人の移住によって強化されることがしばしば指摘されている。アパデュライは人の移動によって引き起こされる「脱領域化が、イスラームやヒンドゥーのファンダメンタリズムを含め、様々な世界的ファンダメンタリズムの核となっている」〔Appadurai 1996: 38〕と述べる。つまり、出身国や地域の外部へと移住した人々が、本国のファンダメンタリズムを経済的社会的に支え、政治文化的に影響を与えている。移民を介したトランスナショナルな社会空間が形成されるという、ディアスポラ空間の一例である。

本章においても、イスラーム復興の動きとディアスポラとの関係を探求する。ただし、本章が取り扱うのは、急進的なイスラーム主義的やファンダメンタリズムではない。そうした政治イデオロギーではなく、越境移民が日常の宗教実践のなかで経験するレベルのイスラーム復興を分析の対象とする。台湾に移住した雲南ムスリムの間でも、大塚が述べるように、「後世に添加された異端的要素（ビドア）」を排して、正しい「宗教」を求めるイスラーム復興の動きが見られる。こうした意味でのイスラーム復興は、葬儀や結婚、祭礼などの宗教実践をとおして議論され、それらの宗教実践を変容させていく。

次節ではまず、イスラームとディアスポラとの関係をめぐる問題構成を整理する。その上で、雲南ムスリムのミャンマーから台湾への移住後に見られる宗教実践が、移住やトランスナショナルな社会空間の存在とどのように結びついているのかについて考察する。

一　問題構成としてのイスラームとディアスポラ

移民とイスラームをめぐる問題構成は、イスラームがヒンドゥー教など特定のエスニック・グループと密接に結びついた宗教ではないという点でより複雑である。移住先地域においてモスクを共有するムスリムたちは、多様な国家や地域から移住しており、移住元の地域に対する憧憬や移住元地域とのトランスナショナルなネットワークを共有しているわけではない。その意味で、「海外へと移住したムスリムは、共通のホームランドすら共有して」おらず、「移民ムスリムは、……移住先社会との関係の中でマイノリティであるというのみならず、彼ら自身も異なる宗派や文化的伝統などを背景に移住している」［Ahmed and Donnan 1994: 6-7］のだという問題設定は、より真摯に受け取る必要がある。「移民ムスリム」の研究は移民エスニシティの研究とは、理論構成が少しずれるのだ。

これらの理論的状況を反映して、移民ムスリムを扱った論考の多くが、移住先地域における、複数のエスニック・グループや複数の宗派や教派間のインターラクションを議論している。ホームランドを共有しないが、イスラームの信仰を共有していると考える人々が、移住地において引き起こす相互作用を分析の対象としている。「民族を超えるもの」としてのイスラーム〔宮治　一九九七〕と「民族」との関係を探る試みと言いなおしても良い。たとえば第五章で検討したニューヨークのイエメン移民やカナダへ移住したエチオピアのハラール人の事例等はこうした点を指摘していると言える。

また、トランスナショナルな社会空間の存在が、移住元地域のローカルなイスラーム宗教実践に与える影響を分析したものにケティー・ガードナーの論考がある。ガードナーは、イギリスへ移住したバングラディッシュ系ムスリム移民たちの存在や彼らが国境にもたらす情報と物品が、移住元地域のローカルな社会関係に大きな影響を与えていることを指摘する。バングラディッシュの農村部におけるローカルな伝統と結び付けられる精霊信仰などを、イギリスに移住した「正統派」ムスリムたちが攻撃し、ローカルなイスラームの信仰体系を改変していると報告している〔Gardner 1999: 52〕。

いずれも事例も、ローカルなイスラーム宗教実践が、人の移動にともなって複数の宗教実践が出会うことによって客体化される。そして、そうしたローカルな「宗教実践」は、「宗教」には本来存在しないもの、すなわちビドアと考えられ徐々に排除されていくことになる。雲南ムスリムの移住にともなう宗教実践についても、同じような現象を見ることができる。雲南ムスリムが台湾に移住した後には、彼らがそれまでミャンマーで行っていた宗教実践の一部が、「習俗」「ビドア」として排除され行われなくなるという現象が見られる。「中国の習俗」を宗教実践から排除していく傾向は、ミャンマーやタイから招聘される宗務者に関する重要な要素の一つとなっている。そして、それを担保するのが中東イスラーム諸国などへの留学経験である。宗教実践とディアスポラについては後述するとして、次節ではまず、台湾における宗務者について考察したい。

とくに、一九九〇年代以降に台湾へと招聘されてきた、ミャンマー出身の雲南ムスリムの宗務者について検討する。ここで宗務者と呼ぶのは、宗教業務に携わる目的で台湾の各モスクに招聘される宗教知識人のことを指している。よって、必ずしも教長や副教長だけではなく、若い宣教員もここに加える。また、宗教知識人は必ずしもこれら宗務者とは限らず、サウジアラビアやエジプトに留学しても、途中で退学したり、帰国後宗務者の道を選ばなかったりして、宗務者として働いていないものも多数存在する。こうした人々も、台湾のムスリム社会において「正統な」宗教知識を持つ人々として一定の尊敬を集めている。以下では必要に応じて、こうした宗教知識人にも言及する。

二　宗務者のミャンマーからの招聘と雲南ムスリムのトランスナショナル・ネットワーク

二〇〇六年現在、台湾に六つあるモスクのうち、五つのモスクに専属の教長がいる。そのうちすべてのモスクに、タイ、ミャンマーから台湾に移住してきた雲南ムスリム宗教知識人が宗務者として勤務している。台北文化モスク、中壢龍岡モスク、台中モスク、高雄モスクでは、教長が雲南ムスリムであり、台北新生モスクでは、副教長が雲南ムスリムである。また、台中、台北、高雄のモスクにおいては、宣教員などとして招聘されてきたミャンマー出身の雲南ムスリム宗務者がいる。本節では、とくに一九九〇年代以降に主にミャンマーから渡台した雲南ムスリム宗務者をとおして、宗務者の移動とトランスナショナルなネットワークについて検討したい。

前章で見たように、一九七〇年代後半以降数多くの雲南ムスリムがミャンマーやタイから台湾に移住した。一九八〇年代以降台湾における雲南ムスリムの人口が急激に増加したことを反映して、一九九〇年代に入ると、ミャンマー生まれの雲南ムスリムが、宗務者として台湾の各モスクに招聘された。雲南ムスリム宗務者の招聘のプロセスにおいては、台湾とミャンマーを結ぶトランスナショナルなネットワークの存在が指摘できる。ミャンマーやタイ出身の雲南ムスリムの誰が、どこでアラビア語やイスラームを学んでいるのかについての情報が、国境を越えて台湾の雲南ムスリムにも伝えられている。そして、雲南ムスリムの有志がミャンマーと台湾との間を往復し、台湾のムスリム社会が求めているような人材を発掘して各モスクに紹介することによって、宗務者のミャンマーからの招聘が可能になっている。

(1) 雲南ムスリム宗務者の招聘の社会経済的背景

宗務者を招聘するのは、ネットワークを有する雲南ムスリムの有志ではなく、台湾の各モスクである。制度上では、宗務者として適切であると考えられる人物を、教胞の誰かが各モスクの董事会（管理委員会）に推薦し、各モスクの董事会が合議によって教長人事を承認する。こうしてはじめて、宗教知識人は教長として着任する。[1] 董事会は毎年教長の招聘と契約手続きを行い、董事会が教長人事を不適当であると判断した場合には、教長は一年で職を去らなければならないこともある。しかし、台湾において教長のなり手を探すのは、実際にはきわめて難しく、教長自らが退任しない限りは、毎年同じ人が契約を更新される傾向にある。ミャンマーやタイ出身の宗教知識人が台湾の各モスクに招聘されるときにも、こうした手続きを経て着任する。そうした教長の多くが、近年ではミャンマーやタイから招聘されてくる雲南ムスリムによって占められているのだ。

各モスクがミャンマー出身の宗務者を招聘するのは、台湾における各モスクの経済的状況が関係している。固定収入に乏しい各モスクにとって、優秀な人材を安価で雇用することは非常に難しい。実際には、台湾出身のムスリムで中東イスラーム諸国に留学したものは少なくない。サウジアラビアなど中東イスラーム諸国との外交関係を重視していた台湾の国民党政府は、台湾におけるイスラーム宗教指導者を養成するために、中国回教協会による選抜を経て、一九六二年以降台湾出身の回民子弟をリビアとサウジアラビアの高等学校や大学に派遣していた。一九六二年から一九八〇年代半ばまで、九〇人弱の回民子弟をリビアとサウジアラビアに公費で派遣している［賈福康　二〇〇五：四〇—四一］。

ところが、中東諸国へと派遣された回民子弟たちは、留学を終えて帰国後に宗教業務に携わる人は少なく、台湾（中華民国）政府の外交部や大学教育、貿易や商業などに従事したものがほとんどであった。教長職に就くとしても兼業教長であり、大学や外交部の職を持ったまま、金曜礼拝のときにだけモスクに現れるような教長がほとんどであった。各モスク側が教長の報酬として準備できる金額は極めて少なく、外交部に勤務したり、他の業種で働いたりするほうが、生活が安定するからである。たとえば、龍岡モスクの馬清華董事長によると、現在（二〇〇六年）龍岡モスクの教長である馬統学が、一九九六年に龍岡モスクに招聘された当初の報酬は、二万元（約七万二〇〇〇円）あまりであった。大学卒業者の初任給が三万元（約一〇万八〇〇〇円）前後であることを考えると非常に少ない。台湾で生まれ育ち中東イスラーム諸国で学業を終えたムスリム知識人たちが、常駐の教長としてモスクに勤務するには、各モスクが供出できる報酬はあまりにも少なかった。

よって、台湾イスラームの顔とも言える台北新生モスク以外のモスクにおいては、モスクに常駐の教長が就任していないことのほうが多かった。たとえば、高雄モスクでは「経費が限られており、報酬を十分に出すことができなかったことから、高名な『アリム（宗教知識人）』を招聘してモスクに常駐してもらうことができず、『ラマダーン月』に学問のある阿訇《アホン》[2]に一ヶ月来てもらい……講義を依頼したり、イスラーム諸国へ留学していた子弟が夏休みに帰国している時に、コーラン教室やアラビア語教室を開いたりしていた」［中国回教協会　一九九二：二四］という状況であった。また、サウジアラビアなどの中東イスラーム地域から台湾に留学している留学生に依頼して、金曜礼拝の時のみ礼拝の指導を行ってもらっていたこともあった。こうした宗務者の不足を補っているのが、一九九〇年代以降ミャンマーやタイから台湾へと招聘されている雲南ムスリムの宗教知識人である。そして、雲南ムスリム宗教知識人の台湾への越境招聘を可能にしているのが、一九八〇年代以降ミャンマーやタイからの雲南ムスリム移住者の増加であり、人口増加によって生じた雲南ムスリムのトランスナショナルな社会空間である。次節では、そうしたトランスナショナルな社会空間の形成が、どのようなプロセスを経て雲南ムスリム宗務者の台湾への招聘を可能にしているのかを検討する。

(2) ミャンマーから台湾へ移住した雲南ムスリム宗務者の現状と略歴

雲南ムスリムが構成員の大半を占める龍岡モスクにおいては、ミャンマーやタイ出身の雲南ムスリムの教長職への招聘はかなり早くから始まっていた。一九八六年の『中国回教』には、その年死去した龍岡モスク教長の何仕権に代わって、タイでアラビア語教育を受けた二人の雲南ムスリム青年を龍岡モスクの教長として招聘しようとしたことが記されている〔『中国回教』 一九八六〕。二人は観光ビザで台湾に入国し、台湾への定住を申請していた。龍岡モスク董事会は彼らを教長として招聘するため、外交部に申請書類を提出した。しかし、申請が批准されることはなく、結局二人はタイに帰ってしまった。そのため、龍岡モスクではしばらくの間教長職に空きが生じていた。

同年の斎月（ラマダーン）期間中、タイのアラビア語学校でアラビア語教育を受けた雲南ムスリムの馬国念が、たまたまタイから台湾の親戚を尋ねて渡台し、龍岡モスクの近くに滞在していた。そのため、龍岡モスクは馬国念に、斎月期間中の教長として斎月に関する宗教業務を依頼した。翌年の一九八七年に、龍岡モスク董事会は馬国念を正式な教長として招聘した。しかし、馬国念も一九九〇年代初頭には教長職を辞し、現在の教長である馬統学が一九九六年にミャンマーから招聘されるまでは、雲南省で伝統的な中国イスラーム教育（経堂教育）を受けた明徳盛が教長となっていた。

龍岡モスク以外のモスクに雲南ムスリムの宗教知識人が教長として招聘されたのは、一九九一年以降である。

まず一九九一年に、ミャンマーのタンヤンでアラビア語の教師をしていた劉光武が、高雄モスクの教長として招聘され渡台した。続いて一九九六年には、閃応堂と馬統学が、それぞれ台中清真寺と龍岡清真寺の教長として招聘されて渡台した。二〇〇〇年には、北タイ・チェンマイの敬真学校でアラビア語の教師をしていた陳孝盛が、台北新生モスクから「住寺（清真寺に住み込みの）副教長」として赴任した。現在（二〇〇六年）はモスク内の一室に滞在しながら、台北モスクの教務に当たっている（二〇一五年現在は台北文化モスクの教長をつとめている）。二〇〇一年には、中永和地区に建設予定であった「台北県伊斯蘭活動中心（台北県イスラーム活動センター）」の専属教長として、馬天保と馬成清が渡台した。ただし、「台北県伊斯蘭活動中心」の建設計画が頓挫したため[3]、現在はそれぞれ台北新生モスクと台中モスクで宣教員として活動している。二〇〇三年には馬興龍と馬克仁の二人が宣教員として高雄モスクに呼ばれた。馬興龍はその後、中壢龍岡モスクに招聘され、総幹事および宣教員として働いている。一九九〇年代以降にミャンマーとタイから渡台した宗務者の略歴をまとめると、次のようになる。

1　劉光武（高雄モスク教長）

一九五四年にミャンマーのタンヤンで生まれた。国共内戦期に、両親が中国雲南省からミャンマーへと逃れる。ちょうミャンマーが独立したてのころであり、タンヤンなどの田舎の町では、極貧の生活を強いられた。昼間は農作業をし、朝と夜のみ華僑の学校で勉強をしていた。小学部六年生頃に政変が起こり、華僑学校が閉鎖された。そこで、地元の学校に編入し、中学校まで卒業する。

タンヤンの中学校を卒業した後に、ミャンマー中部メッティーラのそばのビョーボエにあるアラビア語学校で七年間学んだ。ビョーボエのアラビア語学校に行く前には、地元タンヤンのアラビア語学校で学んでいた。タンヤンのアラビア語学校で学んでいた時の教員は、昆明出身の馬紹成阿訇であった。この馬紹成阿訇が突然他界したために、ビョーボエにあるアラビア語学校に送られて、アラビア語を学ぶことになった。

このアラビア語学校は、インド系ビルマ人ムスリムが運営している学校であり、ウルドゥー語の授業も行っている。よって、劉光武はウルドゥー語も話すことができる。ここでは、教員はすべてインド系かビルマ系のムスリムであり、華人系ムスリムは一人もいなかった。生徒にも華人系のムスリムは一人もいなかった。

ビョーボエのアラビア語学校を卒業した後には、タンヤンに戻って華人系のアラビア語学校で一一年間アラビア語を教えた。この時アラビア語を教えていた学生の中に、現在台中で教長をしている閃応堂や馬統学などがいた。一九九一年に中国回教教会の招聘を受けて、台湾へと移住した。現在は、母親と妻、三人の子供とともに高雄に居住している。

2　閃応堂（台中モスク教長）

一九六四年にミャンマーのタンヤンに生まれた。タンヤンにおいて中学校を卒業後、現地の華人系アラビア語学校でアラビア語を学んだ。当時そのアラビア語学校では、劉光武（現高雄モスク教長）が教えており、かれについてアラビア語を学ぶ。劉光武は、それまでタンヤンの華人系アラビア語学校で使われていた経堂教育[4]方式のアラビア語教育を改め、自らが学んだインド系ビルマ・ムスリムのアラビア語教育システムを始めた［賈福康二〇〇五：四二五］。閃応堂は、劉光武が推し進めた新しい教育システムの下で、アラビア語の基礎固めをした。タンヤンの華人系アラビア語学校を卒業した後には、ミャンマー中部の町ビョーボエにあるムズワヒルル・ウルーム（Muzwahirul Uloom）でハディース学を一年学んだ。ムズワヒルル・ウルームで一年間の学業を終えた後、タンヤンに戻って教員として働くが、後にアズハル大学へ留学する機会を得てエジプトに渡り、そこで八年間ハディース学を学んだ。一九九六年にアズハル大学でイスラーム法学士の学位を取得すると、台中モスク董事会に招聘されて渡台し、台中モスクの教長となった。台湾に移住後、外省人ムスリムと結婚し、すでに中華民国籍を取得している。

3　馬統学（龍岡モスク教長）

一九六二年にミャンマーのタンヤンに生まれた。子供のころから劉光武（現高雄モスク教長）の薫陶を受け、一九七六年にミャンマーのモゴックにある華人系アラビア語学校に入学した。一九八四年にモゴックのアラビア語学校を卒業した後[5]、一九八八年にアズハル大学に留学する機会を得て、エジプトに渡った。一九九五年に渡台し、龍岡モスクの董事会から招聘されて、一九九六年に龍岡モスクの教長職に就き、現在に至っている。台湾に移住後、台湾籍の入信ムスリムと結婚し、中華民国籍を取得している。

4　陳孝盛（台北新生モスク副教長）

一九七三年にタイのイスラーム教学校を卒業し、その後リビアにおいて高等学校から学ぶ。一九八〇年にリビアにおいて大学を卒業した後、チェンマイに戻って敬真学校[6]でアラビア語やイスラームを教授した。一九八五年から一九九〇年までサウジアラビアで働き、一度チェンマイの敬真学校に戻った後、二〇〇〇年に台北新生モスクからの招聘を受けて、台湾にやってきた。現在はモスク内の部屋に一人で生活しており、妻や子供はタイにいる。妻はマレー華僑で、入信ムスリムである。

5　馬克仁（高雄モスクの宣教員）

一九七四年にタンヤンで生まれた。その後両親とともにマンダレーに移住し、マンダレーで育つ。マンダレーの中学校を卒業した後、マンダレー管区内にあるメッティーラ県のイスラーム学校でアラビア語を学ぶ。メッティーラ付近にはインド系ムスリムが運営しているイスラーム学校が数多く存在し、馬克仁が学んだイスラーム学校もインド系ムスリムの学校であった。メッティーラのイスラーム学校在学中、ピンウールィンに華人系のアラビア語学校（「真光阿文学校」）が開校したという情報を聞いた。そのため、メッティーラのイスラーム学校を途中退学し、一九九四年にピンウールィンの華人系アラビア語学校に編入した。一九九八年に第一期生として真光阿文学校を卒業し、奨学金を得てシリアの学校でアラビア語を学んだ。二〇〇三年にシリアの学校を卒業し、一度ミャンマーに戻った後、同年に高雄モスクの宣教員として台湾へ渡った。

ピンウールィンに新しく開かれた真光阿文学校は、雲南ムスリム学生を中心とした寄宿制のアラビア語学校である。タンヤン出身の富豪である明光熙とその息子の明紹坤が建設費用の大部分を、台湾やタイなどに居住している雲南ムスリムが一部を出資して建設された[7]。しかし、教員は必ずしも雲南ムスリムのみではなく、インド系ムスリム教員も教えていた。また、雲南ムスリムの教員も、インド系のイスラーム学校を卒業した人々が多い。二〇〇五年現在、この真光阿文学校で教授しているのは、タンヤンにおいて劉光武（現在は高雄モスクの教長）の教育を受け、その後メッティーラなどビルマ中部地域のインド系イスラーム学校を卒業した人物である。

6　馬興龍（中壢龍岡モスクの総幹事）

一九七七年にミャンマーのピンウールィンに生まれた。両親ともにタンヤンの出身で、父も宗教知識人であった。馬克仁と同じく、一九八九年にピンウールィンに設立された華人系アラビア語学校「真光阿文学校」の第一期生として入学し、一九九七年に卒業した。「真光阿文学校」を卒業後、いくつかのルートを頼って、馬克仁と一緒にシリアの四年制大学に入学した。シリアでの留学は私費留学で、奨学金も得ていなかった。その頃、馬興龍の兄が日本で出稼ぎ労働をしており、兄が日本でためたお金を授業料として仕送りしていた。二〇〇三年にシリアの大学を卒業し、一度ミャンマーに帰るが、高雄モスク董事会から宣教員として招聘され渡台した。馬興龍が渡台する以前から、台湾には彼の母方祖母や母の兄弟姉妹がミャンマーやタイから移住していた。渡台当初は高雄モスクの宣教員として働いていたが、その後龍岡モスクの総幹事として招聘され、現在に至っている。

7　馬天保（台北新生モスクの宣教員）

ミャンマーのタンヤンに生まれた。タイ北部・チェンマイにある「敬真学校」に入学する。馬天保は、敬真学校を卒業後、奨学金を得てサウジアラビアのメディナ大学で学んだ。卒業と同時に台湾に呼ばれる。元来は、台北県の中永和地区に建設予定であった「台北県伊斯蘭活動中心」の常駐教長の一人として招聘された。しかし、その後「台北県伊斯蘭活動中心」の建設が順調に進まなかったため、台北新生モスクの宣教員として、土曜日と日曜日に同モスクで開催されているアラビア語教室で教えるとともに、回民に対する宣教に努めている。また、台湾籍の入信ムスリム女性と結婚し、彼女が経営しているムスリム向けの食肉加工・販売業を手伝っている。

(3)　雲南ムスリム宗務者の招聘をめぐるトランスナショナル・ネットワーク

以上のように、一九九〇年以降ミャンマーとタイから宗務者が台湾の各モスクへ招聘されている。今日まで台湾に招聘された宗務者の略歴を見ると、招聘された宗務者はミャンマーのタンヤンを中心とした地縁的なネットワークの存在が看取できる。

宗務者をミャンマーから台湾へと招聘するプロセスにおいては、雲南ムスリムの馬応超が中心的な役割を果たしていた。馬応超がミャンマー出身の宗教知識人を各モスクや中国回教協会に紹介し、台湾への招聘を実現させている。一九五七年にミャンマーのタンヤンに生まれ、ピンウールィンで育った馬応超は、一九八六年に母や兄弟とともに台湾へと移住した。馬応超が八歳のときに他界した父は、雲南省昭通県からタンヤンへと移住した阿訇であった。馬応超は渡台以前、ミャンマーとタイ間を、馬を引いて往復する国境交易に従事していた。一九八六年に二九歳で渡台して以降は、タクシードライバーなどをしながら生計を立てていた。近年では食堂やハラール食品生産の工場などを経営しており、ある程度の成功を収めている。

馬応超は渡台後、中国回教協会傘下の「伊斯蘭服務社（イスラーム服務社）(8)」などの団体に参加し、台湾のイスラーム宗教活動に積極的に関わるようになった。そうした活動が評価され、一九九〇年以降には中国回教協会の理事にもしばしば選出されている。ミャンマー出身雲南ムスリムの中国回教協会の理事が非常に少ないなか、協会の組織に組み込まれることで、雲南ムスリムと外省人ムスリムとをつなぐ上で、政治的な力を発揮している。

一九九一年に渡台した劉光武をはじめ、台湾の各モスクに招聘された雲南ムスリム宗務者は、馬応超を中心とした雲南ムスリムが、各モスクの董事会や中国回教協会に推薦し働きかけたことで渡台が可能となった。馬応超は台湾への移住後も、しばしばミャンマーと台湾との間を往来し、雲南ムスリムの学生たちの留学に関する情報を収集し、台湾で宗務者として働くことのできる人材を発掘していた。たとえば、先述した中永和地区に建設予定であった「台北県伊斯蘭活動中心」に関して、ミャンマー生まれの雲南ムスリムのなかから専属の宗務者を招聘する際には、次のようなプロセスがあった。

中永和イスラーム文化センターのイマーム（帯拝的人）(9)も、ミャンマーからの人です。馬天保と馬成清です。おととしハッジ（マッカ巡礼）に行った時ですが、彼らもちょうど夏休みで、それで我々台湾から巡礼に行っていた巡礼団をつれて、巡礼に連れて行ってくれたのです。マッカに巡礼に行くといっても、どこに行けばいいのか分からないし、それを彼らがすべて連れて行ってくれたのです。それで、そのときに彼らにいつ卒業するのかと尋ねました。二年後に卒業するということでした。そこで、二年後にもう一度彼らとコンタクトを取りました。私はハッジに行く前から、こういうふうに考えていました。皆も、誰か専任の宗教員にいてほしいという思いがあったと思います。ずっと以前にはそういう思いはありませんでした。というのも、中永和地区にいる一二〇余世帯のムスリムの皆が、同じ思いを持っていて、お金を出し合ってくれるとは限らなかったからです。だけど、比較的敬虔なものたちは、自分たちだけでお金を出し合って、彼らの給料が出せると思いました。それで、彼らに電話を掛けたのです。

彼らはメディナで勉強していますし、彼らの一つ上の世代の人も知っています。彼らの父たちも非常に敬虔なムスリムでした。だから、それが下の世代にも受け継がれています。[10]

一九八〇年代からミャンマーからの雲南ムスリム移住者が増加した中永和地区においては、雲南ムスリムを中心としたモスクや、ムスリム活動センターを建設するべきであるという意見が、一九九〇年初頭から議論されていた。それが「台北県伊斯蘭活動中心」である。「台北県伊斯蘭活動中心」が建設された場合、そこを利用して宗教活動を行うのは、ほとんどがミャンマー出身の雲南ムスリムとなる。よって、「台北県伊斯蘭活動中心」常駐の宗務者としては、ミャンマー出身の雲南ムスリムを招聘することが望まれていた。ミャンマーにおける人間関係や宗教事情を知っており、ビルマ語や中国語の雲南方言を話すことができる人物のほうが、中永和地区に居住する雲南ムスリムたちの宗教活動や宗教上の問題の解決には有利だからである。

馬応超は台湾移住後も、しばしばミャンマーに足を運び、ミャンマーにいる雲南ムスリムと密接に連絡を取りながら、各地のムスリム子弟の留学状況や帰国の情報などを収集していた。サウジアラビアへマッカ巡礼に赴いた際に、タンヤン生まれの雲南ムスリム学生で、サウジアラビアのメディナ大学に留学していた馬天保と馬成清に面会した。彼らは子供の頃にミャンマーを離れ北タイのチェンマイに行き、華人系のアラビア語学校である敬真学校で学んだ。その後、サウジアラビアへ留学する機会を経て、メディナの大学でイスラーム法を学んでいた。

上記のインタビューの引用にもあるように、馬応超が馬天保と馬成清を推薦することを決めたのは、彼がタンヤンにいる二人の両親を知っているからである。移住先地域における問題が、移住元地域における人間関係をもとにして成立している。宗務者の移動に関しても、台湾とミャンマーという二つの地域に跨るトランスナショナルな社会空間が存在していると言うことができる。

三　台湾ムスリム社会における宗務者像――留学経験と遵経革俗

(1)　宗務者招聘主体としてのモスク董事会

このように、ミャンマーから台湾への宗務者の招聘に関しては、台湾とミャンマーとの間を結ぶ雲南ムスリムのトランスナショナルなネットワークが重要な役割を果たしている。モスクが必要とする優秀な宗教知識人は、タンヤンを中心とする雲南ムスリムのネットワークをとおして、台湾の各モスクに紹介される。しかしながら、先述のように宗務者の招聘は制度上雲南ムスリムの有志によって自由に行うことができるわけではない。台湾政府の内政部に財団法人登録されている既存のモスクや中国回教協会の枠のなかでのみ、宗務者の招聘手続きをすることが許されているのだ。とくに、ミャンマーやタイから台湾へと招聘されてくる宗務者は、台湾への入国時点で中華民国（台湾）国籍を有していない[11]ため、外国国籍者の就労や滞在、身分証明証の発行など法律上の問題と関係する。よって、当然馬応超や雲南ムスリムの一存で、ミャンマーやタイから宗務者の招聘が可能となるわけではない。宗務者の招聘と解任は各モスク董事会が決定する事柄であるので、各モスクの董事会が正式な招聘文書を作成し、台湾政府の内政部や外交部の承認が必要となる。また、政府と密接なパイプをもつ中国回教協会の後押しも重要となる。

このように、既存の宗教組織の枠内で宗務者の招聘を行わなければならないことから、宗務者の招聘には各モスクの董事長や中国回教協会の有力者とのつながりが必要となる。たとえば、上記の「台北県伊斯蘭活動中心」の設立に際して、馬応超ら中国回教協会のバックアップのもと「聯誼会（親睦会）」を開催して広く台北地区の外省人ムスリムを含めた台湾回民に理解を求めるとともに、馬孝棋教長（当時）や台湾外交部の趙錫麟などの支持を得ている。また、台中モスクの董事長となった張明俊（外省人ムスリム）をともなってミャンマーのピンウールィンに戻り、ミャンマーの雲南ムスリムを台中モスクの宣教員として紹介したりしている。

これまでの議論をまとめると、次のようになる。宗務者の紹介は雲南ムスリムのトランスナショナルなネットワークを駆使して行われていた。しかし、実際に招聘を決定するのは彼ら雲南ムスリムではなく、各モスクの董事会である。多くが外省人ムスリムによって構成された各モスクの董事会の承認がなければ、教長の招聘を行うことはできない。つまり、雲南ムスリムのトランスナショナルな社会空間の構築は、国境を越える雲南ムスリムのネットワークの内部のみで完結しているのではなく、台湾に既存の制度や人間関係が重要な要素となるのである。宗務者の招聘をめぐる雲南ムスリムのトランスナショナルな社会空間の構築は、台湾ムスリム社会に既存の社会関係を取り込むことによって、はじめて十分に機能するものであるといえる。

ところで、台湾における宗務者招聘主体である各モスクの董事会は、龍岡モスク董事会を除いて、すべて外省人ムスリムによって構成されている。また、中国回教協会の理事会もその大部分が外省人ムスリム有力者によって構成されている。各モスク董事会をとおして宗務者が招聘されるということは、外省人ムスリムが抱く理想的宗務者イメージに適合した人物が紹介されることを意味している。それでは、台湾においてあるべき宗務者像とはどのようなものなのか。次節では、台湾のムスリム社会における宗務者像を検討し、ミャンマーやタイからの宗務者の招聘が、そうした宗務者像に合わせるかたちで行われていることを見てみたい。

(2) 台湾ムスリム社会における宗務者像——留学経験

一九九〇年代以降に、ミャンマーやタイから雲南ムスリムが宗務者として招聘される以前には、台北新生モスク以外のモスクでは教長は常駐しておらず、中東イスラーム諸国からの留学生や大学教員、中東イスラーム諸国に留学中で台湾へ一時帰国中の回民学生などが、斎月（ラマダーン）の期間中などに臨時教長として招聘されていた。一方台北新生モスクでは、専任ではないものの常駐の教長がおり、台湾におけるイスラームの顔として、ムスリム教胞内のみならず対外的にも重要な役割を担っていた。台北新生モスクに呼ばれる教長は、高名な「アリム（主教知識人）」として、台湾におけるムスリムの間で尊敬を集めるとともに、台湾のムスリム社会に影響力を行使していた。教長の確保が難しかった地方の各モスクは、何らかの宗教行事が行われるたびに、台北新生モスクの教長を招待し、説教や講演を依頼していた。経費の関係で「高『阿林（アリム）』を招聘して長期で宣教してもらうことができなかった」［賈福康　二〇〇五：四九］と述べるときの「高『阿林』」とは、おそらくはこれら台北新生モスクの教長たちを基準に考えられていたのではないかと思われる。そこで、ここではまず、台北新生モスクの歴代教長がどのような宗教知識人であったのかを簡単に見ておきたい。

台北新生モスクにおける教長の特色は、次の二点である。一つ目に、歴代教長のほとんどが中東イスラーム諸国に留学していることが挙げられる。台北新生モスクの教長は、サウジアラビアやエジプト、リビアなどの中東イスラーム諸国においてアラビア語やイスラームを学んだ経験を有する宗教知識人である。二つ目に、これら留学経験を有する教長が、基本的に改革主義的イスラームを継承しているということである。イスラーム改革主義的傾向は、今日の台湾においてはしばしば「遵経革俗」と称される。本節ではまず、台北新生モスクの歴代教長の、中東イスラーム諸国での学習経験について検討したい。

1　台北新生モスクの歴代教長と留学経験

一九四五年に中国大陸から台湾に移り住んだ回民たちは、現在の台北新生モスクに近い麗水街にあった日本式家屋を利用して、礼拝施設としていた[12]。彼らは一八四八年に、第一代教長として王静齋を台北に迎える。王静齋は一八七九年生まれで、達浦生、馬松亭、哈徳成とともに近代中国の四大阿訇と呼ばれている。八歳から経堂教育を受け始め、アラビア語、ペルシア語、中国語を学習した。一九二二年四三歳でエジプトのアズハル大学[13]に留学し、四四歳でマッカ巡礼を果たしている。しかし、王静齋は一年足らずで北京に戻り、代わりに馬松亭が、台北に派遣されてきた。馬松亭も近代中国の四大阿訇の一人である。馬松亭も中国におけるイスラームの近代化に取り組み、一九二五年に北京に成達師範学校を創設した。成達師範学校は近代的教育システムを導入した中国でも最初期のイスラーム学校[14]で、改革主義的なイスラーム教育を推進していた。馬松亭の離台後を継いだのは蕭永泰である。蕭永泰は一九一九年に熱河省（現在の河北省・遼寧省内モンゴル自治区の交差地域）に生まれ、中国東北で経堂教育を受けている。蕭永泰は台北新生モスクの前身である麗水街モスク内部での派閥争いから、別の場所に新たに台北文化モスクを建立した。

蕭永泰の後を継いだのは定中明である。湖南出身の定中明は、上海の小桃園清真寺に併設されていた上海伊斯蘭師範学校でイスラームを学んだ。上海伊斯蘭師範学校は、北京の成達師範学校に並ぶ近代的イスラーム教育を中心とした教育機関であり、従来の経堂教育とは異なる教授方法を採っていた。定中明は一九三二年に上海伊斯蘭師範学校を卒業した後、カイロのアズハル大学に派遣され、一九三八年に同大学を卒業して帰国している。帰国後は中華民国の外交部に勤務し、大使館職員として特にイスラーム諸国の中華民国大使館で働いていた。また、台湾への移住後には、政治大学のアラビア語の授業などを受け持っている。台北新生モスクの教長に三度就任しているが、そのうち三度目は二二年間教長職についていた。

熊振宗は広東省出身の回民で、一九一四年に生まれている。中国西北部で経堂教育を修了した後、エジプト留学の学生団に参加した。アズハル大学でイスラーム宗教法学修士の学位を取得する。帰国後は香港に渡り香港のモスクで教長を勤め、一九五五年に渡台し台北モスクの教長職に就くと同時に、外交部の職員となる。一九五七年に政治大学が台湾で再開されると、東方言語学科の初代主任として招聘され、アラビア語教育に従事した。熊振宗が一九六二年に急死した後には、張文達が教長に就任する。張文達は一九一七年に山東省で生まれ、北京の成達師範学校を卒業した。成達師範学校を卒業後、エジプトのアズハル大学で学んだ。帰国後は外交部に勤務し、駐エジプト中華民国大使館などで外交官として働いていた。

張文達の後を定中明が二年間継いだ後、馬吉祥が教長職を継いだ。馬吉祥は一九三三年に寧夏に生まれ、一九四六年に両親に連れられて家族全員でマッカ巡礼を果たす。その間に中国大陸が共産党政権下に入ったため、家族は中国に帰らずサウジアラビアに定住した。馬吉祥はサウジアラビアで高校を卒業後、リヤド大学やアズハル大学に学び、後にサウジアラビア政府の教育部に勤務した。一九六八年、サウジアラビアと台湾との文化交流を促進するため、サウジアラビア政府の教育部から派遣されて渡台し、台北新生モスクの教長として就任する。一九七三年に馬吉祥は教長職を辞し、再び定中明教長が一九九六年の退任まで二二年に渡って教長職を継いだ。

台北新生モスク（およびそれ以前の麗水街の礼拝所）で教長職をつとめたこれら七人の教長は、いずれも中国大陸においてイスラームの教育を受けた阿訇である。その多くが中国の伝統的経堂教育ではなく、近代イスラーム学校教育を受けている。また、これら歴代教長のうち五人が、エジプト、サウジアラビア、リビアなどの国においてアラビア語とイスラームの教育を受けていた。近代的イスラーム教育とイスラーム諸国での留学経験が、台北新生モスクの教長を貫く特徴であると言うことができる。同時に、これらの教長のほぼすべてが、教長職以外に外交部の職員や大学の教授など、何らかの本務を有していたことも特徴である。彼らは本務の傍ら、金曜礼拝のときのみモスクに現れて、集団礼拝の説教を行っていた。

2　雲南ムスリム宗務者と留学経験

以上のように、台湾イスラームの顔である台北新生モスクの教長の多くは、中東イスラーム諸国への留学を経験した宗教知識人であった。中東イスラーム諸国で最新のイスラームを吸収した宗教知識人という教長像は、現在の各モスクにおける教長にも共通する特徴である。先述のように、現在台湾において宗教業務に携わっている雲南ムスリム宗務者も、ほぼすべてがリビアやエジプト、シリアなどの中東イスラーム諸国において教育を受けた宗教知識人である。

中東イスラーム諸国で教育を受けた宗教知識人を理想化する視点は、宗務者以外の宗教知識人にも結び付けられている。ミャンマーやタイ出身で台湾に移住した雲南ムスリムのなかには、中東イスラーム諸国に留学しながらも、宗務者として働いていない人々も存在する。たとえば、次の事例に出てくる馬国仁は、北タイのチェンマイ敬真学校を卒業後サウジアラビアに派遣された。しかし、サウジアラビアでの留学を途中で切り上げて渡台し、台湾でタイ人を対象とした外国人労働者の仲介業を行っている。馬国仁は宗務者ではないが、サウジアラビアのメディナ大学に一時期滞在していたということがひとつのステイタスとなっており、龍岡モスクにおいても宗教業務に関して一定の発言力を持っている。たとえば、次の馬善栄の発言がそのことを示している。

以前マッカ巡礼に行ったとき、何人かの人が集まって宗教上の問題について議論していました。中国から来た人とタイから来た人と、それからサウジアラビアのメディナ大学を卒業した人がいました。私は彼らの話をそばで聞いていましたが、彼らにこういいました。彼はメディナ大学に留学して帰ってきたのだから、彼が一番サウジアラビアの状況を良く知っている。彼の言うことを聞いていれば間違いない。たとえば、（龍岡地区に居住している）馬国仁もメディナ大学に留学した一人です。彼の兄は馬国念で、龍岡モスクで教長にもなったことがあるのだけれども、馬国念はミャンマーのアラビア語学校を卒業したに過ぎない。だから、馬国仁と馬国念の考え方が違うときも多い[15]。

このように、中東イスラーム諸国で学んだ経験を有する宗教知識人を教長の理想とする考え方は、今日の宗務者招聘においても引き継がれていると考えられる。各モスクはミャンマーの華人系アラビア語学校の卒業生ではなく、安価でしかも留学経験を有するミャンマーやタイ出身の雲南ムスリム宗教知識人を、教長として招聘しているのだ。

ところで、こうした留学経験の有無が担保するものは何か。それがおそらく、これら海外留学者のもつイスラームに対する改革主義的な態度である。先述したように、イスラーム改革（復興）は、既存のイスラーム宗教実践における特定の要素を「非イスラーム」的な存在物と見なし、「真正の」イスラーム的宗教実践を求めようとする態度である。台湾におけるイスラーム改革主義的な傾向は、台北新生モスクにおける初期の宗務者の間でも顕著であった。次節では雲南ムスリム宗務者のイスラーム改革主義的態度について考察する。

(3)　台湾ムスリム社会における宗務者像――改革主義的イスラーム

1　イスラーム改革推進者としての宗務者

歴代の台北新生モスクの教長たちが有する二つ目の特徴は、イスラーム改革主義的な宗教実践を行っていることである。一九七〇年代初頭に台湾でフィールドワークを行ったピルズベリーは、台北新生モスクのイスラーム宗教実践が、主に「新教」の考え方に基づいて行われていると記述している［Pillsbury 1973: 177］。ピルズベリーがここで新教と呼んでいるものは、中国でイフワーニ派（伊赫瓦尼）と呼ばれている中国ムスリムの教派の一つである。イフワーニ派は、一九世紀末にマッカ巡礼を果たした馬万福が、サウジアラビアのワッハーブ主義の影響を受けて、中国西北地方で開始したイスラーム改革主義運動である［勉維林　一九九七など］。従来中国の回民の間で行われてきた宗教実践を古い教えであるとして「老教」または「ゲディム派」[16]と呼び、彼らの宗教実践のなかから排除した。

イフワーニ派は、「憑経立教（コーランにしたがって教を立て直す）」「遵経革俗（コーランを遵守して習俗を改革する）」をスローガンとして、コーラン読誦の方法、礼拝の仕方、葬儀の手順などにおいて彼らが「中国的異端」と見なすものを「改革」した。そのため、中国的な旧来の宗教実践を遵守する「老教」との間でしばしば軋轢が生じていた。ピルズベリーが述べるように、台湾は基本的に新教のやりかたに則って宗教実践が行われていた。台北新生モスクの初代の教長である王静齋はイフワーニ派の影響を大きく受けた改革主義派の宗教知識人であったし、北京に成達師範学校を建設した二代目の教長の馬松亭もイフワーニ派の影響を受けていた。さらに、定中明と張文達が卒業した上海伊斯蘭師範学校や成達師範学校も、おおむね改革主義的な要素を持った近代イスラーム学校であった[17]。

今日の台湾においては、教派の差は明確ではない。中国大陸で二〇歳前後まで過ごした人のなかには「新教」と「老教」を区別できる人がいるものの、台湾に居住する多くのムスリムは中国におけるイスラーム教派の区別を理解している人は少ない。当然、「イフワーニ派」や「ゲディム派」などの名称を知っているものは皆無に近い。ところが、中国においてイフワーニ派がスローガンとしていた「憑経立教」や「遵経革俗」などの語彙は、現在の台湾においてもしばしば耳にすることができる。その際、これらの語彙は特定の教義内容を指しているというよりは、今日のイスラーム改革に一般的に見られるように「非イスラーム」的なものを排除した「真正なイスラーム」イメージを指すものとして使われている。

たとえば、現在の台湾の教長のなかで唯一中東イスラーム地域への留学経験を有しない劉光武は、ミャンマーにおいて彼が学んだインド系アラビア語学校と、華人系アラビア語学校とを比較して、インタビューのなかで次のように述べている。

> （劉教長がイスラームを学び始めた当時、華人系のアラビア語学校はありませんでしたか。）ありましたよ。現在でもモゴックにある、あの学校です。インド系の学校のほうが、制度が整っているということは誰もがわかっていることだと思います。モゴックには華人系のアラビア語学校があるけれど、すでに「純（純粋）」ではなくなってしまっていると言えます。華人系アラビア語学校で教えられているものは、現代サウジアラビアの「遵経革俗」[18]的なイスラームの考え方とは異なってしまっている。我々が学んだ学校では、そうしたものは存在しようもないのです。[19]

劉光武は華人（雲南ムスリム）系アラビア語学校について、「純粋」のイスラームではなく、サウジアラビアの「遵経革俗」とは異なってしまっていると述べる。それに対して、彼が学んだインド系のアラビア語学校は、「純粋」であって、「遵経革俗」なのだと主張する。

台湾へ移住後の宗教実践は、雲南ムスリムにとって多くの点でビルマにおいて行っていた宗教実践とは異なっている。従来ビルマの移住元地域で行われていた宗教実践の要素が、台湾に移住後に省略されているのだ。彼らのローカルな宗教実践から、「習俗」を排して、「正統な宗教」へと純化していこうとする傾向を見ることができる。ここでは、葬礼に関してミャンマーと台湾との間でどのような違いがある認識しているのかについて、いくつかの事例を見ながら考察する。

2　葬送儀礼に関する「遵経革俗」と雲南ムスリム宗務者

イスラーム教徒の葬儀は簡潔が旨とされる。中国語では「速葬」と呼ばれ、死後三日以内に葬儀と埋葬が行うことが求められている。台湾回民の場合、死者がでると、遺体の顔をマッカの方角に向け、親族が死者の遺体を洗う。洗い終わると遺体は「開方布《カイファンブー》」[20]と呼ばれる白い布で包まれ、「塔布《タープー》」もしくは「経櫃」と呼ばれる遺体運搬用の木箱に入れられる。その後、モスク内で「者那則《ジャナーザ》」と呼ばれる葬儀が執り行われる。「者那則」が終了すると、「経櫃」に入れられた遺体はそのまま車に載せられて、台湾回民専用の墓地である回民公墓まで運ばれる。回民公墓に到着すると、遺体は「経櫃」から取り出され、墓穴に埋められる。その際、何らかの埋葬儀礼が行われる。

以上が回民の葬儀の基本的な要素である。しかし、ミャンマーやタイの雲南ムスリムコミュニティにおいては、以上の骨格に様々な「中国的伝統」が加味されている。次の一文は、一九八五年にミャンマーから台湾へと移住してきた馬豊麗がビルマの雲南ムスリムの葬儀や死者追悼儀礼について振り返って述べたものである。馬豊麗は、彼女らがミャンマーにいた頃に行われていた葬儀や死者追悼儀礼をいくつか挙げて、それらの慣習を「中国の習俗」と呼んでいる。

私たちの故郷では、葬儀に関しては様々な習俗がありますよ。「伝香」や「伝経」、あるいは「讃聖歌」というのもあります。私たちの故郷のタウンジーに行ったらわかると思いますけど、タウンジーに一週間も滞在していれば、少なくとも一度は「讃聖歌」を聞くことができると思います。私たちの故郷では、こうした活動は本当にたくさんあります。けれども、これらは全部中国の習俗です。だから、ミャンマーのインド系ムスリムはこうした活動をしません。

上記の引用において、「伝香」や「伝経」[21]が「習俗」であり、台湾においては排除されるべきものである。「伝香」や「伝経」は、死者の罪を軽減するために、葬儀の際に行われる儀礼の一つである。葬儀の際に死者を囲んで香や経典（コーラン）をまわす儀礼である。また、「讃聖歌」はムハンマドを讃える歌であり、馬豊麗によると死者追悼儀礼の際に歌われる。[22]これら「中国の習俗」が台湾においてはほとんど行われていないのに対して、ミャンマーの故郷においては未だに広く行われていると馬豊麗は述べている。

実際には、台湾における葬儀や死者追悼儀礼においても、いくつかの「中国の習俗」が引き続き行われている。たとえば、特定の日を選んで行われる死者追悼儀礼もその一つといえる。二〇〇六年八月一二日、龍岡モスクの講堂では、馬紹吉の従兄の「帰真（死去）」四〇日目の共食が行われた。中国イスラームの「老教」的伝統では、死後特定の日に死者追悼の儀礼が行われることになっている。「三天（三日目）」、「頭七（七日目）」、「二七（一四日目）」、「三七（二一日目）」、「四十天（四〇日目）」そして「一百天（一〇〇日目）」などに、阿訇が死者のためにコーランを読み、それに対して死者の家族が地域のムスリムに食事をふるまうことになっている。この日も、馬紹吉の従兄の「帰真（死去）」四〇日目を記念して死者追悼の共食が行われた。死者の家族が地域のムスリムに食事を振る舞い、近所のムスリムはモスクまで赴いて食事に呼ばれる。地域のムスリムに食事をふるまうことは善行であり、こうした善行をすることによって、アッラーからの報酬が死者に届くようにするのである。

私は隣に座って一緒に食事をしていた雲南ムスリムの沙立仁に、死者のために教長がコーランを読んだのかどうか聞いた。彼は次のように答えた。

今日はコーランを読んでいない。コーランを読むとしても礼拝の前に読むものだ。そして、礼拝が終わってから、食事がふるまわれる。けれども、こうしたものはアラブ諸国では行っていない。（ミャンマーや台湾では）コーランを読めない人がいるから、阿訇に代わりに読んでもらうのだ。自分で読むことができるのであれば、本当は自分で読むのがよい。われわれ若い世代[23]は、なかにはアラブ諸国に留学して帰ってきている人もいるから、阿訇にコーランを読んでもらうべきでないことを知っている。けれども、年寄り世代のなかには、人が亡くなったのにコーランを読まないとはなにごとか、とおこる人もいる。年寄りがいなくなったら、たぶん状況は変わるだろう[24]。

台湾においても「中国の習俗」のなかには、引き続き行われているものもある。沙立仁は死者追悼儀礼を「中国の習俗」であると認識しており、そうした知識が宗教知識人によってもたらされたものであると述べている。アラブ諸国に留学して帰ってきた若い世代の宗教知識人の存在が、雲南ムスリムのローカルな宗教実践に対して、一定の影響を与えているように思われる。

それでは、「中国の習俗」に対して、雲南ムスリムの宗務者たちはどのように対処しているのだろうか。実際、今日台湾で宗務者として教胞に対面している宗務者はいずれも、葬儀や死者追悼儀礼において行われる様々な宗教実践を、「中国の習俗」と見なしており、「宗教」とは見なしていない。よって、台湾に居住する宗務者は、これらが将来的には排除されるべきものであると考えている。上述の死者追悼儀礼について、ミャンマー出身で雲南ムスリムである、台中モスクの教長閃応堂は、次のように述べている。

これらの習俗はすべて道教から来ているのです。「頭七」や「四十天」などの活動は、すべて道教の習俗をイスラームに当てはめたものです。我々がこうした活動をしてもよいという根拠は、基本的にはコーランにもハディースにもありません。台湾においては、こうした習俗はじきに消滅するだろうと思います。今では（こうした特別の日にではなく）、金曜礼拝の日にモスクに来て、死者を追悼する活動を行う親族がいます。私が彼らに説教をするときには、こうした習俗には何の根拠もないということを説明するようにしています[25]。

こう述べた後で閃応堂は、台湾における宗教実践がミャンマーのそれと異なっており、「中国の習俗」が排除されている原因を、台湾における宗務者が海外に留学した宗教知識人であり、より「正統な」イスラームに接していることにあると述べた。つまり、「ここ十年来、台湾の各モスクの宗務者は基本的に中東に留学した[26]」経験がある宗教知識人であり、彼らのなかにはサウジアラビアで学んだ人もいれば、エジプトのアズハル大学で学んだ人もいる。そして、「彼らが学んだものは基本的に『遵経革俗派』」であるからだというのが彼の理解である。閃応堂自身も、エジプトのアズハル大学においてイスラーム法学を修めた雲南ムスリムである。

このように考察すると、中東イスラーム諸国への留学経験を有する宗務者とイスラーム改革の傾向とは、連動していると考えられていることが分かる。改革主義的なイスラームが、「より正統なイスラーム」であり、中東イスラーム諸国へ留学した経験があるということがそれを担保する。上述の沙立仁は「アラブ諸国に留学して帰ってきた人」の影響を述べているし、閃応堂教長はアラブ諸国への留学帰りの教長が多いことが台湾における宗教実践の変容と関係していると述べている。雲南ムスリムの多くがイスラーム諸国での留学経験を持つ宗務者の存在と、台湾への移住後における宗教実践の変容とを結び付けて語っている。

イスラーム改革主義宗務者の影響を受けて、台湾へと移住した雲南ムスリムの、とくに若年層においても、改革主義的雰囲気が広がっていることが分かった。しかし、宗務者の改革主義的態度によって雲南ムスリムの一般信徒が宗教実践を変革させるだけではなく、逆に雲南ムスリムの間にずれを生じさせることもある。次節では、台湾における「聖紀」祭礼と「姑太節」をめぐる議論について検討したい。

四　祝祭にみるトランスナショナルな社会空間とイスラーム復興

これまで分析したように、台湾の各モスクにおける宗務者の不足を補うために、雲南ムスリムが彼らのトランスナショナルなネットワークを利用して、ミャンマー出身の雲南ムスリム宗務者を台湾へと招聘するよう働きかけていた。そして、その際招聘される宗務者は、「中国性」をできるだけ排した、イスラーム改革主義的な特徴を持った宗務者であった。それが、より「正統なイスラーム知」を有した宗教知識人であると考えられているからである。しかし、より「正統なイスラーム知」を有した宗教知識人の招聘は、一方で雲南ムスリム一般信徒との間に宗教実践をめぐる矛盾を生じさせることもある。宗教実践が移民のトランスナショナルな結びつきを強化するのではなく、逆に弱くしてしまうのだ。本節では、台湾において雲南ムスリムが経験した「聖紀」祭礼と「姑太節」

をめぐる変容に注目し、国境を越える宗務者の移動が移民たちの宗教実践に与える影響を分析する。

(1) 「聖紀」祭礼と「法図麦節」

中国語で「聖紀」と呼ばれる祭礼は、多くのムスリム社会ではマウリドと呼ばれる。マウリドは預言者ムハンマドの生誕日（ヒジュラ暦第三月一二日）を祝う行事であり、一三世紀のスーフィー教団の発展と時を同じくして行われるようになったとされる。祝祭的要素が強く、エジプトにおいてはマウリドが行われるモスク付近に、出店や屋台が軒を連ねる場合もある［大塚　二〇〇〇a］。

ところが、「断食明けの祭り」と「犠牲祭」がコーランとハディースに基づく正式な祭礼であるのに対して、マウリドの開催にはイスラーム法上の根拠がなく、急進的なイスラーム主義的傾向のある地域においては、排斥されたり賑やかに行われなくなったりしている。たとえば、ワッハーブ主義が国の中心的教義となっているサウジアラビアにおいては、マウリドの際、「モスクでの説教などの行事はあるが、広範な民衆を巻き込んだ祝祭的催しは行われていない。これらは『悪しきビドア』として、徹底的に否定されている」［大塚　二〇〇四：四二］。また、ワッハーブ主義に限らず、イスラーム復興的傾向を持つムスリムのなかには、マウリドの開催をよしとしない人もいる[27]。

中国回族社会では、「聖紀」祭礼は、「開斎節（断食明けの祭り）」、「忠孝節（犠牲祭）」と並ぶ三大祭礼の一つとされ、中国各地の回族コミュニティで祝われている。中国回族社会においては、ヒジュラ暦第三月一二日はムハンマドの生誕日であると同時に逝去日でもあり、「聖忌」と記述される場合もある。「聖紀」祭礼は清真寺（モスク）を中心に行事が行われ、阿訇がムハンマドの言行に関する物語を話したり、寄宿学生らによるコーランの読誦が行われたりする［何克倹・楊方宝編　二〇〇三：一二〇］。開催日時は必ずしもヒジュラ暦第三月一二日である必要はなく、この日の前後一ヶ月ほどの時間をかけて、コミュニティごとに開催日をずらし、相互訪問できるようにすることもある。

さらに、中国の回族コミュニティにおいては、「法図麦節[28]」と呼ばれる宗教行事が行われることもある。「法図麦」とはムハンマドの娘のファーティマを指しており、彼女を記念して回族女性がこの日に行事を行うとされている。この日には、阿訇がコーランを読誦し、ファーティマについての話をしたりする〔何克倹・楊方宝編　二〇〇三：三九〕。「法図麦節」は地域によっては「姑太節」とも呼ばれており、本論が対象としている雲南ムスリムの間でも、姑太節と呼ばれている。

ところで、サウジアラビアのワッハーブ主義同様、聖紀祭礼と姑太節は、改革主義的なイスラームを推進する中国回族の宗教知識人たちによって、排斥の対象とされてきた。先述のイフワーニ派がその中心であり、台北新生モスクの初代教長である王静齋も、「マウルードのごとき聖者崇拝的な行事は邪道」と見なし、「ファーティマ聖忌も聖者崇拝的な習俗であり、中国イスラムに特徴的な行事で、これも正統なものではない」〔佐口　一九六九：三八〕と考えていた。

これまで述べてきたことからも分かるとおり、台湾の雲南ムスリム宗務者は宗教実践から「習俗」を取り除いて、「正統な宗教」を回復しようとするイスラーム復興的思想を有している。聖紀祭礼と姑太節の開催についても、「中国の習俗」として排斥するのではないかと考えられる。以下に見るように、一九八〇年代にミャンマーやタイから大量の雲南ムスリムが台湾へと移住してくる以前から、台湾回民の間では聖紀と姑太節をめぐって、様々な議論がなされてきた。本節ではまず、雲南ムスリムが大量に渡台する以前の台湾において、どのような議論がなされていたのかを、ピルズベリーの博士論文と『中国回教』、それにインタビューなどを利用して検討する。そうした移住先地域（台湾）における宗教的環境を踏まえて、ミャンマーとタイから台湾へと移住してきた宗務者や一般信徒が、聖紀祭礼と姑太節をめぐってどのような議論をしているのかを検討したい。

(2) 台湾回民社会における「聖紀」祭礼と「姑太節」をめぐる議論

台湾において聖紀祭礼と姑太節は、常に論争の的であった。姑太節が台湾において行われていたという形跡は全くなく、聖紀祭礼についても「イスラーム法に違反しない慣習」として維持するべきなのか、それともビドア(異端)として排斥するべきなのかをめぐって、しばしば議論がなされていた。ここでは台北新生モスクを台湾におけるモスクの代表として、台湾回民と聖紀祭礼との関係を探ってみたい。

台湾の回民社会においては、開斎節や忠孝節が毎年行われているのに対して、聖紀祭礼は必ずしも毎年行われていたわけではない。一九五一年生まれの外省人ムスリム沈元吉は、彼が子供の頃には、聖紀祭礼を行っていなかったと述べている。また、台北新生モスクの梁真光元董事長(一九二八年生)によれば、聖紀祭礼は教長の宗教的背景によって行ったり行われなかったりしていた。中国回教協会の機関紙『中国回教』を見ても、一九七六年に初めて聖紀祭礼を行ったという記述が現れる以前は、聖紀祭礼についての記述は皆無である。[29]

ピルズベリーも彼女の博士論文のなかで、彼女がフィールドワークを行っていた一九七〇年ごろに、聖紀祭礼の開催をめぐって台北新生モスクと台北文化モスクのあいだで論争があったことを記述している。ピルズベリーによると、一九七〇年当時、台北にある二つのモスクのうち、台北文化モスクでは聖紀祭礼が行われていたのに対して、台北新生モスクにおいては聖紀祭礼が行われていなかった。ピルズベリーはそれぞれのモスクの立場を、インタビューの内容を提示しながら紹介している。台北文化モスクでは、聖紀祭礼は人々が集まる機会を作っているだけであり、イスラーム法上も問題のあるものではないと述べていた。それに対して台北新生モスクの教長は、「こうした聖誕祭は漢人が聖人(saint)を祝うのによく似ており、ムスリムがムハンマドを聖人として崇拝していると誤解されかねない」［Pillsbury 1973: 179］と説明している。さらに台北新生モスクの董事長の発言を引いて、「台北文化モスクの教長が、三〇パーセントゲディムだからだ」とも述べている。台北新生モスクが「新教」すなわちイフワーニ派（イスラーム改革主義）的宗教実践を行っているのに対して、台北文化モスクは十分にイスラーム改革主義的ではないからだと説明している。

先述のように、台湾回民の宗教実践は、基本的に「新教（イフワーニ派）」の宗教実践によって行われてきた。サウジアラビアのワッハーブ主義の影響を強く受けたイフワーニ派は、ムハンマドの個人崇拝につながるとの理由で聖紀祭礼を行わない［佐口　一九六九：三八、勉維林　一九九七］。とくにピルズベリーが台北で調査を行っていた一九七〇年頃には、サウジアラビアで教育を受けた馬吉祥が教長職を勤めており、聖紀祭礼は行われていなかったようである。

ところが、ピルズベリーの調査が終了した四年後の一九七六年には、台北新生モスクで初めて聖紀祭礼が行われたという記事が、『中国回教』に載せられている。一九七四年から教長が定中明に代わり、聖紀祭礼が行われるようになったのだ。ただし、姑太節は教長が代わってからも行われていない。聖紀祭礼が台北新生モスクで初めて行われてから三年後の一九七九年には、定中明が次のような発言をしたことが『中国回教』に記載されている。

以前、私たちは大陸で毎年聖女「法統黙（ファーティマ）」を記念する祭りを行ってきました。……それは（法統黙節が中国で行われるようになったのは）元朝の時代に、大量の色目人が中国に居住するようになりましたが、そのほとんどがペルシアから来た人々だったからです。ペルシアはイスラーム教のシーア派と関係があり、アリーを擁護しています。そして、アリーの夫人ファーティマは聖女ですので、シーア派ではファーティマを特に尊重します。よって、「ファーティマ」の記念日ができたわけです。……この過去の誤りを正すため、

「ファーティマ」の記念日を「聖眷（預言者の家族）」の記念日[30]へと拡大しましょう。よって、その中にはもちろん「ファーティマ」自身も含まれます。こうすることで、史実も反映することができるし、合理的で、公平でもあります」［作者不詳 一九七九］。

また、翌年一九八〇年の『中国回教』には、「ファーティマ節」について次のように記述されている。「以前大陸においては、ムスリム女性同胞が毎年『法統默（ファーティマ）』を記念する会を行っていた。しかし、これは明らかにシーア派の遺風である」［定 一九八〇：三〇］として、「ファーティマ節」の挙行を批判している。すなわち、中国大陸で行われてきたファーティマ節をシーア派的な習俗と見做し、スンナ派の台湾ムスリムが行うには適さない祭礼として排除している。一方で、聖紀祭礼については排斥していない。

それでは、今日の台北新生モスクにおいてはどうであろうか。二〇〇一年の時点では、台北新生モスクにおいては、聖紀祭礼はやはり行われていた。ただし、祝祭のような雰囲気ではなく、講演会や説教を中心としたものであった。筆者は台北に滞在中、二〇〇〇年六月及び二〇〇一年六月の二回、台北新生モスクの聖紀祭礼に参加した。二〇〇一年六月の聖紀は午前一〇時から始まった。筆者がモスクに到着した時には、中国回教協会の丁迺斯董事長（当時）が企業の経営戦略に関する講演を講堂で行っていた。丁迺斯董事長の講演が終了すると教長たちの説教が行われた。説教の内容はムハンマドの事跡に関するものであった。一二時過ぎに説教が終了し、昼の礼拝（ズール）が行われた。昼の礼拝が行われる時間帯も形式も、普段どおりであった。聖紀祭礼は日曜日に行われていたにも関わらず、参加者は普段の金曜礼拝の日よりも少ない。礼拝が終了すると講堂に戻り、各自友人や家族と食事を取った。食事が済むと、各自三々五々席を立ち、家路についた。この日の聖紀は、基本的にこれで終了である。要するに、たいした行事は何も行われなかったし、祝祭的な雰囲気も全くないものであった。

(3)　ミャンマーにおける「聖紀」祭礼と「姑太節」

それでは、雲南ムスリムの移住元地域であるミャンマーやタイにおいては、聖紀祭礼と姑太節はどのように行われているのか。これらの地域の雲南ムスリムのコミュニティにおいては、聖紀祭礼と姑太節は極めて盛大に行われている[31]。それはイスラームの二大祭である「断食明けの祭り」や「犠牲祭」よりも、さらに賑やかで盛大なものとなる。たとえば、マンダレーにある雲南ムスリムのモスクの事務室の壁には、毎年の聖紀祭礼と姑太節の際に撮影されたマンダレーモスク董事会の集合写真がずらりと掛けてある。また、ピンウールィンにある「真光阿文語学校」で教えるイマームは、聖紀祭礼と姑太節が「断食明けの祭り」と「犠牲祭」以上に賑やかなものであることを認めている。聖紀祭礼と姑太節が近づくと、各モスクは招待状を作成して、各モスクの董事会が管轄する地域だけではなく、広く別の地域にも送付する。聖紀祭礼と姑太節の当日には、各地から雲南ムスリムが集合し大変賑やかな祝祭となる。

ミャンマーやタイにおける聖紀祭礼と姑太節の開催は、各地に分散して居住している雲南ムスリムを結びつける役割を果たしている。姚継徳はタイの雲南ムスリムについて記述した論文において、タイ北部における各雲南ムスリムコミュニティを結ぶ付ける機能を有したものとして聖紀祭礼を分析している。

「(中国)国内の雲南地域における回族社会と同様に、タイ北部地域の一三のチンホー・ムスリムの村落やコミュニティは、毎年すでに民族化した宗教的祝祭、すなわち聖紀節を盛大に行う。毎年聖紀節が近づくと、南はチェンマイ市のバンホー街やサンパーコイ、中部はファン県……、北部はメーサロン……など一三のチンホー・ムスリム[32]のコミュニティの董事会が、事前に相互に連絡を取り合い、時間を調整して、それぞれ開催日時を違えるように一括して決定する。相互に開催日時が異なるため、各コミュニティは残りの一二のコミュニティのムスリム全員に招待状を送る。それぞれのコミュニティは代表者を送ったり、個人的に参加したりする。……聖紀節を祝う活動は、タイ北部のチンホー・ムスリム社会においては、エスニック・グループ内部の連絡機能を発揮しており、エスニック・グループの凝集力とアイデンティティを強化する制度化されたシステムとなっている」［姚継徳　二〇〇五：四一四］。

姚からの引用において、聖紀祭礼が「民族化」していると述べられていることは重要である。聖紀祭礼はタイのムスリム社会において、エスニックなバウンダリーを越えたムスリムの結びつきを強化するのではなく、雲南ムスリム相互のネットワークを再確認し再構築するのだ。タイ北部に居住しているパキスタン系ムスリムのパターン人について書かれた村上忠良の論考においても、タイに住む雲南ムスリムが聖紀祭礼の際に、各モスクで日程を調整して相互にモスクを訪問しあっていることを報告している。しかも、村上によれば、聖紀祭礼の際の雲南ムスリムの相互訪問はタイ国内に限定されず、ミャンマー側の雲南ムスリムがタイの雲南ムスリムのモスクで行われる聖紀祭礼に参加したり、逆にタイ側の雲南ムスリムがビルマで行われる聖紀祭礼に参加したりしている[33]［村上　二〇〇〇：二三八］。

聖紀祭礼はタイやミャンマーにおいて「中国性」を有した活動として位置づけられていることが分かる（ミャンマーやタイには、中国系ムスリムは雲南ムスリムしかいない）。同様に姑太節も「中国性」と結び付けられる。ミャンマーのピンウールィンでモスクのイマームにインタビューを行った際、彼は姑太節について「中国回教の特色である」と答えている[34]。しかも、ミャンマーやタイにおいては、「中国性」をともなった聖紀祭礼や姑太節が、イスラームの二大祭礼である「開斎節」や「忠孝節」以上に盛大に行われるのである。こうした状況は、台湾における聖紀祭礼や姑太節の開催のかたちとはかなり異なっている。

盛大で祝祭的な聖紀祭礼と姑太節を行う、ミャンマーやタイの雲南ムスリムたちは、台湾に移住後これらの宗教行事をどのように執り行っているのであろうか。

(4)　龍岡モスクにおける聖紀祭礼と雲南ムスリム

現在台湾においては、いずれのモスクおいても姑太節は行われていない。いずれのモスクにおいても姑太節は「非イスラーム」的なものと見なされており、開催されることはない。それに対して、聖紀祭礼の開催については、複数の解釈がある。台北新生モスクで今日行われている聖紀祭礼の現状と、歴史的にどのような議論があったのかについてはすでに論じた。本節では、雲南ムスリムの台湾移住後の聖紀祭礼をどのように扱っているかについて、龍岡モスクの事例を参考にしながら考えてみたい。

台北新生モスクにおいて聖紀祭礼が行われたという記事が一九七六年まで現れないのに対して、龍岡モスクにおいてはそれより少し早くに、『中国回教』に聖紀祭礼が開催されていたことを示す記事が掲載されている。

写真13　台湾龍岡モスクで行われた「聖紀」の日に、他地域から参加する雲南ムスリムを歓迎している様子

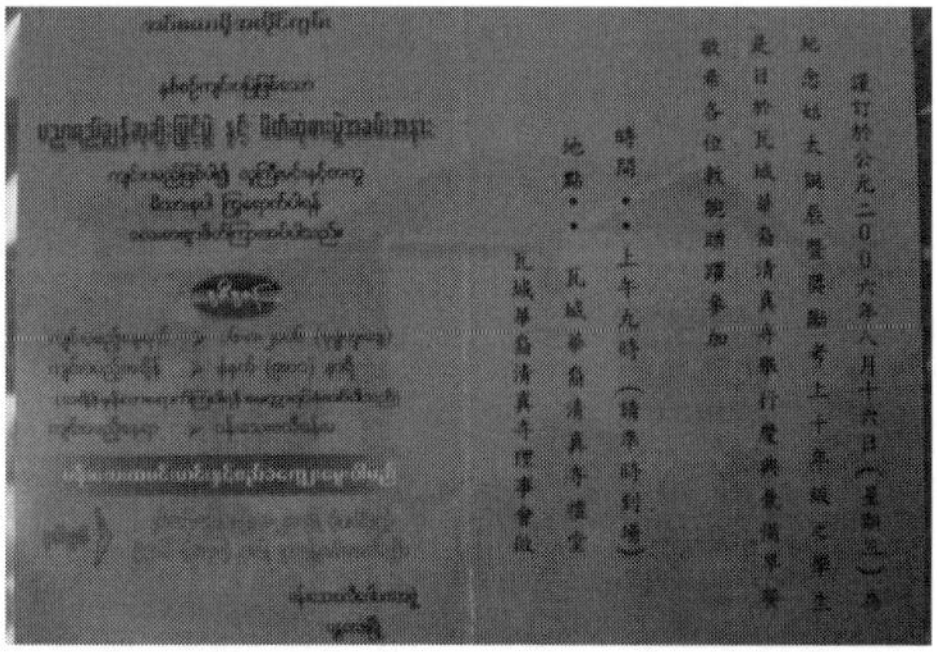

謹訂於公元二〇〇六年八月十六日（星期三）為
紀念姑太誕辰暨獎勵考上十年級之學生
是日於瓦城華裔清真寺舉行慶典敬備午餐
敬希各位教胞踴躍參加
時間：上午九時（請準時到場）
地點：瓦城華裔清真寺禮堂
瓦城華裔清真寺理事會啟

写真14　ミャンマー・マンダレーモスクで行われた姑太節の招待状

一九七七年には、ミャンマーからの雲南ムスリム移民である明富中が、龍岡モスクで行われた聖紀祭礼に参加した感想を記事にしている。一九七七年の龍岡モスクにおける聖紀祭礼の日、明富中らは大型バスを一台借り切って、龍岡モスクで行われた聖紀祭礼に参加した。台北に居住していた明富中は記事の中で、そのときの様子を次のように記述している。まず、龍岡モスクへと向かうバス内での様子を指して、「この情景を見ると、以前海外(明氏の故郷であるミャンマー)で聖紀を行った際の盛況を思い出す」と記述している。また、龍岡モスクに到着した時に受けた印象は、「この盛況を見ると、…まるで海外の居留地―ミャンマー―に戻ってきたような気持ちになる」ようなものであった[明富中　一九七七：三七]。

今日龍岡モスクで行われている聖紀祭礼は、台北新生モスクよりも賑やかに行われている。私は二〇〇〇年七月九日に龍岡モスクで開催された聖紀祭礼に参加した。この日龍岡モスクで行われた聖紀祭礼では、約四〇〇人の参加者がいたとされた。教長の説教や礼拝は、台北新生モスクでおこなわれたものと全く同じであった。ただし、礼拝終了後の共食行事においては、中庭にテントを張って、講堂からあぶれた人々を収容していた。また、ここ数年は「招待状」や案内のビラを作成して、中永和地区に居住する雲南ムスリムに送付し、龍岡モスクの聖紀祭礼への参加を呼びかけているようである。さらに、二〇〇五年に龍岡モスクで聖紀祭礼を行ったときの写真(写真13)を見ると、龍岡地区に居住する人が龍岡モスクの門の前に並び、中永和地区からの来客を賑やかに迎える様子が写されていた。現在龍岡モスクの董事長を勤める馬清華は、台湾における聖紀祭礼について次のように述べる[35]。

中永和地区のムスリムは、私たち龍岡モスクに属しているわけではありません。しかし、お祝い事や記念日などの際には、『邀請函(招待状)』を作成して彼らに送付しています。というのも、私たちの親戚や同郷のもの多くは、あちらに住んでいるからです。台北新生モスクが聖紀祭礼をしないので、[36]『邀請函』を彼らに送って、一緒にこの祭礼を祝おうと思うわけです。……台北新生モスクは聖紀を行ってはいけないと言いますが、実際には多くの国で行われているものです。

招待状を送付し、遠方の教胞を招待し、賑やかに聖紀祭礼を祝すやり方は、まさにミャンマーやタイで行われている聖紀祭礼そのものである。その際、招待をする主なターゲットは、中永和地区に居住している親戚や同郷のもので、同じくミャンマーやタイから台湾へと移住してきた雲南ムスリムである。龍岡モスクで行われている聖紀祭礼は、タイ・チェンマイの雲南ムスリムを研究した先述の姚継徳からの引用にあるとおり、雲南ムスリム同士の凝集力とアイデンティティを強化するために行われているのだ。

ところが、聖紀祭礼の開催はすべての雲南ムスリムによって支持されているわけではない。雲南ムスリム宗務者や比較的若い雲南ムスリムらは、聖紀祭礼の開催には批判的である。本章の冒頭で上げた馬善栄の発言は、それを示している。冒頭に挙げた会話においては、私が調査の趣旨を説明するために、聖紀祭礼と姑太節について、彼らの移住元地域であるミャンマーやタイで行われていたようなものと、移住先地域である台湾において行われているものとが異なっていることを事例として提示した。馬善栄は、聖紀祭礼と姑太節がローカルな「習俗」であることが、台湾におけるこれら二つの祭礼が縮小あるいは消滅していることの要因であると説明した。特定の要素を「非イスラーム的」と判断し、宗教実践から排除することによって「正統なイスラーム」を確立しようとする、イスラーム復興的認識を垣間見ることができる。

しかし、龍岡モスクにおいては、実際には聖紀祭礼は行われている。しかも、かなり賑やかに行われているのだ。冒頭の会話をした数日後、馬善栄は自分なりに考えてみたと言いながら、再び聖紀祭礼について私に説明をした。

本当は、モスクのなかでは、教長の地位が一番高くなくてはいけないのだけれども、ここでは董事長の地位の方が高いのだ。だから、董事長が何かをすると言えば、そのまま彼らの言うことを聞かなくてはいけない。馬統学教長も『聖紀』というものがコーランにもハディースにも書かれていないことは知っている。だから、名前を『聖人記念集会』に変更して、行っているのだ。私は聖紀には参加しない。[37]

特定の人物の誕生や死を、特定の記念日として祝することが問題なのだ。名称を変更して祝祭的要素を取り払い、ムハンマドの言行に学ぶ集会にしてしまえば、改革主義的イスラームに抵触することもなく、聖紀祭礼を尊ぶコミュニティの伝統にも従うことができる。教長を雇用する立場にある董事会が宗教実践にコミットする場合にも、イスラーム復興主義的考え方を持つ教長は、従来行われている宗教実践に微細な調整を加えて実践することで、「遵経革俗」に従っている。もちろん、聖紀祭礼の開催に反対しているのは教長だけではない。先述の馬応超も聖紀祭礼の開催には反対で、実際に聖紀祭礼には参加していない。また、龍岡モスクの総幹事である馬興龍は、聖紀祭礼は「中国人の祭礼」であり、開催する必要のないものであると述べた。

おわりに——トランスナショナルな社会空間におけるイスラームと「習俗」

本章では、移住によってもたらされたトランスナショナルな社会空間と、台湾というローカルな社会空間とのインターフェイスにおいて、宗教実践の変容がどのように生じているのかを議論した。一九九〇年代以降ミャンマーやタイから台湾へと招聘された雲南ムスリムの宗務者は、雲南ムスリムのトランスナショナルなネットワークをとおして紹介されている。宗務者を雇用する側の各モスクの董事会は、中東イスラーム諸国に留学した経験を持つ、改革主義的イスラーム思想をもった宗教知識人を招聘していた。こうした特徴は、台湾各モスクの董事長を含むムスリム指導者層が推進してきた、改革主義的イスラームの流れに合致している。

こうした特徴を持つ宗務者の招聘によって、改革主義的な宗教知の流入をもたらし、台湾に移住した雲南ムスリムも従来の宗教実践から「習俗」を排除することによって、「正統なイスラーム」を再興しようとする改革主義的イスラーム観を共有するようになった。こうした宗教知のトランスナショナルな流動は、社会的送金（social remittance）としての側面を有しているといえる［Levitt 1998］。

しかしここで強調されねばならないのは、雲南ムスリムのトランスナショナルな社会空間を媒介して伝えられる宗教知が、雲南ムスリムのトランスナショナルな結びつきを強化するのではなく、逆に宗教実践に対する認識のずれを明らかにすることもあるという点である。雲南ムスリムも常に「正統なイスラーム」を求めて、従来の宗教実践を反省し、そこから「習俗」を排除して「宗教」を純化していこうとする。しかし、そうした「純化」の作用は、従来ミャンマーやタイにおいて、コミュニティごとに分散する雲南ムスリムを相互に結びつけることに貢献していた聖紀祭礼や姑太節などの祭礼についても、「中国の習俗」であるとして排除することを迫る。雲南ムスリムの台湾移住をめぐるトランスナショナルな社会空間とローカルな社会空間とのインターフェイスにおいては、台湾に既存のイスラーム観念、雲南ムスリム宗務者と彼らの支持者、そして雲南ムスリムの宗教実践をある程度守ろうとする人々の間の相互作用を見ることができるのである。

本章で検討した、トランスナショナルな社会空間におけるイスラームと「習俗」をめぐる交渉は、現在世界中の移民ムスリム・コミュニティで進行している状況と問題構成を同じくしている。ヨーロッパやアメリカへと移住したパキスタン人ムスリムやモロッコ人ムスリムなどが、出身地域の宗教実践とは異なる宗教実践を目にすることによって、移住先地域においてイスラームに対する態度のずれを生じされる現象がしばしば見られる［cf. Mandaville 2001］。ディアスポラ状況を生きるムスリムを理論化する際には、トランスナショナルな社会空間を通すことによって生じる宗教アイデンティティの「ずれ」にも、十分に目を配る必要があるのではないか。複数の国家に跨って広がるトランスナショナルな社会空間を無批判に受け入れるべきではないであろう。

注

（1）中国の回族社会においても、宗務者は制度上清真寺運営組織の合議により決定され招聘される。歴史的には、清真寺を中心とする地域コミュニティ（教坊）の構成員の誰かが、教長として適当であると思われる宗教知識人を推薦し、コミュニティの世俗的指導者（郷老や老人家などと呼ばれる）が、郷老会議で合議決定した上で招聘する。多くの場合、教長は当該地域社会と地縁的に関係のない人物が選出されることが多い。また、教長は数年在任すると当該清真寺を離れ、別の清真寺に着任することが多く、教長は一つの清真寺に留まらずつねに流動している。

（2）イスラーム学校で一定の学問を修めたイスラム宗教知識人のこと。

（3）予算の関係、立地条件の関係、そして雲南ムスリム内部の人間関係の問題によって、現在のところ頓挫している。中永和地区から台北新生モスクまでは距離が近く、中永和地区に礼拝施設を建設する必要はないということも、設立が進んでいない理由の一つである。

（4）経堂教育とは、中国のモスク（清真寺）で伝統的に行われてきた、イスラーム諸学に関する教育を指す。イスラーム世界の教育施設「マドラサ」と中国の私塾における教育方式をモデルとして陝西で始まったとされる。

（5）中国回族の伝統的な経堂教育においては、卒業は「穿衣掛帳」と呼ばれる。経堂教育とは、各清真寺（モスク）の教長（阿訇）が学生を集め、清真寺内で行うアラビア語およびイスラーム教育である。教師は各清真寺の教長が勤め、学生は普通寄宿生活をする。何年にもわたる学習が終了し、品格と能力を十分に備えていることを教長が認めると、清真寺では「穿衣掛帳」と呼ばれる卒業の儀式が行われる。この儀式においては、地域コミュニティ（教坊）の回族たちが、卒業生に緑色のガウンを贈呈する。卒業生たちは、贈呈された緑のガウンを着て、白いターバンを頭に巻く。よって「穿衣（服を着る）」と呼ばれる。卒業生たちは、この日以降自分の学生を取る資格を得る。ビルマの雲南ムスリム系のアラビア語学校においても、同様に「穿衣」と呼ばれる卒業式典が行われている。

(6)　敬真学校は、チェンマイ・サンパコイ地区にある敬真モスクに併設された寄宿生のイスラーム学校である。設立の経緯等については、第四章注（6）を参照されたい。

(7)　筆者は二〇〇五年八月に、真光阿文学校を訪問した。タンヤンやタウンジー、マンダレーから四〇人ほどの学生が来て、アラビア語を学んでいる。当時の教員は四人で、すべて雲南ムスリムであった。

(8)　台湾におけるイスラームの発揚を目的にして作られた団体である。出版や教育などを中心に活動が続けられていたが、中心人物が死去した後活動が停止している［賈福康　二〇〇五：三一―三三］。

(9)　モスクや礼拝所において集団で礼拝を行う際に、礼拝者の列の先頭に立って礼拝を先導する人のことを指す。「イマーム」という言葉にはいくつかの用法があり、「集団礼拝を先導することを仕事とする人」もその一つである。私がタイ・チェンマイの敬真モスクで調査を行った際には、「イマーム」はこの意味で用いられており、モスクの宗教的指導者ではなく、礼拝を先導するだけの役割を果たす。

(10)　二〇〇三年一二月一二日に馬応超の家の近くの喫茶店で行ったインタビューによる。

(11)　近年ではかなり厳しくなってきているものの、台湾への入国後に中華民国（台湾）の国籍を取得することは可能である。宗務者の多くは中華民国（台湾）国籍を有した親戚が台湾に居住しているし、台湾人との結婚などをとおして中華民国国籍を取得することも可能である。現在台湾の各モスクに勤務する宗務者の何人かは、すでに中華民国（台湾）国籍を取得済みである。

(12)　五〇年間におよぶ日本の植民地統治を経て、台湾には各地に日本式の家屋が建設されていた。日本の敗戦後、中国大陸から台湾へと移住してきたいわゆる外省人の多くは、日本人が引き上げた後の日本式家屋に居住したものも多い。一九四五年に台湾へと移住してきた回民も、そうした日本式家屋を利用して、礼拝施設としていた。麗水街の日本式家屋の礼拝施設は、その後台北新生モスクとして引き継がれていく。

(13)　エジプト滞在中に、イスラーム改革思想の影響を受けている。帰国後は「経典を遵守し、中国的な風習を改める」ことを主張した「遵経革俗」思想を推し進め、サウジアラビアのワッハービズムの影響を強く受けているといわれるイフワーニ派の活動に身を投じて、中国におけるイスラームの改革に努めた。王静齋や後述の成達師範学校などのイスラーム改革主義的性格については、佐口透が詳細に分析している［佐口　一九六九］。

(14)　近代的教育システムを備えたイスラーム学校とは、次のようなシステムを備えたものである。つまり、経堂教育における教育システムでは、アラビア語（およびペルシア語）の教育のみに重点が置かれていたのに対して、近代的教育システムでは、アラビア語（およびペルシア語）以外にも、中国語や英語、数学や物理などの世俗的な科目が教えられていた。たとえば成ば成達師範学校においては、次のような科目が教授されていた。すなわち、一、普通科目：国文（中国語）、数学、歴史、地理、理科、二、宗教科目：『コーラン』、ハディース、認主学、シャリーア（イスラーム法学）、アラビア語、イスラーム史、ムハンマド史、三、教育科目：教育概論、心理学、教授法、教育行政、教育史、倫理学、四、社会科目：（国民党）党義、公民、経済などである［傅統先 一九九六（一九三七）：二一七］。よって、教員も阿訇一人が個人的な教育を行うのではなく、複数の教員がそれぞれの科目を担当して教育を行うような制度が整えられていった。こうしたイスラーム教育制度の改革は、中国のナショナリズムの運動と密接に結びついていたと同時に、中国社会の近代化を阻む各種の中国的「陋習」を排除しようとする運動につながっている［松本 二〇〇三］。

(15) 二〇〇六年八月一三日、龍岡清真寺の中庭にて行ったインタビューによる。

(16) ゲディムはアラビア語で「古い」「伝統的な」を意味する qadīm に由来する回族の教派名称の一つである。ただし、特定の教義を持った集団を意味するのではなく、スーフィー諸派やイフワーニ派などの教派による宗教実践に従わず、中国的イスラーム伝統を「老教」もしくは「ゲディム派」と呼んだものである。中国回族の教派のなかでは、人口が最も多い。

(17) 成達師範学校のイスラーム改革主義的性格については、佐口の文献［佐口 一九六九］が詳しい。

(18) サウジアラビアのワッハービズムの思想を、ワッハービズムの影響を受けた中国の「新教」（イフワーニ派）では、しばしば、「遵経革俗」と呼んでいる。劉光武教長が、中国大陸のイフワーニ思想の影響を直接受けているとは考えにくい。ただ、現在の台湾ムスリムの間でも、「遵経革俗」という言い回しはしばしば耳にする。

(19) 二〇〇五年八月一一日、高雄モスクにおけるインタビュー。

(20) 「卡凡布」とも呼ばれる。

(21) 中国大陸では「転香」や「転経」と言われることが多いようである。台湾では「伝香」や「伝経」と呼ぶことのほうが多いように思われる。

(22) 河南省の回族を調査したアレスは、「遺体を準備するときに、老教が讃聖歌を歌う」［Allès 2000: 202］と書いている。一方、彼女の調査地におけるイフワーニ派は、讃聖歌を歌わないと記されている。

(23) 沙立仁はこの時四七歳であった。

(24) 二〇〇六年八月一二日、龍岡モスクの行動における会話による。

(25) 二〇〇五年八月一〇日に台中モスクで行ったインタビューによる。

(26) 後述のように、中東イスラーム諸国に留学した経験があるのは、この一〇年来に台湾で教長職を務めた人物だけではない。

(27) 大塚は宗教活動に熱心なエジプト人英語教師が、マウリドの開催についての次のような発言を記している。「自分はそのような祭りを好まない。マウリドはシーア派のファーティマ朝時代からエジプトで盛んになったものであり、その意味で純粋なスンナ派的行事ではない」［大塚　一九九六：六七］。

(28)「法蒂瑪節」「法統黙節」と書かれることもある。

(29)ただし、私の手元にあるのは一九六九年以降の『中国回教』である。それ以前のものは入手していない。また、台北新生モスク以外のモスクでは、一九七六年以前にも聖紀祭礼が行われたという記事をいくつか目にすることができる。

(30)「聖眷（預言者ムハンマドの家族）の記念日」がどのようなものであったのかはよく分からない。ファーティマ節を行いたいと考えている人々と、ファーティマ節はビドアであると考えている人との両者が納得できるように、こうした記念日を一時的に生み出しただけのようである。今日では「聖眷（預言者ムハンマドの家族）の記念日」は行われていない。

(31)ただし、私がチェンマイに行った際、聖紀祭礼は開催する必要がないという声を聞いたことがある。おそらくは聖紀祭礼をビドアであるとする声は、まだ大きくはないが、今後何らかの変化が生じる可能性もある。

(32)タイ北部においては、雲南ムスリムはチンホーと呼ばれていた。近年は雲南ムスリムだけではなく、雲南省からタイに移住した漢人、さらには難民としてタイ北部に移住した国民党軍の残党部隊などを指す言葉として使われている。また、彼らはミャンマーにおいてはパンデーと呼ばれている。詳しくは第二章を参照のこと。

(33)同時に村上は、彼の調査した北タイ・チェンライのマウリドについて、パターン人が二大祭に比べてさほど重視していないと述べている。現地のパターン人によれば、「雲南華人ムスリムやマレー人はマウリドを好んで盛大に行うが、われわれはそれほど興味がない。……イスラームの教えからするとマウリドはあまり重要ではない」［村上　二〇〇〇：三三六］。

(34)二〇〇五年八月二五日にビルマのピンウールィンで行ったインタビューによる。

(35)二〇〇六年八月二一日に龍岡清真寺の事務室で行ったインタビューによる。

(36)馬精華董事長は、台北新生モスクは二〇〇五年に聖紀祭礼を行っていないと述べているが、未確認である。ただし、二〇〇五年以降台北新生モスクの教長が代わり、サウジアラビアで学位を取得した宗教知識人が就任したことから、聖紀祭礼が再び行われなくなった可能性は大きい。

(37)二〇〇六年八月一三日に龍岡モスクの中庭で行ったインタビューによる。

終章——ディアスポラ論の刷新のために

彼は、移民が生存のために行う活動を祝福する大いなる儀礼執行者であり、文化的記憶の記号（sign）と政治的行為（agency）の場（sites）とを多様な技法を用いて刻印しながら、偶発的かつ選択的に形成される異種混淆的な文化空間を創出するのだ［Bhabha 1994: 7］。

ディアスポラとは離散の記憶と集合の経験の繋ぎ合わせである。これが、ブルーベーカーの議論を導きの糸としながら、本書が議論しようとしてきたテーマである。国境を越えて離散する雲南ムスリムは、トランスナショナルなネットワークを結び、越境的空間を維持しながらも、移住先の地域において政治的、社会的相互交渉をとおして、文化的な記憶を繋ぎ合わせることで新たな文化的空間を創出してきた。離散と集合の記憶を繋ぎ合わせ、様々な政治的、社会的場面に即しながら、新たな文化装置を創出し、その文化装置に自らをゆだねてきた。直面する場面に即して、生み出される文化的装置、自らを解釈し、意味づけるためのイディオムの創出を通して離散と集合に意味を与えることこそが、ディアスポラの生のありかたである。本書を閉じるにあたって、今一度ディアスポラ論の理論的文脈に立ち返り、本書が紡ぎだすディアスポラの生のありかたを議論したい。まずは、第一章で論じたディアスポラ論のアポリアについて、もう一度整理しておこう。

一　ディアスポラ論におけるアポリア再考

第一章において、今日のディアスポラ論が抱える理論的アポリアについて触れた。「華人」のディアスポラについて議論したアングは、ディアスポラ概念によって想像の共同体としての国民国家観を相対化し、ディアスポラが国民国家の境界を越えて共同性を想像する可能性を指摘しながらも、それが結局は明確に境界づけられた共同性を生来するものであるとして、次のように批判する。「ディアスポラのトランスナショナリズムは、領域上の境界が明確化され、その内部においては単一化する視点を有する国民国家に対する暗示的批判として取り上げられる。しかし、ディアスポラの限界は、理論的に『他者』から区別する境界の明確化にあり、そのことによって必然的にもたらされる内部的な一貫性と統一性を強調する傾向にある。究極的に、ディアスポラとは離散の中における同一化(sameness-in-dispersal)であり、差異の中における連帯(togetherness-in-difference)ではないのだ」[Ang 2001: 13]。ディアスポラは、「地球規模で離散する『人々』、たとえば『華人』について、国民国家の越境が見られる。しかしそれと矛盾するように、この越境は、ディアスポラ、つまり『中国人』自身の境界を描くことを通して初めて達成されるのだ(1)」[Ang 2001: 16]。国民国家を相対化したディアスポラ観は、ディアスポラ内部の画一化と単一化を伴う。

これまでのディアスポラ概念がディアスポラ集団内部の画一性を必然的に生来してしまっていたことを踏まえて、アングは国境を越えた同一性を志向するこうしたディアスポラ観を放棄する。そして、ディアスポラ概念に代えて、離散に生きる人々を理解するためのキーコンセプトとして「異種混淆性」概念を導入しようとする。「異種混淆性とは、こうした境界を無効にしてしまうものでないとしても、そうした境界に立ち向かい、問題化する概念である。概念として異種混淆性は、フロンティア、境界、コンタクトゾーンの空間に属している。そうであるので、異種混淆性は境界をぼやかすこと、あるいは少なくとも問題化することを意味しており、その結果アイデンティティは不安定化することになる」[Ang 2001: 16]。アングがディアスポラ概念に代えて導入しようとする異種混淆性概念は、ホールやチョウらのいわゆる「ディアスポラ知識人」がディアスポラを特徴づける際にしばしば用いる概念であり、もう一つのディアスポラ観と理解してよい。戴エイカらが使用する「批判的ディアスポラ」概念についても、この文脈で理解できるであろう。

つまり、ディアスポラ概念は、アングが批判するように、トランスナショナルな「想像の共同体」として単一的で均質な概念として認識されてきたと同時に、ホールやチョウが肯定するような異種混淆性を基盤とした概念としても議論されてきた。同様のことは、多くの研究者が指摘している。たとえば、ブルーベーカーは「ディアスポラ研究の場には興味深い分裂が見られる。通常、境界の維持やアイデンティティの保持といった要素は強調される傾向にあるが、強力な対抗的思潮においては、むしろ異種混淆性（ハイブリディティ）、流動性、クレオール化、混合主義（シンクレティズム）といった要素が協調される」［ブルーベーカー　二〇〇九：三八五］と指摘している。また、戴エイカも「『ディアスポラ』をめぐって形成された言説には、相反する二つの潮流が見受けられる。コスモポリタン的な解放の言説と脱領土化したナショナリズムの言説である」［戴　二〇〇九：一七］と分析している。

本書においては、国境を越えた「想像の共同体」の維持が議論されるディアスポラ観を「同一性のディアスポラ」と、異種混淆性が協調されるディアスポラ観を「異種混淆のディアスポラ」と名付けた。同一性のディアスポラと異種混淆のディアスポラは、相互に交じることなく分裂し、平行線を描き続けている。ディアスポラ論のアポリアと呼ぶ所以である。

二　「虫瞰図」的視点とイディオムとしてのディアスポラ

この問題を、少し別の角度から考えてみよう。ガッサン・ハージが「多現場民族誌（邦訳では複数調査地エスノグラフィ）」を方法論的、認識論的に批判し、彼が調査のために滞在した「分散した場所すべてをひっくるめて、ひとつの調査地」［ハージ　二〇〇七：三二］として理解すべきであると主張していることは、すでに第一章で紹介した。「私が研究したのは複数調査地的なリアリティではなかった。私は、ひとつの調査地（site）を調査していたのだ。つまり、トランスナショナルな家族によって占められている、ひとつの位置（site）を。それはグローバルに広がっており、地理的には隣接していない。しかし、にもかかわらずそれは一つの調査地（site）であった」［ハージ　二〇〇七：三三］。

ここでハージが述べる「ひとつの調査地（site）」「ひとつの位置（site）」を、同一性のディアスポラの文脈において理解してはならない。複数の国家に跨り、地理的に隣接していない複数の地域を一つの場として認識することは、トランスナショナルな想像の共同体を想定することと同じではない。むしろハージは、今日のディアスポラ研究の多くが、その前提として、国境を越えた「想像の共同体」を無根拠に認識していることを批判する。彼が国境を越え、複数の地域に跨って調査をする中で見出したのは、非常に「具体的な」家族共同体の国境を越えたありかたであり、「それほど想像的ではない共同体（a not so imagined community）」なのであった。

国境を越えた「それほど想像的でない共同体」を定義し、分析するための視点として、ハージは「実存的移動性(2)（existential mobility）」という概念を導入する。母方叔父の娘と結婚し、国境を越えて母方叔父と一緒に居住するためにレバノンからボストンに移住するという経験、「もっとましな仕事」を得るための一時的腰掛仕事を得るために叔父に誘われてレバノンの小さな村からベネズエラの観光都市に移住するという経験。こうした移住の経験が「ディアスポラ状況に痕跡を残してそれを定義づける移動」［ハージ　二〇〇七：三八］であり、「人生に意味と目的を与える…移動感覚」［ハージ　二〇〇七：四三］なのである。

こうした「実存的移動性」を捕捉するための視点を、田中雅一に倣って「虫瞰図」［田中　二〇〇六：二］と名付けよう。田中はこれまでの人類学がある社会の文化を「全体化 totalizing」し、「文化や社会をまとまりのある……全体として理解すべきであるという全体論を前提に、他者の世界を記述・分析」してきたとする。人類学者は「神の位置に立ってはじめて全体を『所有する＝眺める』こと」ができた。それに対して、田中らが提唱する人類学のありかたは、「鳥瞰図が与える全能性を拒否」し、「虫瞰図」にこだわる［田中　二〇〇六：二］。人類学は「全体化という呪縛から解放された地平にて、日常生活での語りや抵抗、想像力、身体あるいは感情に注目する知的実践である。それらを起点として、歴史やコスモロジー、国家制度などマクロな領域との接合の様態あるいは相互関係を明らかにしようというのである」(3)［田中　二〇〇六：七］。

ディアスポラ研究においても、「虫瞰図」的視点の導入が必要であろう。本書の理論的視角に即して述べるならば、ディアスポラ論は一方で「トランスナショナルな想像の共同体」を前提にして、離散して生きる人々の境界付けられた画一的社会空間を創出し、他方で日常生活における語りや抵抗、想像力にではなく、「ディアスポラ知識人」の知の遍歴に注目してきた。この両者を止揚し、新たなディアスポラ論の地平を得るために、「権力が作用する場としての日常生活を対象とし、『全体化 totalizing』の誘惑に抗」しながら、離散を生きる人々が自らの離散の経験を歴史やコスモロジー、国家制度や経済システムなどのマクロな領域のなかでいかに解釈し、意味づけようとしているのかを分析の対象とする必要がある。ハージの述べる「人生に意味と目的を与える…移動感覚」とはこのことである。同一性と異種混淆性とに二極化する従来のディアスポラ論に欠如していたのは、こうした「虫瞰図」的視点であったのではないか。

この「虫瞰図」的視点こそ、私がイディオムと呼ぶものである。ブルーベーカーの議論を再度引用しておこう。彼はディアスポラ状況にあるディアスポラ論の現状を踏まえて、次のように述べる。「『あるディアスポラ』について語ったり、『ディアスポラ一般』を実体や、境界づけられた集団や、統計の対象としての民族文化として語ったりするよりも、ディアスポラ的な態度、事業、主張、イディオム、実践などについて語った方が、はるかに有益だし、当然ながらはるかに的確なことではなかろうか」［ブルーベーカー　二〇〇九：三九八］。ディアスポラを生きる人々が自らのディアスポラ状況を解釈し、意味づけるために、離散と集合の記憶と経験を繋ぎ合わせながら紡ぎだす態度や主張（これを私はイディオムと呼ぶ）や生活実践を描写することを通して、はじめてディアスポラを生きる人々の生に近づくことができる。

重要なのは、私がディアスポラのイディオムと呼ぶものは、必ずしも単一のものではないということである。ディアスポラ状況を生きる人々が繋ぎ合わせる離散の記憶と集合の経験の刻印は、様々な権力の場に対する解釈と意味づけを通して、パッチワークのように多様なイディオムを産出する。それは時にトランスナショナルな想像の共同体であり、時に異種混淆的生活実践である。政治的、社会的環境との、即時的で選択的な文化的翻訳と入ってもよい。その意味で、ディアスポラのイディオムを産出する場は、バーバが述べる「第三空間」に等しい[Bhabha 1990]。離散の記憶と集合の経験の繋ぎ合わせによるイディオムの産出という視点から、本書が議論してきた雲南ムスリム・ディアスポラの生活実践をいま一度とらえ直してみたい。

三　離散の記憶と集合の経験の繋ぎ合わせとしての雲南ムスリム・ディアスポラ

雲南ムスリム・ディアスポラにとって、離散の記憶と集合の経験は二重、三重に折り重なっている。一九世紀末の虐殺を機に雲南省を離れた離散の記憶とミャンマーでの集合の経験、キャラバン隊としてミャンマーやタイに滞在中、中国共産党の雲南「解放」により故地へ帰還できなくなった人々の離散の記憶と滞在地での集合の経験、排華運動や経済失策の影響でミャンマーを離れ、タイや台湾へ移らざるを得なかった人々の離散の記憶と集合の経験。雲南ムスリム移民たちは、こうした離散の記憶と集合の経験を時代と世代を越えて繋ぎ合わせて多様なイディオムや生活実践を産出し、異なる政治的、社会的環境のなかにおける自らのディアスポラ状況を解釈し、意味づけている。以下では、本書が分析してきた雲南ムスリム・ディアスポラの具体的事例に従って、離散の記憶と集合の経験の繋ぎ合わせにより産出されるディアスポラのイディオムと生活実践を整理したい。

一九世紀末の離散の記憶と移住の経験は、パンロンの地をめぐる雲南ムスリム移民の語りと実践のなかに繋ぎ合わされている。現地諸侯政権からパンロンの地を下賜された雲南ムスリム移民たちは、大小様々な現地王国への軍事的協力や政略的な婚姻関係の実践を通して、上ミャンマーの政治体系を身体化していった。また、イギリス植民地下においては、イギリス植民地政府への従属を求め、彼らが必要とする物資輸送の中心を担い、イギリス植民地政府の上ミャンマー統治の一翼を担うことで、パンロン周辺地域において経済的、政治的なプレゼンスを高めた。ただし、イギリス植民地政府が植民地帝国の地理的領域とその領域内における政治的従属を明確にしようとしていたのに対して、雲南ムスリム移民たちはあくまで上ミャンマーの政治体系の内部においてイギリス植民地政府との関係を築こうとしていた。

一九世紀末からイギリス植民地期までのパンロンにおける離散の記憶と集合の経験は、ポストコロニアル期軍事政権下において雲南ムスリム移民たちが生存空間を拡大する試みのなかで繋ぎ合わされ、新たな文化空間を創造する。ミャンマー軍事政権に対する少数民族認定の請願のなかでは、雲南省からの逃避ではなく、ミャンマー領土（パンロン）や土着民族との関係が強調される。また、墓碑には雲南省の祖籍地ではなく、ミャンマー領土である「パンロン」が、祖籍地として刻まれるようになる。雲南ムスリムたちは、離散の記憶と集合の経験をミャンマーの政治的・文化的文脈の中で解釈し、異種混淆的存在として自らを意味づける。

二〇世紀中葉以降の雲南ムスリムの移住についても、離散の記憶と集合の経験が違ったかたちで繋ぎ合わされ、意味づけられる。一九六〇年代、七〇年代の非常に混乱した上ミャンマー・シャン州や北タイの紛争地域を生き抜いた雲南ムスリムにとって、「中華民国」という想像の共同体への帰属意識が彼らの生存を可能にするイディオムとなり、台湾への移住を意味あるものにしていた。しかし他方で、想像の共同体「中華民国」への帰属を可能にする生活実践は、配偶者との関係や地縁的な結びつき、家族関係、義兄弟関係など、具体的で、顔の見える人々の結びつきに依拠している。離散の記憶と集合の経験は、一方で画一化された想像の共同体のイディオムとして結実し、もう一方で国境を越えて広がる顔の見える関係を繋ぎ合わせ、「それほど想像的ではない共同体」を通じた生活実践のなかで営まれる。

さらに、台湾への移住（離散）の記憶と集合の経験は、また異なったかたちで繋ぎ合わされる。雲南ムスリム移民の台湾への再移住には、二重、三重の離散の記憶が刻まれている。想像の共同体「中華民国」への移住を果たした雲南ムスリムたちは、中華民国への帰属と同時に、一つ目の移住先（移住元）地域であるミャンマー（ヤタイ）での集合の経験を共有することにより、共同性を維持する。ミャンマーへの離散の記憶とミャンマーでの集合の経験が、再移住先である台湾において繋ぎ合わされ、彼らの生存が意味づけられる。ミャンマーでの生活の経験を共有する人々のネットワークが国境を越えて維持され、ミャンマーから雲南ムスリムの宗教指導者が台湾へ招聘される。ところが、台湾へ招聘される宗務者は、イスラーム諸国で教育を受け、「正しいイスラーム知識」を有するとされる人々である。ミャンマーへの／での離散の記憶と集合の経験は、より広いイスラームの文脈において繋ぎ合わされ、台湾におけるムスリム移民としての生存を解釈し、意味づけることになる。

ディアスポラを生きる雲南ムスリムたちは、政治的、社会的に異なる多様な場において、偶発的かつ選択的に離散の記憶と集合の経験を繋ぎ合わせてイディオムと生活実践を想像し、そのパッチワークを通して自らの離散と集合の経験を解釈し、意味づけるのである。

四　本書が取りこぼしたもの

本書で描いてきた雲南ムスリムの移住には続きがある。最後に、本書の記述から取りこぼされたストーリーの続きを紹介して、本書を閉じたい。

本書執筆の元になった台湾での調査が終了した後、私が長く一緒に過ごした人々のかなりの部分が、すでに台湾を離れてしまった。

雲南ムスリム女性の馬英美はイギリスに留学し、そのまま英国人と結婚して、イギリスに定住することになった。台北で親戚の経営する服飾店を手伝っていた彼女の母親は、一年の多くをイギリスで暮らす生活を送っている。台湾で建築関係の請負労働に従事していた保錠と彼の兄は、故郷のミャンマー・タウンジーに帰って製鉄工場を始めた。彼のもう一人の兄も台湾を離れ、現在はオーストラリアに暮らしている。

シリアの大学を卒業し、宗務者としてミャンマーから台湾に招聘された馬克仁は、シンガポールに移住した雲南ムスリムと結婚し、すでに台湾を離れてシンガポールに居住している。

同じくシリアの大学を卒業し、ミャンマーから台湾に招聘されて、長らく中壢モスクの総幹事や台北文化モスクの教長、それに中国回教協会の副秘書長などを努めた馬興龍は、香港人女性と結婚して香港で過ごしている。彼がまだ台湾に生活していたとき、彼は私に次のように語った。「次にどこに住むことになるかは全然分からない。台湾にずっといるとも思えない。」彼にとって、台湾は最終目的地ではなかったし、ミャンマーは帰るべき土地ではなかった。

本書は、雲南ムスリムたちが移住した地域の政治的、社会的環境と相互交渉し、新たな文化創造を行う瞬間を、虫瞰図的に描写することを試みてきた。その試みは、雲南ムスリム・ディアスポラを単なる「トランスナショナルな想像の共同体」とも、ディアスポラ知識人による異種混淆性の賞賛とも異なるイディオムと生活実践のパッチワークとして描写することであった。しかし、本書が取りこぼしたその後の生活実践の姿を拾い集めてみると、雲南ムスリムのディアスポラ状況を透かしてみようとした虫の目は、どこまでも磨かれたものではなかったことに思い至る。よりクリアーな虫の目を通した記述の実践は、今後の課題としたい。

注

（1）アングは、多文化主義についても同様の批判をする。「多文化主義は、文化的多様性という概念を選択することによって、人種的あるいは文化的な国民の単一性を乗り越える。しかし、しばしば多文化主義は、一方で多様な文化を取り巻く境界を、他方で国民国家全体を取り巻く境界を維持するものとして理解される」［Ang 2001: 16］。

（2）邦訳では「存在論的移動性」となっているが、「存在論的」と訳出されている existential は、ハージの前後の議論の文脈から言って、「実存的」と訳す方がよいのではないかと考えられる。

（3）チベット難民の芸能集団に関する調査を基にチベット・ナショナリズムを分析した山本達也も、田中雅一らが提唱するミクロ人類学を引いている。ただし、山本の議論は、人類学者と調査対象者とが身体を通して饗応することで成立する「共同性」に着目するため、田中の議論を下敷きにしている［山本　二〇一三：三七九―三八〇］。

あとがき

本書ができあがるまでには多くの方々の協力を仰がねばならなかった。

まず、中央研究院民族学研究所における私の滞在を支援してくださった黄智慧先生、私の受け入れ教員として潘英海先生、また民族学研究所での研究を許可してくださった徐正光所長（当時）および黄応貴所長（当時）に感謝申し上げたい。

何度も繰り返しているように、本書は二〇〇六年度に大阪大学人間科学研究科に提出した博士論文に基づいている。博士論文執筆の過程では、大阪大学人間科学研究科人類学研究室の先生方にお世話になった。小泉潤二先生、中川敏先生、春日直樹先生には、博士前期課程の時から論文の読み方、論文の書き方、そして研究計画の立て方に至るまで、非常にお世話になった。また、指導教官を引き受けてくださった栗本英世先生は、遅々として進まない博士論文の執筆を励まし、論文に適切なコメントをくださった。栗本先生の励ましがなければ、博士論文自体が完成していなかったと思う。心より感謝申し上げたい。

中国ムスリム研究会にも感謝申し上げたい。二〇〇一年の帰国後、中国ムスリム研究会を主宰していた澤井充生さんにお声がけいただき、研究会で報告した。それ以降、中国ムスリム研究会とはずっとおつきあいさせていただいている。とくに、二〇〇五年から二〇〇七年にかけて、故松本光太郎先生を代表として科学研究費補助金「中国ムスリムの宗教的・商業的ネットワークとイスラーム復興に関する学際的共同研究」（代表：松本光太郎〈東京経済大学〉、課題番号：一七三二〇一四）を得て、私も研究分担者として調査研究に従事させていただいた。同プロジェクトのメンバーであった故松本光太郎先生、梅村坦先生、松本ますみ先生、吉松久美子先生、新保敦子先生、楊海英先生、澤井充生先生、高橋健太郎先生、砂井紫里先生には、心から感謝申し上げたい。

本書は、私が人間文化研究機構本部に特任助教として勤務している時期に執筆した。立本成文機構長、平川南理事、小長谷有紀理事、佐藤洋一郎理事には、本書執筆の時間と空間を提供して下さったことに感謝申し上げたい。また、機構本部のスタッフの皆様からは、本書の完成のために、並々ならぬ援助をいただいた。

もちろん、フィールドでお世話になった皆様には、何よりも感謝申し上げねばならない。ここですべての方々のお名前を挙げることができないが、とくに次の方々には非常にお世話になった。まず、私を台湾のムスリムの世界にいざなってくれた、政治大学の大学院生であった蘇怡文に感謝したい。彼女の導きがなければ、台湾のムスリムの世界に足を踏み入れるのは困難であったろう。それから、台北新生モスクの馬孝棋教長（当時）、王柱良副教長（当時）、倪國安董事長（当時）、中壢龍岡モスクの馬子誠董事長は、ムスリムでもない訪問者である私に、こころよく調査の場を提供してくださった。雲南ムスリムの皆様、とくに保錠、李定維、馬文豪、馬応誠は、私が台湾で調査を始めた当初、雲南ムスリムの世界にこころよく私を引き入れてくれた。張大媽は高齢にもかかわらず、私の度重なる来訪に熱心に話をしてくださった。ミャンマー調査中に特にお世話になったのは、馬応徳、張素蘭、馬嘉興、ウェイウェイの各氏である。毎回ピンウールィンを訪れるたびに、私に生活の場所を提供してくれた。そして、馬超興にはいくら感謝しても感謝しきれない。彼の援助がなければ、私は台湾とミャンマーにおいて、調査を続けることができなかったであろう。香港に移住してしまったが、いつの日かまた会うことができると思っている。そのときにまた人生についてゆっくり語りたい。

風響社の石井雅さんには本書刊行の全般にわたってお世話になった。本書が初めての著書となり、出版に向けて右も左も分からなり私に、刊行にこぎつけるまで伴走してくださった。心より感謝申し上げる。

私の台湾滞在中、私の生活のお世話をしてくださった陳家の皆様へのお礼も忘れるわけにはいかない。干爸の陳仁才、乾媽の黃素真、陳建霖、陳建幃。一九九九年から二〇一五年までの間に、陳家にもさまざまなことがあった。何よりも、干爸が二〇一三年に癌で亡くなった。葬儀に参加することができたのが何よりもうれしかった。

最後になったが、私の両親木村和熙・木村華子、弟家族木村己・佐知子・響に感謝したい。ここまで定職にも就かずに、ふらふらと自分の好きなことをし続けることを許してくれた。ここに厚く御礼申し上げる。

＊本書の刊行にあたり、独立行政法人日本学術振興会平成二七年度科学研究費補助金（研究成果公開促進費、15HP5105）の交付を受けた。記して感謝したい。

参考引用文献

【和文】
赤尾光春
　二〇〇四　「『帰郷』の中のディアスポラ――ウクライナにおけるユダヤ人巡礼と競われる二つの聖地」『地域研究』六（一）：二七五―三〇七。
アパデュライ、アルジュン
　二〇〇四　『さまよえる近代――グローバル化の文化研究』（門田健一訳）、平凡社。（Appadurai, Arjun 1996 *Modernity at Large: Cultural Dimensions of Globalization*. Minneapolis: University of Minnesota Press.）。
アング、イエン
　二〇〇四　「ディアスポラを解体する――グローバル化時代のグローバルな華人を問う」（小沢自然訳）テッサ・モーリス＝スズキと吉見俊哉編『グローバリゼーションの文化政治学』平凡社、二七四―三〇八頁。
安藤潤一郎
　二〇〇二　「清代嘉慶・道光年間の雲南省西部における漢回対立――『雲南回民起義』の背景に関する一考察」『史學雜誌』一一一（八）：四六―七一。
市川　哲
　二〇一二　「移住経験が生み出すコミュニティ、移住経験が変容させるアソシエーション――オーストラリア都市部に居住するパプアニューギニア華人」平井京之介編『実践としてのコミュニティ――移動・国家・運動』京都大学学術出版会、九九―一二四頁。
今永清二
　一九九二　『東方のイスラム』風響社。

伊豫谷登士翁
二〇〇一『グローバリゼーションと移民』有信堂。
ウィニッチャクン、トンチャイ
二〇〇三『地図がつくったタイ』明石書店。
上杉富之
二〇〇四「人類学から見たトランスナショナリズム研究――研究の成立と展開及び転換」『日本常民文化紀要』二四：八四―一二六。
大塚和夫
一九九六「日常生活のなかのイスラーム復興――人類学者の視点から」小杉泰編『現代世界とイスラーム復興――イスラームに何がおこっているか』平凡社、六二―七八頁。
二〇〇〇『近代・イスラームの人類学』東京大学出版社。
二〇〇四『イスラーム主義とは何か』岩波書店。
王柳蘭
二〇〇四「国境を越える『雲南人』――北タイにおける移動と定着にみられる集団の生成過程」『アジア・アフリカ言語文化研究』六（七）：二二一―二六二。
二〇〇七「移動をめぐる歴史的経験の重層性――タイ・ビルマ国境の雲南系漢族と雲南系回族の事例から」『社会人類学年報』（三三）：一七一―一八三。
二〇〇八「北タイにおける雲南人『難民』の定着初期過程における生存戦略――国籍取得と台湾とのネットワーク構築をめぐって」『タイ研究』八：五一―七〇。
二〇一〇「ムスリム・アイデンティティの再構築と越境空間の生成―在北タイ中国系と故地とのつながり」『地域研究』（一〇）一：五二―七二。
二〇一一a『越境を生きる雲南系ムスリム――北タイにおける共生とネットワーク』昭和堂。
二〇一一b「民族関係から『華』を考える―北タイ国境における雲南系回民を事例に」『中国研究月報』六五（二）：四二―五四。
小田　亮
二〇〇九「生活の場としてのストリートのために――流動性と恒常性の対立を越えて」関根康正編『ストリートの人類学』

参考引用文献

片岡　樹
二〇〇四「領域国家形成の表と裏——冷戦期タイにおける中国国民党軍と山地民」『東南アジア研究』四二（二）：一八八—二〇七。

木村　自
二〇〇三「移民と文化変容——台湾回民社会における聖紀祭礼の変遷と回民アイデンティティ」『年報人間科学』二四：四九—六五。

二〇〇四「モスクの危機と回民アイデンティティ——在台湾中国系ムスリムのエスニシティと宗教」『年報人間科学』二五：一九九—二一七。

二〇〇九ａ「離散と集合の雲南ムスリム——ネーション・ハイブリディティ・地縁血縁としてのディアスポラ」臼杵陽・赤尾光春・早尾貴紀編著『ディアスポラから世界を読む』明石書店、二三〇—二五七頁。

二〇〇九ｂ「虐殺を逃れ、ミャンマーに生きる雲南ムスリムたち——『班弄人』の歴史と経験」『中国のイスラーム思想と文化（アジア遊学一二九）』勉誠出版、一六〇—一七五頁。

二〇〇九ｃ「中国雲南省における経堂教育——魏山県永建鎮を中心に」関西大学文化交渉学教育研究拠点紀要『文化交渉学研究』二：二四五—二五八。

二〇〇九ｄ「台湾回民のエスニシティと宗教——中華民国の主体から台湾の移民へ」『国立民族学博物館調査報告書（SER）』八三：六九—八八。

二〇一〇「雲南ムスリム移民が取り結ぶ社会関係と宗教実践の変容——台湾への移住者を中心にして」塚田誠之編『中国国境地域の移動と交流——近現代中国の南と北』（人間文化叢書　ユーラシアと日本——交流と表象）有志舎、一七七—二〇五頁。

二〇一一「「境界」をめぐる中国ムスリムの動態——松本光太郎先生との調査旅行の備忘録」『コミュニケーション科学』三三：四七—六二。

二〇一二ａ「グローバリゼーションと移民を結ぶ文化的ロジック——台湾の華僑ムスリム移民はグローバルなフローをいかに意味づけるのか」三尾裕子・床呂郁哉編著『グローバリゼーションズ——人類学、歴史学、地域研究の現場から』弘文堂、二〇三—二三一頁。

二〇一二ｂ「『掌握』する国家、『ずらす』移民——李大媽のライフ・ヒストリーから見た身分証とパスポート」陳天璽他編

『移民とアイデンティフィケーション――国籍・パスポート・IDカード』新曜社、一三四―一六三頁。
二〇一二c 「越境するコミュニティと共同性――台湾華僑ムスリム移民の『社会』と『共同体』」平井京之介編『実践としてのコミュニティ――移動・国家・運動』京都大学学術出版会、六九―九八頁。
二〇一二d 「コラム 台湾の華僑ムスリム移民コミュニティ」中国ムスリム研究会編『中国ムスリムを知る六〇章』明石書店、三五七―三五九頁。
二〇一二e 「第五五章 『回族』か？『回教徒』か？――台湾回民のアイデンティティ」中国ムスリム研究会編『中国ムスリムを知る六〇章』明石書店、三二七―三三一頁。
二〇一二f 書評「王柳蘭『越境を生きる雲南系ムスリム――北タイにおける共生とネットワーク』」『東南アジア研究』五〇（一）：一四四―一四七。
二〇一四 「世界コミュニティ」国立民族学博物館編『世界民族百科事典』丸善出版、五七四―五七五頁。
クリフォード、ジェイムズ
二〇〇二 『ルーツ――二〇世紀後期の旅と翻訳』（毛利嘉孝他訳）、月曜社。
栗原 悟
一九九一 「清末民国期の雲南における交易圏と輸送網――馬幇のはたした役割について」『東洋史研究』五〇（一）：一二六―一四九。
コーエン、アンソニー
二〇〇五 『コミュニティは創られる』（吉瀬雄一訳）、八千代出版。
近藤 敦
二〇〇四 「市民権の重層化と帰化行政」『地域研究』六（二）：四九―七九。
佐口 透
一九六九 「中国イスラムの近代主義」『金沢大学法文学部論集（史学編）』通号一六：一九―四四。
里井彦太郎
一九七二 『近代中国における民衆運動とその思想』東京大学出版会。
末成道男
二〇〇九 「キン族村清福から見た明郷天后宮」（学術シンポジウム『フエの文化と歴史――周辺集落と外部との関係からの視点』於フエ大学、二〇〇九年九月五日―六日）。

関根政美
一九九四『エスニシティの政治社会学――民族紛争の制度化のために』名古屋大学出版社。
戴エイカ
二〇〇九「ディアスポラ――拡散する用法と研究概念としての可能性」野口道彦・戴エイカ・島和博著『批判的ディアスポラ論とマイノリティ』明石書店、一六―九〇頁。
高谷紀夫
二〇〇八『ビルマの民族表象――文化人類学の視座から』法藏館。
竹沢尚一郎
二〇一〇『社会とは何か』（中公新書）、中央公論社。
田中雅一
二〇〇六「ミクロ人類学の課題」田中雅一・松田素二編著『ミクロ人類学の実践――エイジェンシー／ネットワーク／身体』世界思想社、一―三七頁。
田辺寿夫・根本敬
二〇〇三『ビルマ軍事政権とアウンサンスーチー』角川書店。
谷　富夫（編）
一九九七『ライフヒストリーを学ぶ人のために』世界思想社。
チョウ、レイ
一九九八「ディアスポラの誘惑に抗して」（本橋哲也訳）『ディアスポラの知識人』青土社、一六一―一九三頁。
寺岡伸悟
二〇〇三「エスニシティ――移民と人種　解説」『シカゴ学派の社会学』世界思想社、一二一―一二六頁。
デランティ、ジェラート（山之内靖・伊藤茂訳）
二〇〇六『コミュニティ――グローバル化と社会理論の変容』NTT出版。
ド・セルトー、ミシェル
一九八七『日常的実践のポイエティーク』山田登世子訳、国文社。
トーピー、ジョン
二〇〇八『パスポートの発明――監視・シティズンシップ・国家』（藤川隆男監訳）、法政大学出版社。

長津一史
二〇〇四 「『正しい』宗教をめぐるポリティックス――マレーシア・サバシュウ、海サマ人社会における公的イスラームの経験」『文化人類学』六九（一）：四五―六九。
中野正大・宝月誠（編）
二〇〇三 『シカゴ学派の社会学』世界思想社。
平井京之介
二〇一二 「実践としてのコミュニティ――移動・国家・運動」平井京之介編『実践としてのコミュニティ――移動・国家・運動』京都大学学術出版会、一―三七頁。
ブルーベーカー
二〇〇九 「『ディアスポラ』のディアスポラ」臼杵陽監修、赤尾光春・早尾貴紀編著『ディアスポラから世界を読む』明石書店、三七五―四〇〇頁。
ホール、ステュワート
一九九八 「文化的アイデンティティとディアスポラ」（小笠原博毅訳）『現代思想』二六（四）：九〇―一〇三。
前川啓二
二〇〇〇 『開発の人類学――文化接合から翻訳的適応へ』新曜社。
松田素二
二〇〇九 『日常人類学宣言！――生活世界の深層へ／から』世界思想社。
松本光太郎
二〇〇一 「イスラーム地域としての中国とタイ（一）――タイ北部雲南系ムスリム調査報告」『コミュニケーション科学』（東京経済大学コミュニケーション学部）一四：一七三―二一〇。
二〇〇二 「雲南ムスリムとその移住――ミャンマーとタイ北部における伝統の再編」吉原和男・鈴木正崇編『拡大する中国世界と文化創造――アジア太平洋の底流』弘文堂、二六五―二九三頁。
松本ますみ
一九九九 『中国民族政策の研究――清末から一九四五年までの「民族論」を中心に』多賀出版。
二〇〇三 「中国のイスラーム新文化運動――ムスリム・マイノリティの生き残り戦略」小松久男・小杉泰編『現代イスラーム思想と政治運動』東京大学出版会、一四一―一六五頁。

宮治恵美子
一九九七　「民族を超えるもの――イスラームの宗教共同体と民族」青木保他編『民族の生成と論理』（岩波講座文化人類学五）岩波書店、二六五―三〇二頁。
宮原　曉
二〇〇二　「周縁の素描――チャイニーズの人口移動と知識のダイナミズム」吉原和男・鈴木正崇編『拡大する中国世界と文化創造――アジア太平洋の底流』弘文堂、東京、四六八―四九六頁。
村上忠良
二〇〇一　「パターン・アイデンティティの変容――タイ国北部パターン系移民の宗教とエスニシティ」、吉原和男／クネヒト・ペトロ編『アジア移民のエスニシティと宗教』風響社、三三一―三四九頁。
森　明子
二〇〇五　「大都市と移民――ベルリンにおける『外国人』カテゴリーと『多文化』意識」『国立民族学博物館研究報告』三〇（二）：一四五―二二九。
横山廣子
一九九二　「タイ国における中国系ムスリムの現状――国家と宗教と文化のはざまで」黒木三郎先生古稀記念論文集刊行委員会編『アジア社会の民族慣習と近代化政策』敬文堂、三〇九―三三八頁。
やまもとくみこ
二〇〇四　『中国ムスリムの末裔たち――雲南からミャンマーへ』小学館。
山本達也
二〇一三　『舞台の上の難民――チベット難民芸能集団の民族誌』法藏館。
吉松久美子
二〇〇三　「ミャンマーにおける回族（パンデー）の交易と移住――一九世紀後半から二〇世紀前半を中心に」『イスラム世界』六一：一―二五。
リーチ、エドモンド
一九九五　『高知ビルマの政治体系』（関本照夫訳）、弘文堂。
若林正丈
一九九二　『台湾――分裂国家と民主化』東京大学出版会。

【英文】

Abusharaf, Rogaia Mustafa

1998 “Structural Adaptation in an Immigrant Muslim Congregation in New York.” In Warner, R Stephan and Judith G. Wittner (eds.), *Gathering in Diaspora: Religious Communities and the New Immigration*, pp. 235-261. Philadelphia: Temple University Press.

Ahmed, A. and Donnan, H.

1994 “Islam in the Age of Postmodernity.” In Akbar, Ahmed and Hastings Donnan (ed.), *Islam, Globalization and Postmodernity*, pp. 1-20. London: Routledge.

Allés, Élisabeth

2000 *Musulmans de chine: une anthropologie des Hui du Hennan*. Paris, L'École des Hautes Études en Sciences Sociales.

Ang, Ien

2001 *On not Speaking Chinese*. London: Routledge.

Atwill, David

2006 *The Chinese Sultanate: Islam, Ethnicity, and the Panthay Rebellion in Southwest China, 1856-1873*. California: Stanford University Press.

Banks, Marcus

1996 *Ethnicity: Anthropological Constructions*. London & New York: Routledge.

Berlie, Jean

2000 “Cross-Border Links between Muslims in Yunnan and Northern Thailand: Identity and Economic Networks.” In Grant Evans, Christopher Hutton, Kuah Khun Eng (eds.), *Where China Meets Southeast Asia: Social and Cultural Change in the Border Regions*, pp.222-235. Bangkok: White Lotus.

Bhabha, Homi

1990 “The Third Space: Interview with Homi Bhabha.” In Jonathan Rutherford (ed.), *Identity: Community, Culture, Difference*, pp.207-221. London: Lawrence and Wishart.

1994 *The Location of Culture*. London: Routledge.（本橋哲也他訳、二〇〇五『文化の場所——ポストコロニアリズムの位相』、法政大学出版局）

Braziel, Jana Evans and Anita Mannur

2003 “Nation, Migration, Globalization: Points of Contention in Diaspora Studies.” In Braziel, J. E. and A. Mannur (eds.), *Theorizing Diaspora*, pp.1-22. Maldan: Blackwell Publishing.

Brettell, Caroline

2000 “Theorizing Migration in Anthropology: The Social Construction of Networks, Identities, Communities, and Globalscape.” In Brettell, Caroline & James Hollifield (ed.), *Migration Theory: Talking across Disciplines*, pp. 98-135. New York: Routledge.

Brettell, Caroline

2006 “Introduction: Global Spaces / Local Places: Transnationalism, Diaspora, and the Meaning of Home.” *Identities: Global Studies in Culture and Power* 13: 327-334.

Chang, Wen-Chin

2001 “From War Refugees o Immigrants: The Case of the KMT Yunnanese Chinese in Northern Thailand.” *International Migration Review* 35(4): 1086-1105.

2002 “Identification of Leadership among the KMT Yunnanese Chinese in Northern Thailand.” *Journal of Southeast Asian Studies* 33(1): 123-146.

2005 “Home Away From Home: Migrant Yunnanese Chinese in Northern Thailand.” *International Journal of Asian Studies* 3: 49-76.

Cohen, Robin

1997 *Global Diasporas: An Introduction.* Seattle: University of Washington Press.

Forbes, Andrew

1988 “The History of Panglong, 1875-1900: A ‘Pantay’ (Chinese Muslim) Settlement in the Burmese Wa States.” *The Muslim World* 78(1): 38-50.

Forbes, Andrew and David Henley

1997 *The Haw: Traders of the Golden Triangle*. Bangkok: Teak House.

Gardner, Katy

1999 “Global Migrants and Local Shrines: The Shifting Geography of Islam in Sylhet, Bangladesh.” In Leif Manger (ed.), *Muslim*

Diversity: Local Islam in Global Context*, pp.37-57. Richmond: Curzon.

Gibb, Camilla

1998 “Religious Identification in Transnational Contexts: Being and Becoming Muslim in Ethiopia and Canada.” *Diaspora* 7(2): 247-269.

Gladney, Dru C.

1996a “Relational Alterity: Constructing Dungan (Hui), Uygur, and Kazakh Identities across China, Central Asia, and Turkey.” *History and Anthropology* 9 (4): 445-477.

1996b *Muslim Chinese: Ethnic Nationalism in the People's Republic*. Cambridge: Harvard University Press. Second edition.

Glick Schiller, Nina, Linda Basch and Cristina Blanc-szanton

1992 “Transnationalism: A New Analytic Framework for Understanding Migration.” In N. Glick Schiller, L. Basch & C. Blanc-szanton (eds.), *Toward a Transnational Perspective on Migration*, pp.1-24. New York: New York Academy of Sciences.

1995 “From Immigrant to Transmigrant: Theorizing Transnational Migration.” *Anthropological Quarterly* 68(1): 46-63.

Gupta, A. and Ferguson, J.

1997 “Beyond ‘Culture’: Space, Identity, and the Politics of Difference.” In Gupta, A. and Ferguson, J (ed.), *Culture Power Place: Exploration in Critical Anthropology*, pp.33-51. Duke University Press, Durham and London.

Hage, Ghassan

2005 “A Not So Multi-sited Ethnography of a Not So Imagined community.” *Anthropological Theory* 5(4): 463-475.（塩原良和訳、二〇〇七「存在論的移動のエスノグラフィ――想像（イマジンド）でもなく複数調査地的（マルチサイテッド）でもないディアスポラ研究について」伊豫谷登士翁編『移動から場所を問う――現代移民研究の課題』有信堂高文社、二七―四九頁）

Hill, Ann Maxwell

1998 *Merchants and Migrants: Ethnicity and Trade among Yunnanese Chinese in Southeast Adia*. New Heaven: Yale University Southeast Asia Studies.

Huang, Shu-min

2010 *Reproducing Chinese Culture in Diaspora: Sustainable Agriculture and Petrified Culture in Northern Thailand*. Lanham: Lexington Books.

2007 "A Chinese Diasporic Community in Northern Thailand: Contested Political Loyalty and Shifting Ethnicity." In Tan Chee-beng (ed.), *Chinese Transnational Networks*. Oxon: Routledge, pp. 172-190.

Inda, Jonathan Xavier and Renato Rosaldo (eds.)

2002 *The Anthropology of Globalization: A Reader*. Malden: Blackwell.

Kennedy, Paul and Victor Roudometof eds.

2002 *Communities across Borders: New Immigrants and Transnational Cultures*. London and New York: Routledge.

Levitt, Peggy

1998 "Social Remittances: Migration Driven Local-Level Forms of Cultural Diffusion." *International Migration Review* 32: 926-948.

Lipman, Jonathan N.

1996 "Hyphenated Chinese: Sino-Muslim Identity in Modern China." In Gail Hershatter et.al. (eds.), *Remapping China: Fissures in Historical Terrain*, pp.97-112. Stanford: Stanford University Press.

Mandaville, Peter

2001 *Transnational Muslim Politics: Reimagining the Umma*. London: Routledge.

Ong, Aihwa

1999 *Flexible Citizenship: The Cultural Logics of Transnationality*. Durham & London: Duke University Press.

Ong, Aihwa and Stephen Collier (eds.)

2005 *Global Assemblages: Technology, Politics, and Ethics as Anthropological Problems*. Malden, MA : Blackwell Pub.

Pieterse, J. N.

1997 "Travelling Islam: mosques without minarets." In Petra Weyland (eds.), *Space, Culture and Power: New Identities in Globalizing Cities*, pp.177-200. Zed Books.

Pillsbury, Barbara

1973 *Cohesion and Cleavage in a Chinese Muslim Minority*, Unpublished PhD. Dissertation, Columbia University.

Pillsbury, Barbara

1978 "Factionalism Observed: Behind the 'Face' of Harmony in a Chinese Community." *The China Quarterly* 74: 241-272.

Ralston, Helen

1992 “Religion in the Life of South Asian Immigrant Women in Atlantic Canada.” *Research in the Social Scientific Study of Religion* 4: 245-260.

Safran, William
1991 “Diasporas in Modern Societies: Myths of Homeland and Return.” *Diaspora* 1(1): 83-89.

Scott, James and Hardiman
1983 [1900] *Gazetteer of Upper Myanmar and the Shan States*. Vol 2 New York: AMS Press.

Tölölyan, Khachig
1991 “The Nation-State and Its Others: In Lieu of a Preface.” *Diaspora* 1(1): 3-7.

Thomas, William & Florian Znaniecki (Zaretsky ed.)
1996 *The Polish Peasant in Europe and America: A Classic Work in Immigration History*. Urbana and Chicago: University of Illinois Press.（桜井厚訳、一九八三、『生活史の社会学——ヨーロッパとアメリカにおけるポーランド農民』御茶ノ水書房）

Yegar, Moshe
1966 “The Panthay (Yunnanese Muslim) of Myanmar and Yunnan.” *Journal of South Asian History* 7(1): 73-85.

Vertovec, Steven
1999 “Conceiving and Researching Transnationalism.” *Ethnic and Racial Studies* 22(2): 447-462.

Vertovec, Steven and Cohen Robin eds.
1999 *Migration, Diasporas and Transnationalism.* Cheltenham: E. Elgar Pub.

【中文】（中華人民共和国ピンイン順）

白寿彝
一九九二 「賽典赤贍思丁伝」白寿彝著『白寿彝民族宗教論集』北京師範大学出版社、二四七—二五四頁。
二〇〇三 「回回民族的形成（上）（下）」白寿彝主編『中国回回民族史』中華書局（北京）、一一〇—一一三頁。

常子春
一九九〇 「生平自述」中国回教文化教育基金会編印『常子春先生与中国回教』（台北）、一—六頁。

陳漢光

一九六〇　「台湾回教与大陸」『台湾風物』第一〇巻第四期、三―四頁。
定中明
一九八〇　「穆聖誕忌双辰紀念講詞」『中国回教』第一七四期、二九―三〇頁。
段　頴
二〇一二　『泰国北部的雲南人――族群形成、文化適応与歴史変遷』社会科学文献出版社、北京。
傅統先
一九九六（一九三七）『中国回教史』台湾商務印書館。
何克倹・楊方宝編著
二〇〇三　『回族穆斯林常用語手冊』寧夏人民出版社、銀川。
賈福康
二〇〇一　「台湾鹿港回教尋根運動的回顧与前瞻――為編印台湾鹿港回教尋根文献而作」『中国回教』第二七一期、九―一〇頁。
二〇〇二　『台湾回教史』伊斯蘭文化服務社、台北。
二〇〇五　『台湾回教史　第二版』伊斯蘭文化服務社、台北。
簡会元
一九九二　「緬甸政情与華僑処境」『僑協雑誌』三五期、台北、五〇―五四頁。
金吉堂
一九三六　「回教民族説」『禹貢半月刊』五（一一）、二九―三九頁。
郭廷以編
一九八四　『白崇禧先生訪問紀録（下冊）』中央研究院近代史研究所、台北。
林　鍬
一九九九　「台北清真寺古蹟認定考量」『中時晩報』（三月一七日）。
馬超群
二〇〇三　「雲南回族的他称――〝潘塞〟、〝潘西〟和〝帕西〟辯析」『回族研究』第三期、三〇―三六頁。
馬家珍
一九九九　「第三届国民大会第四次会議国是建言」『中国回教』第二六〇期、二一―二二頁。
馬凱南

二〇〇〇「廿一世紀中国回教発展之展望」『伊斯蘭文化与生活』中国回教文化教育基金会、一一九―一四〇頁。

馬啓成・高占福・丁宏
一九九五『回族』（民族知識叢書）民族出版社、北京。

馬、伊斯哈克
二〇〇二「開設台北清真寺北県穆斯林文教活動中心計画記事」『中国回教』二七八期、二九頁。

勉維林
一九九七『中国回族伊斯蘭教制度概論』寧夏人民出版社、銀川。

明富中
一九七七「中壢龍岡清真寺――穆聖誕辰紀盛」『中国回教』、三七―三九頁。

民族問題研究会
一九八二（一九四一）『回回民族問題』民族出版社、北京。

木村自
二〇一二「雲南穆斯林移民的社会関係及宗教習俗転型――以旅居台湾的回族同胞為中心」（涂華忠訳、姚継徳審校）『雲南回族研究』第二期（総第六期）、五〇―六二頁。

邱樹森
一九九六『中国回族史　上』寧夏人民出版社、銀川。

宋志斌・张同基
一九九八『一個回族村的当代変遷』宁夏人民出版社、銀川。

蘇怡文
二〇〇二『伊斯蘭教在台湾的発展与変遷』（国立政治大学民族学系碩士論文）。

孫縄武
一九六三「内地生活習慣特殊之国民的釈名」孫縄武『回教論叢』中華文化出版事業社、台北、一四一―一四四頁。

仝道雲
一九八〇「当前選挙罷免法対我教胞的影響」『中国回教』第一七五期、七頁。

瓦城華裔清真寺董事会編
二〇〇四「緬甸瓦城華裔穆斯林戸口冊」瓦城（マンダレー）

王立志
一九九八　『中国伊斯蘭教的伝統以及未来』中国回教文化教育基金会、台北。
一九九九　「台北清真寺保寺護産與回儒対話」『歴史月刊』一二月号、九〇―九三頁。
王日蔚
一九三六　「回族回教辯」『禹貢半月刊』五（一一）、四一―四八頁。
蕭永泰
一九六〇　「自由中国回教概觀」『台湾風物』第一〇巻第四期、五―七頁。
謝世忠
一九九二　「根本賦与認同与族群政治――『中国漢語穆斯林』的例子」陳捷先主編『陳奇禄院士七秩栄慶論文集』陳奇禄出版社、台北、一九九―二二〇頁。
楊兆鈞
一九九四　『雲南回族史　修訂本』雲南民族出版社、昆明。
姚継徳
二〇〇三　「雲南回族的東南亜的遷徙」『回族研究』第二期、三六―四六頁。
二〇〇五　「泰国北部雲南籍穆斯林的社会与文化」馬宗保主編『中国回族研究論集　第一巻』民族出版社、三八九―四三六頁。
余振貴
一九九六　『中国歴代政権与伊斯蘭教』寧夏人民出版社、銀川。
翟振孝
一九九六　『経験与認同――中和緬華移民的族群構成』（台湾大学人類学研究所碩士論文）。
張誠孫
一九三七　『中英滇緬疆界問題』哈佛燕京学社。
張瓈文
一九九九　「清真寺的歴史価値」『自由時報』（三月六日）。
張　佐
一九九八　「雲南回族穆斯林跨境東南亜探究」『回族研究』第三期、一一―一八頁。
中国回教協会

一九七九「首次挙行穆聖誕辰暨聖眷紀念」『中国回教』第一七〇期、五七頁。
一九九二『中華民国　高雄台中龍岡清真寺落成紀念専輯』中国回教協会、台北。

朱浤源
二〇〇〇「帰僑与僑教——来台緬華個案的回顧与前瞻」『第二届僑民教育学術研討会会議実録』教育部僑民教育委員会、二九一—三二〇頁。

【文書館資料】

British Library, Asian and African Studies Collection
IOR/L/PS/20/D227 English Translations [from Chinese] of the Panglong History

National Archives, Yangon
1/1A 3462 Establishment of a Post at Panglong in Sonmu; Removal of the Panthay Colony from Panglong

【資料】

明光熙
一九九二『邦隆人歴史』出版社不明、メイミョ（ミャンマー）。

Myan-mar nain-ngan-lonn Pan-lon Pann-thaye yin-kyaye-hmu phwet-chok
1990 Pan-lon Pann-thaye lue-myoe su-'i: tha-mainn ah-tarr sar-ywet za-dann meik-tue hnin tloke saungyetmyarr.（ミャンマー・パンロン・パンデー文化協会、一九九〇、『パンロン・パンデー民族集成——歴史的根拠となる文書記録の写しと業績』ピンウールィン。

写真・図表一覧

ナ

ハ

タ

サ

カ

索　引

ア

著者紹介

木村　自（きむら　みずか）
1973年、兵庫県西宮市生まれ。
大阪大学大学院人間科学研究科博士後期課程修了。博士（人間科学）。
現在、大学共同利用機関法人人間文化研究機構特任助教
論文に、「離散と集合の雲南ムスリム：ネーション・ハイブリディティ・地縁血縁としてのディアスポラ」（臼杵陽・赤尾光春・早尾貴紀編著『ディアスポラから世界を読む』明石書店、2009年）、「越境するコミュニティと共同性：台湾華僑ムスリム移民の『社会』と『共同体』」（平井京之介編『実践としてのコミュニティ——移動・国家・運動』京都大学学術出版会、2012年）、「『掌握』する国家、『ずらす』移民：李大媽のライフ・ヒストリーから見た身分証とパスポート」（陳天璽他編『移民とアイデンティフィケーション——国籍・パスポート・IDカード』新曜社、2012年）など。

雲南ムスリム・ディアスポラの民族誌

2016年2月10日　印刷
2016年2月20日　発行

著　者　木村　自
発行者　石井　雅
発行所　株式会社　風響社

東京都北区田端 4-14-9（〒 114-0014）
Tel 03(3828)9249　振替 00110-0-553554
印刷　モリモト印刷

ISBN978- 4-89489-221-7 C3039